她们：魏晋南北朝女子图鉴

淡霞·著

河南文艺出版社
·郑州·

序

未若柳絮因风起

每一个时代都在创造历史并书写着历史，特别是对号称 5000 年文明的中国人而言，读史，是人生的必修课。国学大师钱穆说："当信任何一国之国民，尤其是自称知识在水平线以上之国民，对其本国已往历史应该略有所知。（否则最多只算一有知识的人，不能算一有知识的国民）。所谓对其本国已往历史略有所知者，尤必附随一种对其本国已往历史之温情与敬意。"

《她们·魏晋南北朝女子图鉴》的作者淡霞，以现代学者的素养和新的思维方式，把目光转向魏晋南北朝 300 多年的历史，为这一时期不同性格、命运的女性立传，实为中国历史人物研究打开一新局面。多年来，作者一直关注、研究魏晋南北朝历史，且着重观察在这段历史的风云际会中，各色人物，特别是女性的人生际遇、命运转折，以及成为"名花"，或大小"人物"之后的悲欢离合，生死情怀。在洞察心底、触摸灵魂的同时，逐渐生发出与以往历史评判不同的独到的感知和见解，笔下的人物更具灵动的血肉，也更具风采和精神。

在中国典籍记载中，王侯将相、才子豪杰，少不了与传奇女性有一段或几段缠绵的情感纠葛，而纠葛到最后，要么生死相依，相约来世；要么刀光剑影，视若仇寇。情天恨海，上演了一幕幕多姿多彩的悲喜剧。回顾中国悠长的历史进程，传奇女性与女性传奇的存在，成为历代史家与普通民众极感兴趣的话题。随着时间的流逝，这些话题又演绎出许多传奇故事，于庙堂和民间绵延不绝，历久弥新。

魏晋南北朝 360 多年历史，只有几十年是大一统的时代，其他皆是军阀割据，或朝廷偏安一方、各自称王称霸的争持阶段。就在这个时期里，战争连绵，英雄辈出，思想闪耀，个性张扬。其间，三国鼎立、魏晋风度、三教合流、衣冠南渡……可谓星汉灿烂，气象万千。此一时期，所谓的夷人、胡人等北方民族，为中华民族大家庭输入了新的血液，开创了一代新风尚，奠定了大唐盛世的文化基础。当然，这是从好的有益的一方面来说，若从反面的坏的或弊端一方面而言，则这300多年历史，又是一个混乱、无序、过渡型的非理性时代，弱肉强食的丛林法则遍及天下。孔武强蛮者，以力称霸，继而结党营私，祸乱天下。以谋成事者，奸邪叵测，虎视朝堂，继而篡权弄柄，敛财称兵，窃国夺宝，颠覆正朔。最后导致华夏倾危，生灵涂炭，百姓没于水火中。这便是一个真实的魏晋南北朝，也是一批批传奇女性赖以生存、成长、蜕变的土壤。

书中描绘的贾南风、绿珠、谢道韫、冯太后、李祖娥、冯小怜、潘玉奴、张丽华等等一连串人物，无疑是这个大时代最具传奇色彩的女性。作者于浩瀚的历史典籍中，探赜索隐，抽丝剥茧，钩深致远，从不同的视野和维度，以现代眼光透视历史纵深，分析、描述、评论这些女性的美与丑，憎与爱，以及人生遭遇，命运浮沉。其间，穿插历史案例，对照古今女性，旁及当时的重大历史事件和历史风貌，描绘出魏晋南北朝时代女性所处环境与独特个性，给后人以启迪。

书中展现的代表人物，让我们较为清晰地看到，粗丑无比、贵为皇后的贾南风，妒忌而专权，机变百出，专权跋扈，无恶不作，实为八王之乱、少数民族南下的始作俑者。所谓不作死就不会死，贾南风的所作所为，堪称西晋王朝的掘墓人。而美艳绝伦、贱为歌伎的绿珠，为巨富石崇怜爱，笛声曼妙，歌舞翩翩，仿若天仙下凡。其最终结局，与历史上许多心比天高、命比纸薄的红颜美人一样，以命殉情，香消玉殒。正所谓，问世间情为何物，直教人生死相许。这位奇女子于高楼之上纵身一跃，实则预演了西晋王朝奢靡浮华生活的终结，一个时代就此成为过去。

　　或许是命运的安排，或许是历史的巧合，贾南风与绿珠两个女性结局如此不同，恰如西晋正反两个方面——艳丽和丑陋共存，人与狼共舞。此一情形，正如西人所言："这是一个最好的年代，这是一个最坏的年代。"污泥中，依然有莲花绽放；战乱中，犹回响着平等、博爱、向善、慈悲的琴弦。世人皆醉，亦有醒者。志士仁人以坚毅刚卓、不屈不挠的精神，怀抱为天地立心、为生民立命、为往圣继绝学、为万世开太平的崇高理想，不惜以身家性命，保护和延续华夏文化的血脉。若东晋百年风云激荡，产生了有"芝兰玉树"之美誉的陈郡谢氏，有"琳琅满目"之赞叹的琅琊王氏。在王谢家族中，奇女子谢道韫博学聪颖，风韵高迈，具有林下之风，被谢安称为"雅人深致"，冠绝一时。代表东晋百年女性风采美韵的"林下之风"，谢道韫一人启之，一人领之，风头之健劲，成为一个时代的绝响。

　　按作者书中记述，谢道韫以婚姻连接西晋王谢两大世家，其"咏絮之才"（未若柳絮因风起）、清谈辩才（代小叔子王献之舌辩宾客）、临阵豪勇（击杀对立面，即现代称之反革命分子数人），其诗词佳作（时哉不我与，大运所飘飖），莫不让后人追慕称羡。作者以深厚的情感，优美的文笔，兼及对历史人物的温情敬意，描述了谢道韫才华盖世，传奇又富人情味的一生，通过对谢氏女的讴歌，以表彰吾民族独立之精神，自由之思想。

　　北魏冯太后，或辅佐，或临朝，锐意改革，融汇少数民族和汉族习俗与文化，为孝文帝汉化改革铺平道路，实乃中国历史上伟大的女政治家。李祖娥，北齐皇后，虽享荣华富贵，但优柔寡断，一生命运坎坷，最后不知所终。这两个北朝女性人物，皆有鲜明的个性与特点，或许是环境与时代使然，二人的命运结局却是天壤之别。

　　冯小怜（北齐后主高纬嫔妃）、潘玉奴（南齐皇帝萧宝卷宠妃）、张丽华（南陈后主陈叔宝妃子），个个姿容美丽，或才华过人，或精通音乐舞蹈。他们起于微末，得遇君王，算得上王朝末世的"绝代佳人"。然而，这几位隔世的奇女子，上位之后耽于享乐，纵情声色，最终的结局是"缘障未开，业尘犹拥，漂沦欲海，颠坠邪山"（北魏 温子升《定国寺碑》）。李商隐有诗，讽喻北齐灭亡之祸："小怜玉体横陈夜，已报周师入晋阳。"冯小怜以哀婉的琵琶歌吟，预示着自己的命运："虽蒙今日宠，犹忆昔时怜。欲知心断绝，应看胶上弦。"在乱世如朝露的日子里，美人们与主子一起可劲地折腾，掀起的欲海波涛淹没了江山，最终也吞噬了自己。

历史是一面镜子，每个人看到的历史，都投注了强烈的个人色彩。后世人类究竟从中得到什么启迪？黑格尔说："人类从历史中学到的唯一的教训，就是没有从历史中吸取到任何教训。"此语虽有些偏颇，但亦有其合理成分。又，英人培根说："读史使人明智。"因环境与时代所限，身处时代大潮中的个体的人，无论渺小还是伟大，当尽量使自己变得聪明和有智慧，且怀揣一份悲悯之心，充满温情地去认知、感受历史上各种人物的命运，理解历史事件发生、发展与个人的作用，理清历史演变的脉络，见微知著，透过已逝人物的悲喜剧，得到某些经验或教训，这便是我们今天读《她们·魏晋南北朝女子图鉴》的要义所在。

岳南

2022年9月18日于北京亚运村

第一章

教育篇

001/063

贾南风：父母是孩子最大的命运

第
三
章

才华篇

109/152

谢道韫：
才华馥比仙，气质美如兰

第
六
章

美貌篇

263/317

冯小怜、潘玉奴、张丽华：
一顾倾人城，再顾倾人国

贾南风：

父母是孩子最大的命运

引子

公元 1918 年上半年，于中国上海名人圈而言，注定是不平静的。

有人看破红尘遁入空门，如著名音乐家、书法家、戏剧活动家李叔同，这年他没有像往常一样返回上海家里过年，而是于正月十五在杭州虎跑寺成为了悟禅师的在家弟子，法号弘一。有人曾问皈依佛门后的弘一法师怎么理解俗世的爱，他回答："爱，就是慈悲。"

有人则连红尘之爱和佛门慈悲一道抛弃，驾鹤西游，如著名诗人、作家、翻译家苏曼殊，于这年 5 月 3 日在上海宝隆医院病逝……这位吟出"契阔死生君莫问，行云流水一孤僧"的酒肉和尚、现代名士，死因竟是不听医生劝告的暴饮暴食。

苏曼殊死后第二天，上海的一位 55 岁老人也与世长辞，与李叔同、苏曼殊蜚声文坛不同的是，这位老人未曾留下锦绣文章和魏晋风度供后世吟诵与仰慕，但他严谨自律的性格、爱与慈悲的精神，对中国近代历史进程和近代政治、历史人物，均产生巨大甚或奠基性的影响。

有人说，没有他的资助，就没有孙中山的革命事业，推翻中国两千多年封建帝制的辛亥革命以及之后中国近代化的进程，也会受到一定影响；有人说，没有他以及他的子女，中国近代历史上诸多政治人物的性格和命运，都要改写；有人评价，他的子女对 20 世纪的中国具有不可思议的影响力，甚至在一定程度上影响了中国的历史进程。他的家族，因而成为世界关注的焦点。

他，叫宋耀如，他和妻子倪桂珍育有三子三女。在中国，提及宋氏三姐妹，几乎无人不知、无人不晓。她们是大姐宋霭龄、二姐宋庆龄、小妹宋美龄。宋氏三姐妹个个卓尔不群，无论是学识、才干，还是胸怀、胆略，皆为当时社会女性仰慕的楷模，更使普通人艳羡和无法企及的是，她们的婚姻亦属传奇。宋霭龄的丈夫孔祥熙，是中华民国南京国民政府行政院院长兼财政部部长，同时还是一位银行家和富商；宋庆龄的丈夫孙中山，辛亥革命之后被推举为中华民国临时大总统，是中华民国和中国国民党的缔造者，有"中华民国国父"之称；宋美龄的丈夫蒋介石，曾任黄埔军校校长，后任中国国民党总裁、"二战"时期中国战区最高统帅，直至"中华民国"总统。

宋家不仅三个女儿聪明优雅、风光显赫，三个儿子宋子文、宋子良、宋子安也都以博士学位毕业，学有所成，事业风生水起。20世纪初的中国，绵延两千多年的封建帝制被推翻不久，现代化的进程刚刚起步，重男轻女思想尚且深入社会骨髓，为何宋氏一门就可培养出如此多优秀的子女，尤其是对三个女儿的教育可谓一举成功。答案或许就在宋氏家族的奠基人宋耀如和倪桂珍身上。

作为宋氏家族的奠基人，宋耀如深知教育和机遇对于一个人成才、成功的重要性。

譬如，他抛弃传统的"女子无才便是德"的观念，重视教育，积极努力为女儿寻找教育的机会。譬如，他没有重男轻女思想，认为男女平等，

父母应该给予女儿和儿子同样的出国受教育的机会。宋氏三姐妹宋霭龄、宋庆龄、宋美龄都曾在美国的威斯里安女子学院读书，宋霭龄还是学院的第一个中国留学生。譬如，他鼓励女儿们开阔眼界，不局限于传统，接受进步的信念。宋氏姐妹回忆，在她们留学美国期间，经常能收到父亲从国内寄来的信件和材料，向她们传递国内的革命思潮。正是在父亲开明、有远见、进步思想的浸润下，宋氏三姐妹才圆满地完成学业，并成功地投身到追求民主革命的洪流中。

若说父亲宋耀如是宋氏三姐妹思想上的领跑人、家庭教育中的主要"言传"者，那么，母亲倪桂珍则是宋氏三姐妹行为上的引导人、家庭教育中主要的"身教"模范。

倪桂珍，浙江余姚人，她的母亲是明代科学家徐光启的后裔。她敢于突破传统，为自己选择爱人，亦敢于打破世俗藩篱，用自己的实际行动教导女儿们怎样成为一个对社会有用的人。譬如，她不溺爱孩子。宋霭龄和宋庆龄都是15岁就出国，宋美龄更是不到10岁就被父亲送到美国读书。明

理的倪桂珍全力支持丈夫，不因为孩子们"少小离家"而纠结。譬如，她用基督教的宽容和博爱精神教导女儿们，并身体力行。她经常和丈夫宋耀如一起热心接济穷人，还出钱资助学校和教堂。这种长年累月的慈善行为，如春风化雨般滋润着三个女儿的稚嫩心灵。尽管宋氏三姐妹后来的政治立场和人生道路有所不同，但她们都终其一生，积极热心地投身社会活动，利用自己的影响力促进中国慈善事业的进步和发展。直到今天，以宋庆龄名字命名的中国宋庆龄基金会已成为兼具群众团体和公益慈善机构双重属性的社会团体。这不能不说是倪桂珍这位伟大母亲潜移默化的功劳。又如，倪桂珍虽然支持女儿们接受进步的西方教育，但对中国传统的礼仪，她同样要求三个女儿严格遵守。无论何时，出现在公共场合的宋氏三姐妹，都穿着得体、举止优雅，成为时人纷纷效仿的对象。

所谓梧桐树易栽，金凤凰难得，人们羡慕的是她们的美丽容貌、高雅仪态、良好教育、慈善精神，却不知这非凡的背后，饱含着父亲宋耀如辛苦创业的积累和远见卓识的教导，母亲倪桂珍身体力行的示范和奉献精神的影响，以及他们共同营造的丰富人脉。人脉即资源，即机遇。宋氏三姐妹成为百年来中国乃至世界历史的传奇人物，她们的成功是父母教育的成功，亦可谓近代中国家庭教育最成功的案例。

"今人不见古时月，今月曾经照古人。"在宋氏家族书写历史传奇的1600多年前的西晋王朝，也有一位同样出身高贵、婚姻显赫、叱咤风云的"第一夫人"。她的命运和历史评价，却截然不同……

苍黄:原生家庭的底色

泰始八年的传奇

历史的长河波澜壮阔,历朝历代的平常年份皆为其不甚起眼的浪花。西晋的泰始八年,即如此。泰始,是西晋开国皇帝司马炎用的第一个年号。泰始八年,即公元272年。

如同历史上的每一个普通年份一样,这一年,有生有死。"书圣"王羲之的老师卫夫人出生,竹林七贤之一、与嵇康一起打铁藐视钟会权势的向秀去世。同年去世的还有司马家族寿命最长的司马孚,他以93岁高龄故去,留下遗言:"有魏贞士河内司马孚,字叔达,不伊不周,不夷不惠,立身行道,终始若一。当衣以时服,敛以素棺。"(《资治通鉴》)司马孚是晋武帝司马炎的爷爷、司马懿的弟弟,他的去世意味着三国一代风流真正的烟消云散,穿着旧朝魏国的衣服下葬,也说明西晋建国初期的人心并非完全倾向新王朝,如偏安江南一隅的东吴皇帝孙皓,在自己的小王国里一边花天酒地,一边做着统一中国的美梦。三国的另一霸主蜀国,已灭国多年,其乐不思蜀的末代皇帝、被西晋封为安乐思公的刘禅,已于前一年(泰始七年)在洛阳去世。改朝换代,风流云散;时移世易,百废待兴。

泰始八年,是壬辰龙年,作为晋朝真龙天子的司马炎,于国事,对南方的东吴政权磨刀霍霍,命令龙骧将军王濬"罢屯田兵,大作舟舰",有攻吴之计;于家事,他有安顿之计,鉴于后宫女子左芬出色的文学才华,司马炎将她提拔为修仪。这一年的二月,他还为太子司马衷迎娶了太子妃贾南风。

二月,辛卯,皇太子纳贾妃。妃年十五,长于太子二岁,妒忌多权诈,太子壁而畏之。(《资治通鉴》)

006

惠贾皇后讳南风，平阳人也，小名旹。父充，别有傳。初，武帝欲为太子取卫瓘女，元后纳贾郭亲党之说，欲婚贾氏。帝曰："卫公女有五可，贾公女有五不可。卫家种贤而多子，美而长白；贾家种妒而少子，丑而短黑。"元后固请，荀颛、荀勖并称充女之贤，乃定婚。始欲聘后妹午，午年十二，小太子一岁，短小未胜衣。更娶南风，时年十五，大太子二岁。泰始八年二月辛卯，册拜太子妃。妒忌多权诈，太子畏而惑之，嫔御罕有进幸者。（《晋书·列传第一》）

无论是唐人房玄龄领衔编撰的《晋书》，还是宋人司马光撰写的《资治通鉴》，史书上的贾南风都是又黑又矮又丑又毒又色又狡诈的丑陋形象，可谓占尽天下丑之最。其实，选她做儿媳妇，西晋开国皇帝晋武帝司马炎一开始是抱有极大的抗拒心理的。

《晋书·列传第一》如此描述贾南风的模样："短形青黑色，眉后有疵。"没有比较就没有伤害，司马炎为儿子司马衷挑选媳妇，心目中的形象与贾南风可谓完全是背道而驰的，他的标准可是相当高的。民国时著名教育家陈东原评价司马炎的选儿媳标准时说："拿种之贤妒作第一个标准，足见对于女子是希望其柔顺的。其次便希望其多子；当时观察女子将来多子与否，也只能就其种观察，如果她一脉宗支是蔓衍的，便认其为多子了。希望多子，正表示宗嗣观念之重。其次讲到她的色貌，端正、长、白，便是美的标准。"[1]可见，作为帝国的最高统治者，司马炎对接班人——太子的婚事是极其慎重的，希望太子妃是一名长相好、生育能力强、贤惠柔顺的有教养美女。为此，他像普天下所有爱操心的父亲一样，放眼望去，早早锁定了理想中太子妃的目标，那就是司空[2]卫瓘的女儿。史书记载，卫家可是世代子弟都颜如玉，家族里美男美女如云。流传千古的"看杀卫玠"的典故，就出自他家。可惜，人算不如天算，天算不如谋算。最终，司马炎违背初心，改变主意，竟从他最厌恶的"贾家种妒而少子，丑而短黑"的贾

---

[1] 《中国妇女生活史》，陈东原著，商务印书馆，2017年12月版，第64页。

[2] 古代一种官职，"三公"之一。

府中选中贾南风做儿媳，从而为自己辛苦建立的帝国埋下祸根。之后的岁月里，深居后宫的贾南风以一己之力挑拨起"八王之乱"，"八王之乱"引起少数民族南下，少数民族南下导致西晋灭亡，西晋灭亡后出现五胡十六国和南北朝，从而使中国大一统的政治和文明出现断裂，影响不可谓不深。此为后话。

危机和祸根，自泰始八年"二月，辛卯，皇太子纳贾妃"就埋下了。然而，彼时的司马炎在这一年还在为消灭三国的余孽东吴做准备。作为西晋的开国皇帝，他还在为建立大一统的中华帝国而努力奋斗，沉浸在"天下一统"美梦中，雄心勃勃的他又怎会料到自己的一念之差竟为帝国带来四分五裂的后果？

彼时，同样做着"天下一统"美梦的，还有东吴的孙皓。泰始八年，东吴与西晋在西陵展开大战，西晋大将羊祜战败，被贬为平南将军，东吴则大获全胜。但美梦毕竟是梦，如幻如影，如风如露，终究破灭。东吴的孙皓没能等来"青盖当入洛阳"的荣耀，反而是八年后（公元280年）以亡国之君的屈辱身份被押送至洛阳。同样，在洛阳宫殿宏伟宽大的龙椅上高高端坐的司马炎，终于迎来了天下一统的辉煌时刻，幻想着江山的千秋万代，却没想到这一美梦将被自己选中的丑儿媳击碎，而这个日后差点掀翻西晋皇位的贾南风，是司马炎亲手下诏娶进家门的。

泰始八年，还给历史留下两场著名的口舌之争。其一是贾充（贾南风之父）为维护司马家族的利益，曾指使人在众目睽睽下杀死魏国的皇帝曹髦（高贵乡公），弑君的他被人以"高贵乡公何在"质问得恼羞成怒却也无从辩解，但弑君的他也正是凭借弑君"功绩"而成为西晋的核心权

吴主既克西陵，自谓得天助，志益张大，使术士尚广筮取天下，对曰："吉。庚子岁，青盖当入洛阳。"吴主喜，不修德政，专为兼并之计。（《资治通鉴》）

贾充与朝士宴饮，河南尹庾纯醉，与充争言。充曰："父老，不归供养，卿为无天地！"纯曰："高贵乡公何在？"充惭怒，上表解职；纯亦上表自劾。

羊祜不附结中朝权贵，荀勖、冯紞之徒皆恶之。从甥王衍尝诣祜陈事，辞甚清辩；祜不然之，衍拂衣去。祜顾谓宾客曰："王夷甫方当以盛名处大位，然败俗伤化，必此人也。"（《资治通鉴》）

贵人物，女儿贾南风由此得以踏进皇宫成为太子妃。历史证明，贾南风挑起的"八王之乱"是西晋灭亡的开端。其二是当时著名的务实大臣羊祜非常不喜华而不实的人，对前来拜访他的王衍没有好脸色，认为他夸夸其谈，并预言他"当以盛名处大位，然败俗伤化，必此人也"。王夷甫即王衍，是西晋著名的清谈家，后来高居宰相之位，西晋灭亡，王衍等高官权贵的清谈误国也是其中重要的因素。可以说，泰始八年，西晋尚未完全统一全国，却已于前朝和后宫中埋下亡国的种子。

丑女贾南风在这神奇的一年，就此闯进人们的视野，走上历史舞台，开始自己浓墨重彩的表演。

谁为丑小鸭披上红嫁衣？

古今多少事，都付笑谈中。大约很少有人会设想：假如司马炎得偿所愿，选取的太子妃是卫瓘家的女儿，历史进程会发生改变吗？历史没有假设。多数人关注、好奇的是，一个黑、矮、丑、毒、色、妒，几乎没有什么优点的女人，是如何走上西晋政治舞台，并长袖善舞地毁掉司马氏殚精竭虑、苦心谋划篡夺来的江山呢？

德国哲学家黑格尔有句名言："凡存在的就是合理的。"这里的"合理"约为"合乎常理"。有着"千古第一丑后"之称的贾南风能登堂入室，嫁给中华帝国皇帝之子、太子司马衷，自有其存在的合理性。可以说，彼时的她，占尽了天时、地利、人和。

先说天时。当时贾南风的父亲贾充，因为拥立司马氏家族夺取天下有功，被封为鲁郡公，权倾朝野。彼时，贾充"无公方之操，不能正身率下，专以谄媚取容"，很得统治阶级信任；兼之他的女儿（与前妻所生）嫁给司马炎的弟弟司马攸，与皇家有姻亲关系，贾充的权势如日中天。朝中有些大臣看不过去，就想方设法建议皇帝，将贾充派往边疆之地平叛。贾充深以为忧，不愿去冒险，却也不敢违逆皇帝的旨意。正当为难之际，前来为他饯行的老朋友荀勖就给他出主意：将女儿许给太子，要准备婚事，作为岳父的他自然就不能远赴边疆送死。如同溺水之人抓住一根救命稻草，贾充大喜过望，依计行事，所谓"独有结婚太子，不顿驾而自留矣""既而皇储当婚，遂不西行"。如此，贾南风作为贾充的女儿，就有了婚配太子的可能。此谓天时。

再说地利。地利即贾南风居住的环境和所处的地位。有了天时，只是表明贾充之女有了婚配太子的可能，并不能就此认定贾南风一定能嫁给太子成为太子妃。因为贾充的女儿有好几个，如贾荃、贾裕、贾南风、贾午等。贾荃、贾裕为贾充前妻所生，且已婚配，不必考虑。独有贾午是贾南风的亲妹妹兼潜在情敌，况且一开始，晋武帝就打算将贾午婚配给太子，然而这个贾妹妹实在运气不好，没有母仪天下的福气，年龄小，身高不够，连新娘子的嫁衣都撑不起来，于是，幸运的金苹果就砸到丑女贾南风的脑袋上，一代丑后由此走上历史舞台。此为地利相助也。

最后是人和。丑女贾南风丑则丑矣，她背后庞大的利

充既外出，自以为失职，深衔任恺，计无所从。将之镇，百僚饯于夕阳亭，荀勖私焉。充以忧告。勖曰："公，国之宰辅，而为一夫所制，不亦鄙乎！然是行也，辞之实难，独有结婚太子，不顿驾而自留矣。"充曰："然。孰可寄怀？"对曰："勖请行之。"俄而侍宴，论太子婚姻事，勖因言充女才质令淑，宜配储宫。而杨皇后及荀颛亦并称之。帝纳其言。会京师大雪，平地二尺，军不得发。既而皇储当婚，遂不西行。诏充居本职。（《晋书·列传第十》）

益集团亦不可忽视。为她铺就嫁入皇室之路红地毯的人，就是她的好父亲、好母亲。她的父亲贾充，自不必说，不愿去边疆冒险平叛，自是绞尽脑汁促成女儿嫁给太子，况且以他拥立司马氏建立晋朝的功勋和官职威势，以及自己多年经营的官场人脉和朋友圈子，自有一批趋炎附势之徒，自愿自动地为他效犬马之劳，朝中称颂贾南风贤惠的阿谀奉承之声不绝于耳。前文叙及的荀勖即为其中一员。

贾南风的母亲郭槐，更是历朝悍妇之代表。她的悍，不仅表现在对丈夫情事的严格把控上，还在于她能审时度势，准确而果断地抓住事件的关键点。比如为女儿择婿，她锁定晋朝未来的皇帝——太子司马衷，并不忌讳彼时传闻里司马衷的白痴形象，也许她知道自家女儿的黑矮丑也是一大弱点，痴儿丑女成绝配，可谓精明至极。对自家劣势清楚无比的郭槐，为达目的不择手段，竟向富有四海的皇家——武元皇后杨艳行贿。皇家会缺钱吗？还用得着收受贿赂吗？答案是肯定的。

晋朝是个奢侈成风的朝代，奢侈过度必然囊中羞涩，没钱自然就会接受不义之财，行贿受贿，卖官鬻爵，就连当朝皇帝晋武帝都不能避免。有一次，晋武帝问司隶校尉❶刘毅："你看朕和汉朝哪个皇帝能相比？"刘毅乃正直之士，他不假思索地回答："桓帝、灵帝。"桓帝、灵帝是汉朝有名的昏庸皇帝。晋武帝作为开国之君，自觉英明过人，本想收获赞扬之词，听到拿他跟昏庸皇帝作比，心中不悦，就问："为什么这样说？"刘毅毫无畏惧地说："桓帝、灵帝卖官的钱，都充入国库；陛下您卖官的钱，都用作个人开

---

❶ 官职，监督京师和京城周边地方的秘密监察官。

销。这样说来，您还不如桓帝和灵帝呢。"晋武帝知道刘毅说的都是事实，只好强作笑颜打哈哈："可惜桓帝和灵帝没有像你这样敢于直谏的忠臣，这样说来，我还是比他们幸运。"身份高贵的皇帝，被臣下如此讥讽而不能理直气壮地惩罚他，除了表明晋武帝略有雅量之外，最重要的是说明晋武帝本人心中有愧，默然即为承认。唐代诗人周昙写过一组多达193首的咏史诗，评骘历史人物，谈及晋武帝时，其诗云："汉贪金帛鬻公卿，财赡赢军冀国宁。晋武鬻官私室富，是知犹不及桓灵。"此言可谓不虚。

俗话说：上梁不正下梁歪。当朝皇帝都如此，何况皇后乎？杨艳皇后果然不辜负郭槐的厚望，收了贿赂后，就极力向皇帝夸赞贾家女儿的贤德。自古以来，枕边风是最温柔，也是最猛烈的风。为报答郭槐的贿赂，身为尊贵皇后的杨艳，不仅自己给皇帝吹枕边风，还拉上太子的老师荀顗一起给晋武帝灌迷魂汤，真可谓帮人帮到底，送佛送到西。可惜，贪婪的杨皇后尚不知，凶悍丑陋的贾南风，岂是她的傻儿子司马衷能驾驭得了的？她是在亲手帮丈夫和儿子的王朝选择掘墓人。

无论如何，占尽天时、地利、人和的贾南风成功了，在父母的辅佐以及贾氏利益集团的推波助澜下，她青云直上，坐稳了太子妃的宝座。父母亲友齐上阵，乌鸦飞上梧桐树。

毋庸置疑，贾南风是著名的丑女一枚，但她是王公世族的女儿，能在美女如云的众多竞争者中脱颖而出，一跃成为皇室的太子妃，这不能不说是拼爹拼妈的结果。在任何时代，拼爹拼妈都是子女婚姻角力的体现，也是社会现实。古代传统社会的大多数女子，大门不出，二门不迈，

初，贾充妻郭氏使赂后，求以女为太子妃。及议太子婚，帝欲娶卫瓘女。然后盛称贾后有淑德，又密使太子太傅荀顗进言，上乃听之。（《晋书·列传第一》

无法真正接触社会，对男性、对婚姻只有幻想权，没有决定权，故而，婚姻与其说是子女的联姻，不如说是父母的半生经营成果展现，拼的是父母的眼界和积累。正如美国著名汉学家伊佩霞所说："女人婚后过的日子是绩麻还是教孩子读书，很大程度上取决于她们加入的那个家庭的社会和经济条件，而且没有什么比她自己出生的家庭情况更有可能预测她会嫁到什么样的人家。" ❶

母亲的翻版：丑陋、妒忌

著名心理学家武志红曾说："基本上，人一生有两个家庭：一个是自己出生、成长的家庭——我们称为原生家庭；另一个是进入婚姻生活后所建立的家，也就是自己'当家'的家。"于女人而言，虽然在婚后建立的家是自己做主当家的二人世界，但在家庭和社会上处理人际关系的方式方法，对待事物的思考和行为，却无一不体现了自己原生家庭父母教育的巨大影响力，这影响甚至是刻在骨头里，流在血液里，今生都无法改变的。比如，一代丑后贾南风，她的典型形象丑、妒、狡、毒，甚至她的少子，都可从其原生家庭窥见端倪。

---

❶
《内闱——宋代妇女的婚姻与生活》，[美]伊佩霞著；胡志宏译，江苏人民出版社，2010年7月版，第232页。

史书没有详细记载贾南风婚前的任何动态，所有的暗箱操作和幕后谋划尽由长辈们去表演，所以我们不清楚这位面相不讨人喜欢的女孩是怎样度过她的青葱岁月的。对每个青春期女孩子都很在乎的外貌，她自卑吗？对朦胧的爱情，她动心吗？对未来的夫婿，她期待吗？因为史料匮乏，这一切，我们都无从知晓，如同大多数历史女人的模糊面孔，人们并不关注她们的个人情感。历史，只看结果。

史书中，贾南风一出场，已是15岁，且直奔结婚而去。"更娶南风，时年十五，大太子二岁。"15岁的少女贾南风，身披嫁衣，珠环翠绕，娇羞着，好奇着，被吹吹打打的迎亲队伍接进神秘森严的太子府。

宫门一入深似海。比太子大两岁的丑女贾南风，搭配白痴太子司马衷，这对姐弟恋的婚姻之路，这对奇葩组合的宫廷生活，血雨腥风，波诡云谲。正是在这里，贾南风将她家族先天遗传和后天教育的丑、妒、狡、毒，辅以自己拙劣的临场演技发挥，在西晋短命的历史中，表现得淋漓尽致。

美和丑是相对的。西施、貂蝉、杨玉环、王昭君是中国历史上著名的四大美女，她们常常成为历代文人骚客或褒或贬的吟咏对象。同时，对应着四大美女，历史上还有著名的四大丑女，她们是嫫母、钟无艳、孟光、阮氏女，这四大丑女虽然容貌对不起观众，却因品德高尚、贤惠而有才能被历代文人称颂。贾南风与之不同，丑则丑矣，德行亦不佳，以致成为历代文人和史家口诛笔伐的对象。

美有多少种，丑就有多少种。单纯的模样丑，并不可怕，可怕的是导致的性格扭曲、放荡无耻，以及拥有生杀予夺权力之后的暴虐残忍。人丑就要多读书，丑后贾南风

014 贾公闾后妻郭氏酷妒。有男儿名黎民，生载周，充自外还，乳母抱儿在中庭，儿见充喜踊，充就乳母手中呜之。郭遥望见，谓充爱乳母，即杀之。儿悲思啼泣，不饮它乳，遂死。郭后终无子。（《世说新语·惑溺篇》）

也许读了很多书，不然在当皇后的11年中，皇帝丈夫懦弱无能，她怎么协助治理这个国家？然而，她性格里的妒忌、狡诈、淫乱、狠毒成分，还是能从其原生家庭教育中找到蛛丝马迹的。

就妒忌而言，西晋一朝，贾家门第显贵，贾充更是深得司马氏两代人信赖。谁能想到，这么一个位高权重的风云人物，竟是个"妻管严"。史书记载，贾充的老婆郭槐"性妒忌"，身为贾充的第二任妻子，将这位在朝中呼风唤雨的贾老爷管得服服帖帖，甚至因为她的妒忌任性，贾充竟没留下男性子嗣，绝了后。

郭槐曾有一子名贾黎民。孩子满一周岁时（《晋书》中记载为贾黎民三岁时），奶妈抱着他在门口玩耍，贾充下朝后往家里走，孩子老远看见父亲回来，高兴得眉开眼笑。贾充也被儿子的憨态逗乐，凑上前去逗孩子。谁知，善妒的郭槐看见这一幕，非但不被这父子俩的天伦之乐融化感动，反而认为贾充在借机勾搭、示爱乳母。于是，怒气冲冲的郭槐，当即找出鞭子，使出悍妇的威严，竟将奶妈活活鞭打而死。这边可怜的奶妈冤魂未散，那边可怜巴巴的一岁孩子贾黎民，因为是奶妈一手带大的，奶妈一死，孩子就精神萎靡，不久也发病而死。这是郭槐第一次因为妒忌杀人，间接地也杀死了自己的亲生儿子。

《晋书》记载，后来郭槐又生了一个儿子。还是被奶妈抱着，贾充又亲近地去抚摸孩子的头，碰巧这一幕又一次被悍妇郭槐看见，又一次被她怀疑奶妈与贾老爷有奸情，她故技重施，毫不犹豫地又一次杀死奶妈。无辜的奶妈成了又一个投诉无门的冤魂。不出意外，这个可怜的孩子，跟他从未谋面的小哥哥一样，也因为依恋奶妈的温暖，思慕而死。这是郭槐又一次因为莫名其妙的妒忌杀人，同样又一次间接地杀死自己的亲生儿子。

这么多"又一次"，仿佛在屡次暗示，奶妈、贾充、孩子都是那么的无辜，尤其是贾充，屡教不改，既然知道自家妻子的凶悍，就不能考虑一下瓜田李下之嫌吗？郭槐知道自己得罪不起贾老爷，只好将莫名怒气撒在可怜的奶妈和孩子身上。作孽何其深！

这么多"又一次"，仿佛儿童过家家变戏法一般，重复来去，理由只有一个：任何女人，不能靠近贾充。否则，来之，见之，杀之，哪怕是冒着连累自己骨肉的风险，也在所不惜。妒妇之心，何其毒也！

这么多"又一次"之后，笼罩在悍妇郭槐淫威下的贾家，终于绝后。贾充死后，贾家没有儿子来继承爵位，郭槐无奈，只好把自己的外孙韩谧（贾南风的妹妹贾午的儿子）借过来，改名为贾谧，当作贾充的后嗣。早知今日，何必当初！

有其母必有其女。贾南风的妒忌本性，与母亲郭槐的行事作风如出一辙。还在当太子妃时，贾南风就展露了其妒忌、"性酷虐"的本领。因为贾南风本性彪悍，颇得其母悍妇之风，一嫁入宫中就将太子制服。太子司马衷智力不够，性格又软弱，一方面害怕贾南风，另一方面又被她迷惑，以至于不敢轻易宠幸其他小妾。但毕竟他是太子，小妾众多，贾南风一时也管不过来。这样就有几个小妾怀孕了。

按照封建等级观念，小妾们地位低下，身为太子妃的贾南风对她们有管理和处置权力。因此，听说有几个小妾怀孕，贾南风的肺都要气炸了，本着杀鸡给猴看的心理，

充遂无胤嗣。及薨，槐辄以外孙韩谧为黎民子，奉充后。郎中令韩咸、中尉曹轸谏槐曰："礼，大宗无后，以小宗支子后之，无异姓为后之文。无令先公怀朏后土，良史书过，岂不痛心。"槐不从。咸等上书求改立嗣，事寝不报。槐遂表陈是充遗意。帝乃诏曰："太宰、鲁公充，崇德立勋，勤劳佐命，背世殂陨，每用悼心。又胤子早终，世嗣未立。古者列国无嗣，取始封支庶，以绍其统，而近代更除其国。至于周之公旦，汉之萧何，或豫建元子，或封爵元妃，盖尊显勋庸，不同常例。太宰素取外孙韩谧为世子黎民后。吾退而断之，外孙骨肉至近，推恩计情，合于人心。其以谧为鲁公世孙，以嗣其国。自非功如太宰，始封无后如太宰，所取必以己自出不如太宰，皆不得以为比。"（《晋书·列传第十》）

016

妃性酷虐,尝手杀数人。或以戟掷孕妾,子随刃堕地。帝闻之,大怒,已修金墉城,将废之。充华赵粲从容言曰:"贾妃年少,妒是妇人之情耳,长自当差。愿陛下察之。"其后杨珧亦为之言曰:"陛下忘贾公闾耶?"荀勖深救之,故得不废。惠帝即位,立为皇后。(《晋书·列传第一》)

她甚至亲自动手杀死了几个看护不周的宫女。

洛阳城里,太子宫中,气氛凝重。几个宫女尸骨未寒。小妾们被刚刚经历的血淋淋的场面震住了,大气都不敢喘一下,贾南风还不解气,本就丑陋的面庞涨红得如同猪头,她一把夺过旁边侍卫的戟❶,一边用狠毒的语言咒骂着,一边用力扔向其中一位小妾高高隆起的肚子,娇弱的孕妇哪里忍受得了这么猛烈的撞击,疼痛难忍,一下就倒在地上。与此同时,肚子里的孩子也一命呜呼。光洁的地板上躺着娇美柔弱的小妾,花容失色,奄奄一息。空气中,弥漫着一股血腥味,久久不散。没有散去的,还有贾南风那杀红了眼的妒忌和癫狂,她那胜利者的狂笑和复仇者的嘲笑,绕梁不绝,回荡在森严的太子府上空,惊得几只看热闹的乌鸦,不忍卒看,亦落荒而逃。

晋武帝大怒。他还没死,他还是当今帝国的皇帝,竟有人胆敢在他的眼皮子底下杀害他的皇孙、司马氏的子嗣,简直是胆大包天,罪大恶极。于是,他下令修建一座金墉城,想要废掉贾南风的太子妃称号,将她囚禁在金墉城。

贾南风,遭遇了人生第一次政治危机。起因是妒忌,杀人手段之残忍丝毫不亚于其母郭槐。可是童年耳濡目染、有样学样之缘故?

彼时贾充已去世,但他经营多年的深厚的官场资源,此刻起到了决定性作用。后宫的赵粲(被封为充华)温柔地劝解怒不可遏的晋武帝:"太子妃年少不懂事,妒忌是妇人之性情。长大了就不这样了。"杨芷皇后的叔叔杨珧直接祭出贾充的旗帜:"皇上难道忘记贾公闾(贾充,字公闾)

❶ 古代兵器,在长柄的一端装有青铜或铁制成的枪尖,旁边附有月牙形锋刃。

了吗?"贾充生前好友荀勖也在晋武帝身边为贾南风极力开脱罪名。在外朝、后宫的重重包围下,强硬的晋武帝竟然又一次屈服了,如同泰始八年他听从杨艳皇后和朝臣建议为司马衷定下贾家婚事一样。贾南风的婚姻和地位危机得以解除,继续当她的太子妃。后来太子即位当皇帝,她被立为皇后,至于那些屈死的冤魂,早就被她丢到九霄云外去了。

传统社会家庭教育中,母亲的言传身教极为重要,尤其是对囿于狭小天地中的女儿而言,母亲是她人生的第一任教师和榜样。母亲的教育不只是教会女儿学会女红,懂得做妻子和母亲的职责,更重要的是向孩子传授社会准则和道德价值观。母亲的文化底蕴和行为准则,会深深印刻在孩子的幼小心灵中,待其长大成人,她会惊讶地发现,自己不知不觉中已成为母亲的影子。如是,太子宫中的悍妇贾南风,岂不是贾充府上妒妇郭槐的另一翻版?人生何其神奇,种什么因,结什么果。

父亲的馈赠:狡诈、狠毒

如果说贾南风的妒忌源自其母教导不周,上行下效,那么,她见诸史书中的狡诈和狠毒,却多数源自其父贾充的言传身教。

贾充,字公间,平阳襄陵人。父亲贾逵曾做过魏国豫州刺史，被封为阳里亭侯。贾逵年纪很大时才生贾充，他认为这个晚出生的儿子当有充闾之庆，因此为他取名贾充，字公闾。贾逵是对曹氏魏国忠贞不贰的大臣，善于审时度势的贾充却在政治站队上倒向最终篡夺魏国天下的司马氏一边。为了司马氏，他甚至敢命人当众杀死皇帝。

公元260年，已经即位5年却未能摆脱司马家族控制的魏国皇帝曹髦对司马昭的专权非常不满，他一边狠狠地说着"司马昭之心路人皆知"，一边密谋夺回朝政控制权。这一年的五月，年轻气盛的曹髦带领一群侍卫攻打司马昭的府邸，声称如有反抗者，就夷其三族。面对气势汹汹的皇帝，司马昭府邸的士兵不敢上前迎战，双方僵持不下时，只见贾充匆匆赶来，他大喝一声："司马公蓄养你们，让你们养精蓄锐，正是为了今天，大家往前冲！"这时太子舍人❶成济站出来，抽出戈就向皇帝刺去，只听"噗"的一声，戈的尖头已穿过皇帝后背而出。曹髦当即命丧血泊中。堂堂皇帝，竟在众目睽睽之下被刺杀。惨案的始作俑者，当为贾充。曹髦是曹操的重孙，曾被封为郯县高贵乡公，他死后，司马昭又立曹奂为皇帝，为司马氏篡位进一步铺平了道路，5年后，司马炎接受曹奂的禅让，建立了晋朝。可以说，西晋创立，杀死20岁的血气方刚的皇帝曹髦是最为关键的一步。这一步，功劳最大的是贾充。正如历史学家陈寅恪所说："高贵乡公是由贾充出面指使成济杀掉的。贾充是司马氏及豪族的大功臣，他既为司马氏夺取君权扫除了最后一个障碍，又为司马氏保全了儒家名教信徒的美

---

❶ 中国古代官名，初设置于秦朝，是执掌东宫宿卫的，后来也兼管秘书、侍从之职。

称。" ❶

　　曹髦乃魏国正统的皇帝，贾充身为魏国大臣却指使人杀死他，其弑君罪名是任何人都无法忽视的，故而朝中正直的大臣屡屡拿此事来质问贾充，前文叙及的泰始八年的著名口舌之争即为例证，大臣中甚至有要求杀死贾充来平息天下民愤的。但狡诈的司马昭仅以处死成济来敷衍了事，不仅保全了贾充的性命，还对他委以重任，更为信任。西晋建立后，贾充担任车骑将军、散骑常侍、尚书仆射，被封为鲁郡公，其母亲柳氏也被封为鲁国太夫人。

　　心肠歹毒、手段凶狠的贾充，在历史上背负着"弑君欺主"的骂名。明末清初著名思想家王夫之曾经对贾充有评价，即"寡廉鲜耻贪冒骄奢之鄙夫"。史书记载，"充有刀笔才，能观察上旨"。意思是说，贾充有才华，善写文章，很会察言观色，常能体会上面领导的意图。此其狡狯之一。史书又载，"而充无公方之操，不能正身率下，专以谄媚取容"。意思是说，贾充不够正直，不能以德服人，喜欢谄媚别人。此其狡狯之二。

　　贾充寡廉鲜耻至此，固然有社会风气影响的因素，因为西晋的天下本就是司马氏集团从曹魏政权的孤儿寡母手中取得的，谈不上正义，更遑论光彩，作为开国功臣的贾充，在帮司马氏篡夺皇位的过程中，自是干了不少违背伦理、弑君背主之事。朝代更替，人头落地之时，谁的手上不曾腥气冲天？然其以这种虚伪狡诈作风行事，必将潜移默化地影响到女儿。

_____

❶《陈寅恪魏晋南北朝史讲演录》，陈寅恪著，万绳楠整理，天津人民出版社，2018年12月版，第14页。

020

帝又尝在华林园，闻虾蟆声，谓左右曰："此鸣者为官乎，私乎？"或对曰："在官地为官，在私地为私。"及天下荒乱，百姓饿死，帝曰："何不食肉糜？"其蒙蔽皆此类也。（《晋书·惠帝纪》）

在贾南风的人生词典里，耍小聪明、说谎，都不成为恶行，反倒是她的惯常伎俩。与她的狡诈形成鲜明对比，丈夫司马衷的愚钝也被载入史册，成为千百年来人们讥讽调侃的对象。

贾南风的丈夫司马衷，是历史上有名的白痴皇帝——晋惠帝，他为中国历史留下两个著名的痴傻典故。一是"何不食肉糜"，一是"官私蛤蟆"。

就像贾南风的丑陋彪悍威名在外一样，晋惠帝司马衷的"不慧"形象，在他当皇帝之前，也早已不是什么可以藏得住的秘密。他的老爹——晋武帝司马炎也曾怀疑过他的智商，担心这个9岁就被立为太子的儿子不能担起一国之君的重任，于是决定出几道题考验一下，约定太子限期交卷。

可以说，这次考验也是太子妃贾南风人生面临的一大关卡。若太子顺利过关，贾南风的"太子妃升职记"可以顺风顺水地演下去；若太子因为智商不够被废，贾南风母仪天下的皇后梦就会烟消云散。夫妻俩可谓一条绳上的蚂蚱，一荣俱荣，一损俱损。

关键时刻，贾南风的小聪明伎俩自然而然施展出来。她为太子准备了一份非常符合司马衷平日形象的答卷，这份答卷，不能过于卖弄才学，因为大家都了解太子的智商，不具备学富五车的才能，作假更容易露馅；但答卷又不能过于粗鄙简陋，这样会给人以口实，坐实了太子的愚钝。于是，贾南风命人模仿太子的口吻，写了一份朴实直白又切中要点的答卷，然后交由太子誊写一遍。晋武帝司马炎审阅后，心中一块石头终于落地，史称他"大悦""甚悦"。

司马衷的太子之位能保得住，太子妃贾南风的小聪明，或者说狡诈作弊功不可没。

有子如司马衷，有媳如贾南风，不知英明一世的司马炎是怎样安心躺在棺材里的，大概也是死不瞑目。长江后浪推前浪，前浪死在沙滩上。不管怎样，太子司马衷还是顺利即位，成为晋惠帝，立贾南风为皇后。

贾南风春风得意，大权在握，仗着自己是六宫之首想作威作福，不料身边的宫女告诉她，作为儿媳妇，她有义务每天向太后请安问好，遇到大事还得向太后禀报商量，这可把这个野蛮皇后郁闷坏了。做太子妃时，有皇帝等人压着，现在好不容易成为皇后，能自由撒野，居然还有个太后压着。

让贾南风郁郁寡欢的太后，不是别人，正是晋武帝的第二个皇后杨芷。她是前任皇后杨艳的堂妹，也就是司马衷的姨妈。这个杨太后平日里没少教训行为乖张的贾南风，因此贾南风对她又恨又怕，总想借机除掉她。恰在此时，杨太后的父亲杨骏因为被晋武帝任命为辅政大臣，全权负责朝廷大事，在朝中颇有地位。杨骏在外朝大肆封赏，借机网罗党羽，培植自己的势力。他知道贾南风野心勃勃，时刻提防着她，不愿意让她插手外政。

如此一来，贾南风在后宫受太后压制，在外政上受杨骏猜忌，不能为所欲为，时间久了，就积怨成仇。她准备迅速除掉杨太后和杨骏这一对父女。为了迅速清除宿敌，颇有心机的贾南风发动了一场又一场军事政变，搞得西晋朝廷血流成河，人心惶惶。

一代丑后从此登上政治舞台，磨刀霍霍对政敌。对历史影响深远的西晋内乱——"八王之乱"，由此拉开了序

022

幕。

贾南风步入政坛的第一次战斗，矛头直指杨骏和杨太后。因为杨骏势力太强大，贾南风家族的力量不够用，她想到了晋武帝分封在各地的藩王，这些藩王可都是掌握兵权、拥有自己独立武装部队的。于是，她打出清君侧的名义，唆使汝南王司马亮❶出头。令她没想到的是，汝南王胆小怕事，不敢答应。贾南风无可奈何，只好转头去找楚王司马玮❷。司马玮年少轻狂，为人狠毒，是个无事也能掀起三尺浪的主儿。他最喜欢瞎搅和凑热闹，一听说能来京城闹事，二话不说，满口答应，带着军队就来到首都洛阳。因担心自己势单力薄，在路上，司马玮还拉上淮南王司马允❸，联袂入朝，共同讨伐杨骏。

杨骏平日里骄横跋扈，但是个优柔寡断之人，敌人都打上门来了，他还在纠结要不要烧掉一座城门来保护自己。跟随他的人看到领导如此不堪重任，纷纷四散逃命去了。这样的人哪是亡命徒司马玮的对手，很快，杨骏的府邸就被攻下。杨骏情急之下，躲在马厩的草堆里。奉命前来捉拿杨骏的士兵，在杨府里找了一大圈都没找到这个重量级人物，急得团团转。正在这时，一个士兵随意地走进马厩，忽然发现墙角的一堆草料旁有些动静，他一边大喝"什么人"，一边向草料走去。叫喊声吸引来更多的士兵走进马厩，他们纷纷拥向草料堆，盼望能捉到大人物，立军功，

---

❶ 司马懿第四子，皇帝司马衷的叔祖父。

❷ 司马炎第五子，皇帝司马衷的异母弟弟。

❸ 司马炎第十子，皇帝司马衷的异母弟弟。

大发横财。可草料堆那边瞬间没了动静。立功心切的士兵们顾不了许多，纷纷拿起手中的戟向草料堆扎过去，只听一声惨叫，血染兵器。随后，一个浑身被扎得像刺猬一样的血人被士兵们拖了出来，顷刻间就没了声息。可怜一代首辅大人，竟落得如此下场。而后，他的党羽及其家族成员，均被斩首，血流成河，死了数千人。

杨骏死后，宫里的杨太后没了靠山，只能任由贾南风处置。当初，在将士包围杨府、诛杀杨骏之时，杨太后曾试图救自己的父亲，匆忙在一块布料上写下"救太傅者有赏"六个大字后，将布缠在箭上，射向城外，希冀有忠心者能去给杨骏通风报信。谁知，皇宫早就被贾南风的人包围了，箭当然射不出去，早有人把它交给了贾南风。

杨太后飞箭示赏，非但没有救成父亲，反而因为这六个大字，成为贾南风下一个攻击目标。杨骏既然是罪臣，杨太后想救他，自然构成谋逆之罪。贾南风利用这块布料大做文章，诬陷太后造反，遂弹劾太后。刚开始，只是贬太后尊号，废太后为庶人，将她幽禁在金墉城。后来，贾南风觉得还不解恨，碍于伦理，不能直接杀死自己的婆婆——太后，她就拿太后的母亲撒气，下令要将太后的母亲庞氏斩首，罪名是家属同坐。

眼见得亲生母亲要奔赴黄泉，昔日的杨太后抱着母亲号啕大哭，她甚至舍弃尊严，剪掉自己的头发，自称"罪妾"，恳求贾南风高抬贵手，放她母亲一条生路。谁知，心狠手辣的贾南风，一边冷酷地欣赏婆婆的失魂落魄，一边指示行刑人尽快动手。几个月后，被囚禁在金墉城的杨太后饿死了。据说是贾南风吩咐下人，不再给太后送饭。可怜杨太后，多年前还在皇帝面前为贾南风求情、掩过，今

庞临刑，太后抱持号叫，截发稽颡，上表诣贾后称妾，请全母命，不见省。初，太后尚有侍御十余人，贾后夺之，绝膳而崩，时年三十四，在位十五年。贾后又信妖巫，谓太后必诉冤先帝，乃覆而殡之，施诸厌劾符书药物。（《晋书·列传第一》）

日反要承受如此侮辱，甚至身家性命不保。真是一出"东郭先生和狼"的现实版好戏。

"子系中山狼，得志便猖狂。"贾南风借助宗室藩王的军队，清除了政坛对手——太傅杨骏的势力；凭着自己的阴狠毒辣，在内宫中拔掉了杨芷太后这颗眼中钉。她初入政坛的这股子狡诈、狠毒劲儿，与其父贾充当机立断、残暴的弑君行为，几无二致。

女儿的权力游戏

"贾充阴险狡诈，郭槐嫉妒霸道，贾南风则兼而有之。碰巧她的丈夫又忠厚得几乎无能甚至弱智，因此这位贾皇后想不弄出些动静来都难。"❶易中天所说的弄出些动静，即指贾南风在西晋政坛掀起的一阵阵权力争斗。确乎，自公元291年太傅杨骏被杀，外戚杨氏集团被一锅端后，贾南风在政坛初试牛刀即告成功，她对权力游戏的兴趣更加浓厚。由此，她开始策划第二次政治斗争，针对的是汝南王司马亮和老臣卫瓘。

汝南王司马亮是司马懿的第四个儿子，也是宗室藩王中资历最老的，是皇帝司马衷和皇后贾南风的叔祖父。同时，司马亮还是晋武帝临终时的托孤大臣之一，只是因为

---

❶
《魏晋风度》，易中天著，浙江文艺出版社，2016年3月版，第12页。

外戚杨骏的阻挠，他未能入朝辅政。贾南风剪除杨骏，自己势力又弱，只好请出司马亮来主持大局，入朝担任太宰即宰相一职。

卫瓘就更不用说了。他是前朝老臣，不仅长得威风凛凛，还正直有谋略，颇有威望。晋武帝为太子娶媳妇时，当初最满意的就是卫家，"卫家种贤而多子，美而长白"，后来贾充夫妇一通暗箱操作，才使得贾南风最终上位。因卫瓘曾经暗示晋武帝，太子司马衷不适合坐上龙椅，故而贾南风素来怨恨卫瓘，同时还忌惮卫瓘的方正耿直，欲除之以绝后患。

杨骏被诛后，司马亮和卫瓘共同辅政。论功行赏，楚王司马玮也被升为卫将军。同时，贾南风也开始培养自己的势力，提拔了自己的族兄贾模、外甥贾谧等一干外戚。朝中宗室和外戚，双方对峙，免不得会产生利益纠葛，但终究还是宗室藩王的势力强硬些。对此，想独断朝纲的贾南风忧虑重重，虽然有自己的党羽，但眼下根基未稳，只怕打不过这些藩王，于是，狡诈的她处心积虑，导演了一出借刀杀人的好戏。

朝中大事由司马亮和卫瓘把持着，楚王司马玮对此颇为不满，这便给了贾南风可乘之机。她污蔑司马亮和卫瓘想要废掉皇帝，说服晋惠帝下了一道诏书，要求楚王司马玮连夜除掉司马亮和卫瓘。楚王司马玮为人轻率而奸险，出于自己的私人恩怨，就不管不顾地黄夜去捉拿司马亮、卫瓘二人。于是，毫无准备的司马亮被乱兵杀死，投尸北门；卫瓘也束手就擒，满门抄斩。

贾南风专政路上的第二块绊脚石被清理了。第二次政变也圆满成功。站在华丽宫殿里帷幕后面的贾南风，或许有一种复仇的快感：卫家被满门抄斩，虽然有几只漏网之鱼，终究是"妒而少子，丑而短黑"的贾家战胜了"贤而多子，美而长白"的卫家。

俗话说，打铁要趁热。杀红了眼的贾南风担心性格果敢的楚王司马玮威权在手，对自己不利，索性一不做二不休，接着发动第三次军事政变。这次的目标直指曾经的盟友、党羽司马玮。她拿出倒打一耙的架势，说楚王司马玮拿着假圣旨，擅自杀害司马亮和卫瓘两位辅政大臣，罪该万死。

不可一世的楚王司马玮被捉拿，押往刑场。可笑的是，临刑前，他还不断为自己喊冤："我没有假传圣旨啊，明明就是皇帝下诏让我去查处汝南王和卫瓘的，怎么可以说我是擅自行事呢？"连一旁的行刑人都知道他说的是事实，他确实是被冤枉的，可那又能怎样呢？贾南风要他死，他就必须死。他本来是贾南风第一次政变和第二次政变的先锋官，为她清除了专政道路上的所有敌人和对手，到头来，他也成了她的刀下鬼，可谓冤哉。但司马玮未能在纷繁复杂、血雨腥风的政治斗争中全身而退，固然有贾南风的过河拆桥、恩将仇报之推动，也与他不辨忠奸、嗜杀如命、不留后路有关，亦谓不冤哉。

"会当凌绝顶，一览众山小。"经历三次军事政变的清洗，朝中已无人能与贾南风的势力抗衡，她终于如愿以偿地把持了梦寐以求的朝政，登临政治舞台的正中央。西晋王朝由此开启了独属于贾南风的风云时代。

青出于蓝而胜于蓝。西晋名臣贾充，仅是因为帮着司马家族诛杀了曹魏政权的皇帝曹髦就加官晋爵，遗臭青史。他的女儿贾南风则更上一层楼，不仅血洗权贵忠臣，动不动就把别人夷三族，还让宗室藩王为她卖命，乃至自相残杀。她沾满鲜血的双手如何能洗干净？

仓皇谢幕:螳螂捕蝉

　　客观公正地说，贾南风虽然为人狡诈、行事狠毒，但在她当政的9年时间里，即元康年间，任用一批能臣治理朝政，社会还算稳定。一个国家，只要内部不乱，不瞎折腾老百姓，那天下就基本太平。

　　然而，天下终究还是不安分起来。究其原因，除了有少数民族武装力量在边境捣乱，还有西晋初年晋武帝分封在各地的藩王蠢蠢欲动。他们自私自利，不想着怎么保卫朝廷，效忠中央，反倒个个想来京城过一过大权在握之瘾，甚至有篡位当皇帝的想法，认为皇帝轮流做，今年到我家，比如赵王司马伦。

　　赵王司马伦是司马懿的第九个儿子，和前文叙及的汝南王司马亮是兄弟关系，不学无术的他见贾南风的势力如日中天，就刻意攀附贾家，贿赂贾家人，侍奉起贾南风来十分殷勤谄媚，因此得以成为贾南风的亲信。

　　彼时，经过近10年的刻意培养，贾南风的实力已不可同日而语，在朝中也是党羽亲信遍布，她的舅舅郭彰、外甥贾谧等越发穷奢极欲，骄恣无比。朝中王公大臣，苟且偷安者多。与此同时，太子司马遹也已长大成人，逐渐成为贾南风的心头大患。贾南风生了四个公主，没有儿子，她和她的后党集团担心太子将来继承皇位，对他们这一伙人不利。于是，一个专门针对太子的阴谋就诞生了。和往常发动政变一样，此阴谋的幕后指挥仍然是诡计多端的贾南风，方式是诬陷太子谋反，目的是废黜太子。公元299年，一个风和日丽的下午，太子司马遹在东宫闲着无事，正准备去他自己开设的宫中集市上算算账、练练手（他亲生母亲谢玖出身屠户之家，他便喜好估算货物）。这时，一个小太监急急忙忙走进来，说皇上身体不舒服，皇后娘娘请太子进宫服侍。慑于皇后平日里的淫威，太子丝毫不敢怠慢，着急地问："父皇到底是什么病？"小太监回答"不清楚"。太子只好一溜小跑，跟着小太监匆忙来到皇宫中。但等了好久都无人搭理他，倒是有几个宫女不断劝他饮酒，说是皇上所赐，太子不敢不喝，只喝到日头偏西，酩酊大醉。这时，有太监拿来笔墨纸砚，请太子照着一张纸的内容抄写。太子迷迷糊糊中便照做了。

第二天，贾南风一见到晋惠帝就对他说："太子要谋反，你看，这么放肆的话他都写得出来。"说着，将太子昨晚写就的纸递了上去。晋惠帝一言不发，随后将太子所写之物传给朝臣看，打算将太子贬为庶人。朝臣们看过后不断咋舌。原来，太子写的是："陛下宜自了，不自了，吾当入了之；中宫又宜速自了，不自了，吾当手了之。"意思是说，太子要当皇帝，要求晋惠帝和贾南风尽快下台。谋反的意图可以说非常明显。此时有人质疑这不是太子的意思，随后拿出太子平日里的文字一对比，证明无误，确为太子亲笔所书。贾南风更加有理由认定证据确凿、铁证如山，怂恿着皇帝下了一道诏书，将太子贬为庶人，幽禁在金墉城。至此，贾南风废黜太子的目的达成。

赵王司马伦本是一无赖之徒，也没什么头脑，大事的决策都听从其谋士孙秀。孙秀出身寒族，是个聪明人，看到贾后一党气焰如此嚣张，只怕好事不长久，将来有人清算贾后一党，自己和赵王也难脱干系。于是，孙秀给司马伦出主意，定出反间计来加速贾后一党的灭亡，这样他们好浑水摸鱼，借机行事。赵、孙的反间计是这样的：孙秀和赵王在外面散布谣言，说太子只是暂时被囚禁，将来还是会继承皇位的。听到风声，贾南风必然忧惧，她会想尽办法置太子于死地，以绝后患。如此一来，赵王就可以打着为太子报仇的旗帜顺理成章地讨伐贾南风。这样，既可以借贾南风的手杀死太子，又可以举起义旗号召将士消灭贾南风，一举两得。

果然，太子将来必定继位的流言一传出来，贾南风就慌了。她狠下心来，决定将幽禁中的太子杀死，以断绝某些人的念想。她先是找情人——太医令程据要些毒药，派人给太子吃。太子死命反抗，逃到厕所躲起来，贾南风派来的黄门追过去，用手中的药杵将太子击毙在厕所中。

事情的发展果真如孙秀所料。太子一死，赵王就借口为太子报仇，伙同齐王司马冏（司马炎之侄，皇帝司马衷的堂兄）起兵冲入宫中，准备擒拿罪魁祸首贾南风。在皇宫里，他们先是碰见贾谧，将贾谧杀死在西钟下。临死前，贾谧惊慌失措地高喊："皇后救我！"贾南风听见惨呼声，急忙奔出来查看，不料迎面撞见齐王司马冏。看见训练有素的军队冲入皇宫，一贯镇定的贾南风自知情况不妙，急忙跑到高处，遥望着晋惠帝，高呼："皇上有我，才能存活到今天。如果今天我被废，恐怕不久皇上也要被人废黜赵王伦乃率兵入宫,使翊军校尉齐王冏入殿废后。后与冏母有隙,故伦使之。后惊曰:"卿何为来!"冏曰:"有诏收后。"后曰:"诏当从我出,何诏也?"后至上阁,遥呼帝曰:"陛下有妇,使人废之,亦行自废。"又问冏曰:"起事者谁?"冏曰:"梁、赵。"后曰:"系狗当系颈,今反系其尾,何得不然!"至宫西,见谧尸,再举声而哭遽止。伦乃矫诏遣尚书刘弘等持节赍金屑酒赐后死。后在位十一年。赵粲、贾午、韩寿、董猛等皆伏诛。(《晋书·列传第一》)

了。"晋惠帝没有回应。求救无望的贾南风不愧是见过大风大浪之人,瞬间就冷静下来,知道自己难逃一死,便问谁是这次政变的主谋。齐王司马冏高声回答:"梁王司马肜❶、赵王司马伦。"一声长叹,贾南风幽幽地说:"系狗应当把狗的脖子系住,我没有这样做,只是系住狗的尾巴,怎能不被它咬呢?"随后,贾南风被送往金墉城囚禁起来。

永康元年(公元300年)三月,贾南风废太子为庶人,很快就派杀手害死太子;仅一个月后,永康元年四月,赵王司马伦废贾后为庶人,很快贾南风在金墉城被赵王伦的一杯金屑酒毒死。

表面上看,杀死太子成为压倒贾南风的最后一根稻草。太子死了,她也就倒台了。实际上,贾南风的覆亡,早在她勾结汝南王司马亮、楚王司马玮打倒杨骏之时就已经埋下祸根。所谓嗜权力者必致其身。天道昭昭,苍天饶过谁?

一代风流人物贾南风,带着她的丑陋、她的妒忌、她的狡诈、她的狠毒、她的小聪明、她的阴谋诡计,以及她的"螳螂捕蝉黄雀在后"的遗憾,撒手人寰。

她走后,哪管身后已洪浪滔天;

她走后,她在后宫的得力助手、好闺密赵粲被杀死,妹妹贾午被杖毙,后党集团被一网打尽;

她走后,孙秀给晋惠帝做媒,白痴皇帝娶了个皇后羊氏,姿容秀美,倾国倾城;

她走后,赵王司马伦逼晋惠帝禅位,自己当了皇帝,晋惠帝被迫迁居金墉城成为太上皇;

她走后,西晋皇族兄弟叔侄相斗得更厉害,骨肉相残,

---

❶ 司马懿第八子,皇帝司马衷的叔祖父。

引爆"八王之乱"后半场，少数民族南下，中国大一统的局面被打破。

"煮豆燃豆萁，豆在釜中泣。本是同根生，相煎何太急?"西晋"八王之乱"的前半场，发生在贾南风活着时，参与者有汝南王司马亮、楚王司马玮、赵王司马伦；后半场，发生在贾南风死后，参与者有齐王司马冏、成都王司马颖、河间王司马颙、长沙王司马乂、东海王司马越。司马家族的八个藩王，你打我，我打你，只闹得西晋朝廷一派乌烟瘴气，最终给了少数民族侵入中华之机会。贾南风最先将宗室藩王拉入朝廷政权争斗中，说她是"八王之乱"的始作俑者、导火索，实非妄言。

"贾后甘为废戮人，齐王还杀赵王伦。一从天下无真主，瓜割中原四百春。"唐末诗人周昙写的这首咏史诗，清楚地表述了西晋的"八王之乱"少数民族南下等历史事件与贾南风的关系。

旋涡:上流阶层的圈子

一场考试众生相

　　传统封建社会中,皇权世袭罔替,或兄终弟及,或父子相传,基于家天下理念和人类自私心理,绝大多数皇位传递属于子承父业。因此,将要成为帝国下一任领袖的太子之位的确立在历朝历代都备受重视和瞩目,动摇太子地位常被称为"国本"不稳。帝国的现任皇帝,想到要将自己或辛苦创业或勤勉维持的江山事业交给儿子,多少都是有些不甘心、不放心的,尤其是这个太子看上去还是傻傻的,连平常人的资质都不如,作为帝国掌控者的父亲就更担心了。西晋开国皇帝司马炎,就是这样的父亲。

　　泰始三年,9岁的司马衷被立为皇太子。泰始八年,司马衷成亲,迎娶的是开国元勋贾充的女儿贾南风。贾南风性格强悍,善用权诈,本就不甚精明、智力不够用的太子对她是又恨又怕,为人做事显得越发愚笨。司马炎看在眼里,急在心里。《世说新语·方正篇》记载,中书令和峤是正直之士,也是晋武帝亲近和器重的人,他曾多次对晋武帝谈及太子不堪继承大统的顾虑。有一次晋武帝对和峤说:"太子近来好像更加成熟,有长进了,你去试试看。"和峤就去了,回来后晋武帝问他情况如何。和峤回答道:"皇太子资质和从前一样(皇太子圣质如初)。"言下之意是司马衷还像从前那样愚钝。不以为然的司马炎决定对太子进行一次突击考试,以此测试太子是否如外界所言那般"不慧"。

　　这天,司马炎召集太子东宫所有的大小官员,设宴招待他们。与此同时,他将一道提前准备好的疑难问题写在纸上密封好，特意交代信使，让他就待在太子那里，等太子答完后就把试卷带回来。没想到，这一严格的考试流程没吓到太子司马衷，倒吓坏了太子妃贾南风。贾南风知道太子愚昧，怎能完成如此高难度的试卷？完成不了测试，司马衷还能保住太子之位吗？司马衷若不是太子，贾南风今后在皇家还有出头之日吗？想到此，她赶忙请外人帮忙作答。接到命题作文的作答者，洋洋洒洒，引经据典，很快就顺利地完成任务。贾南风大喜过望，正要交给信使，这时一个名叫张泓的给使❶却说道："太子不怎么学习，这份答卷却引用了很多古义，皇上知道了，必定会责备做此答卷之人，如此更增加了太子的罪责，不如直接用本来意思作答。"贾南风听后大喜，对张泓说："你就为我好好作答这份试卷，将来富贵了与你共享之。"张泓本来就有小才，便做了一份答案，让太子照抄一遍。司马炎看到太子的答卷，大为高兴。他先把这份答卷交给太子的老师卫瓘看，卫瓘看后显出局促不安的神情，这时大家才知道卫瓘先前曾对太子多有诋毁之言。宫殿上，众人皆呼万岁。贾充知道此事后，悄悄派人给贾南风传话："卫瓘这个老家伙，差一点就毁掉你和太子（的前途）。"

一场考试，危机四伏，明枪暗箭，却也落得个虚惊一场，皆大欢喜。考试的形式走完过场，考试的真相无从揭晓。

一场测验，严肃活泼，闹闹哄哄，没测出太子司马衷的实际水平，却也真实地暴露出西晋朝堂的众生相。

太子司马衷确实愚笨。"帝常疑太子不慧"，给使张泓

❶
服事：供人役使。供役使之人。

034

帝常疑太子不慧，且朝臣和峤等多以为言，故欲试之。尽召东宫大小官属，为设宴会，而密封疑事，使太子决之，停信待反。妃大惧，倩外人作答。答者多引古义。给使张泓曰："太子不学，而答诏引义，必责作草主，更益谴负。不如直以意对。"妃大喜，语泓："便为我好答，富贵与汝共之。"泓素有小才，具草，令太子自写。帝省之，甚悦。（《晋书·列传第一》）

说"太子不学"。无论是贾南风找人作弊完成答卷，还是后来张泓的答卷完成后，"令太子自写"，司马衷都一一照办了，一副顺从呆傻任人摆布的白痴状态。

太子妃贾南风确实奸诈。考试一开始，"妃大惧，倩外人作答"，说明她知道丈夫的真实水平，很快便想到作弊这一解决方案。她也听从了张泓"不如直以意对"的建议，说明她明白张泓的考虑是正确的，很快便想出拉拢这个有才小官的办法：把双方的利益捆绑在一起，一荣俱荣，一损俱损。

给使张泓确实聪明。将太子的答卷从"多引古义"换成"直以意对"，既印证太子不是精明之人的传闻，但也不至于让太子下不来台，一份平铺直叙、中规中矩的答卷更符合司马炎对太子的最低要求：可以不聪明，但不能呆傻，智商达到正常人水平就可以。作为一个混在东宫的颇有小才的小官员，张泓对宫廷之人、事、心理的把握可谓精准。

太子少傅卫瓘确实忠诚，或者说老成。同贾充一样，卫瓘有"平蜀之功"，也是西晋的开国元勋。他性严整，以法御下，为政清廉，甚得朝野赞誉。司马衷被立为太子，朝中大臣都说他资质愚钝，恐怕不能亲自料理政事。正直而忠诚的卫瓘每次都想跟司马炎谈废黜太子之事，但一直都没有胆量和机会直抒胸臆。有一次司马炎在凌云台举办宴会，卫瓘假装喝醉，他跪在皇帝的宝座前说道："臣有话想对陛下说。"司马炎问道："你想说什么事？"卫瓘却犹豫了，欲言又止，如是者三，不得已才用手抚摸着皇帝的龙椅说："此座可惜！"精明的司马炎瞬时便明白卫瓘的言外之意，故意说道："你果真喝醉了啊！"卫瓘立刻领会司马炎不愿废黜太子，从此不再对此多说一句话。贾南风却因此跟卫瓘结怨。此次司马炎考验太子的智力，拿着一份作假的答卷给卫瓘看，似乎有借机炫耀兼打击前番"此座可惜"断言之意。作为太子的老师，卫瓘能不清楚学生的资质如何？但晋武帝"甚悦"，他只能无言以对。正如他只有借着喝醉酒才敢说出"此座可惜"，晋武帝不接话茬儿，他也只能"不复有言"。忠诚正直的是卫瓘，老谋深算的是卫瓘，明哲保身的也是卫瓘。

司马炎确实昏昧，或者说自欺欺人。太子不慧，他本就存有疑虑；朝中大臣和峤等人也屡屡说起，忠厚的老臣卫瓘甚至借着醉酒明目张胆地犯颜进谏过，他都不理会。迫不得已，只得采用一次漏洞百出的小测试来走过场。结果如他所愿，"帝省之，甚悦"。大约，这就是他最想看到的答案，司马衷毕竟是他唯一的嫡子，也是他的原配杨艳皇后誓死要保护的孩子，按照礼制，立嫡不立庶，若太子果真不慧，他真就能废黜之？果真废黜太子，如朝中某些大臣所愿，立自己的弟弟、齐王司马攸为储君，自己的子孙后代大权旁落，司马炎又怎会甘心、瞑目？不如将错就错，太子资质平庸，但可堪大任。历史小说家蔡东藩在《两晋演义》中对此评论道："武帝既知太子不聪，复恨贾妃之奇悍，废之锢之，何必多疑，乃被欺于狡吏而不之知，牵情于皇孙而不之断，受朦于宫帘而不之觉，卒至一误再误，身死而天下乱，名为开国，实为覆宗，王之不明，宁足福哉。"一语中的。

贾充确实老谋深算，或者说气量小。闻听卫瓘曾经对皇帝流露过撤换太子的意思，贾充立即反应过来：这个老家伙跟自己一样位高权重，但他对太子不满，跟贾家不是一路人，得提醒宫里政治经验不丰富的年轻女儿提防些。

先示太子少傅卫瓘，瓘大踟蹰，众人乃知瓘先有毁言，殿上皆称万岁。充密遣语妃云："卫瓘老奴，几破汝家。"（《晋书·列传第一》）

朝中其他人的态度是"众人乃知瓘先有毁言，殿上皆称万岁"。一场小小的测试，关系的是太子司马衷的命运，更重要的是，领袖的资质关系着帝国未来命运的走向。但众人看不到真相，或者说不愿意去探究真相，君不见，敢于进谏的忠臣卫瓘已被臊了个大红脸。现任皇帝"甚悦"即可，于是众人山呼万岁。一朝哄得天子高兴，哪管他日天下如何。

"天下熙熙，皆为利来；天下攘攘，皆为利往。"司马迁在《史记》中如是说。发生在西晋权力中枢的这一场考试，满朝权贵熙熙攘攘的背后，写着大大的"利益"二字。利益之所在，人心之所向，正是在这名为考试、实为闹剧的考验中，长袖善舞、初涉政事的贾南风见识了人性，测出了朝中各方实力。更为重要的是，她清楚地知道，自己处在一个什么样的阶层中，这个阶层将教会她如何在权力游戏中生存。这个阶层的男男女女，都与她产生了剪不断理还乱的关系与纠葛。

"贵圈"的男人们

1931年，河南省偃师县（今偃师市）郊区出土了一块西晋碑刻，这是中国现存最大、最完整的晋代碑刻，被称为《晋辟雍碑》。此碑大约立于咸宁四年（公元278年），彼时皇太子司马衷20岁，碑文中提到他两次亲临辟雍学礼一事，并盛赞"皇太子圣德光茂，敦悦坟素，斟酌道德之原，探迹仁义之薮，游心远览，研精好古，务崇国典，以协时雍"。碑刻中用词与史书中司马衷"不慧"的形象严重不符，对此，日本学者研究后解释道："《晋辟雍碑》盛赞皇太子的聪明好学，与文献史料中所见晋惠帝为人暗愚的评价形成明显的反差。皇太子被评价为人暗愚，同时太子的废黜问题在当时形势严峻，因此，或许正是为了消解或者说为了压制、牵制此种动向，《晋辟雍碑》必须对皇太子大肆赞美，并以此进一步追捧太子，为他的形象镀上一层金光。"❶

　　史书中的形象由后世史官根据史料和史实来总结，碑刻中的形象为适应当时政治宣传需要而产生，历史上真实的司马衷到底怎样，或许只有与之相处一二十年、身为妻子的贾南风才最有发言权。从历史结局来看，身处太子及皇帝之位的司马衷性格软弱，没有能力制约贾南风，大约不虚。皇家、贵族、特权，这个阶层给予贾南风具有深厚影响力的社会教育的男性，不止一二人。

　　晋武帝司马炎。司马炎的荒淫放纵在历史上赫赫有名。他的后宫本来就藏有众多美女，平定东吴后，又将东吴末代皇帝孙皓后宫的数千宫人纳入自己皇宫，自此司马炎的后宫美人一万余人，蔚为壮观。更奇特的是，这些美女被司马炎宠幸的有很多，仍挂一漏万，有时甚至连皇帝本人都不知道该宠幸哪位美人，于是他别出心裁地想出乘坐羊车出行的主意。宽阔的皇宫大道上，司马炎乘坐羊车慢悠悠地行进着，羊车走到哪位美人的住所前，司马炎就选择

❶
《魏晋政治社会史研究》，[日]福原启郎著，陆帅、刘萃峰、张紫毫译，江苏人民出版社，2021年1月版，第154页。

石崇与王恺争豪，并穷绮丽，以饰舆服。武帝，恺之甥也，每助恺。尝以一珊瑚树高二尺许赐恺，枝柯扶疏，世罕其比。恺以示崇。崇视讫，以铁如意击之，应手而碎。恺既惋惜，又以为疾己之宝，声色甚厉。崇曰："不足恨，今还卿。"乃命左右悉取珊瑚树，有三尺四尺、条干绝世、光彩溢目者六七枚，如恺许比甚众。恺惘然自失。（《世说新语·汰侈篇》）

在哪里就寝。时间长了，后宫美人为获取皇帝宠幸，便想出奇招：羊喜欢吃竹叶，她们便把竹叶插在自家门上；羊喜欢吃盐，她们便把盐水洒在地上，以此吸引载着皇帝的羊车来自己的门前。清代诗人吴伟业有诗云："羊车望幸阿谁知，青冢凄凉竟如此。"羊车望幸，即为晋武帝司马炎的后宫香艳奇谈。

西晋自开国之初，朝廷便充斥着骄纵奢靡之风。首富石崇与皇帝司马炎的舅舅王恺斗富的故事家喻户晓，王恺每次都被石崇比下去，很不甘心。晋武帝非但不阻止这种奢靡之风，还添油加醋地支持舅舅。不出意外，尽管有皇帝财力的撑腰，王恺还是大败。《世说新语》还记载了晋武帝的妹夫王济的铺张浪费乃至暴殄天物的奢靡行径。王济移居到洛阳北邙山下，当时洛阳人多地贵，王济喜欢跑马射箭，就买了一块地做跑马场，地价是用绳子穿着钱围着跑马场排一圈，可见地价之金贵，当时的人把这里称作金沟。这还是王济被朝廷处分之后的生活，在这之前他生活的奢华更为夸张。有一次，晋武帝到王济家里去，王济设宴款待，用的全是玻璃器皿，一百多个服侍的婢女都穿着绫罗绸缎，用手托着食物。宴会上有一道菜是又肥又鲜的蒸小猪，和一般菜的味道很不一样。晋武帝感到很奇怪，就问王济是怎么烹制的。王济答道："这是用人乳喂养的小猪。"武帝听后非常不满意，这道菜还没吃完就走了。这可是连王恺、石崇都不知道的做法。

从被石崇一击而碎的稀世珍宝珊瑚，到洛阳的金沟，乃至以人乳喂养的小猪，可见西晋贵族官僚和皇亲国戚的骄纵奢侈已到何种程度。而作为最高统治者的晋武帝，对此种风气的弥漫是心知肚明的，他虽然不参与赛富游戏，却经常资助舅舅王恺与石崇竞争；他虽然对妹夫王济的人乳猪表示不满，却也没对此采取任何惩罚措施，甚至对弥漫于上流贵族圈的这种奢华之风持默许态度，乃至纵容、助长，加之晋武帝本人将参与卖官鬻爵的钱财落入私人腰包，可知彼时腐败之风气已在上流社会形成汪洋恣肆、肆意横流之态。正如近代中国著名历史学家吕思勉一针见血地指出的："司马氏是武人，武人是不知义理，亦不知有法度的，一奢侈就可以毫无规范。"❶

太傅杨骏。杨骏出身弘农杨氏，因为是皇后杨艳的父亲，得以被晋武帝重用，封为临晋侯。杨骏本无大才，且气量褊狭，尚书褚䂮、郭奕都曾表示杨骏不能承担管理社稷的重任，但晋武帝不从。武帝末年，宠信后党，耽于酒色，遂将政事交付杨氏一族。

杨骏治国理政能力不出色，在皇帝面前欺上瞒下、坑蒙拐骗却很在行。晋武帝病重之际，尚未确定顾命大臣，杨骏就排挤异己，大肆树立亲信，武帝偶然清醒时，发现身边的人都变了，对杨骏极为不满，便下诏要求汝南王司马亮和杨骏一起辅政。杨骏担心自己不能独揽大权，就把诏书借出来藏在自己手中不放，中书监华廙恐惧至极，屡次找杨骏索要诏书而不得。这一拖延之下武帝的病情加重，在身边伺候的杨艳皇后趁机提出由杨骏来辅政，武帝口不能言，点头同意。召来中书监华高、中书令何邵，杨皇后口宣武帝的旨意使作遗诏。遗诏完成，拿给武帝看，武帝看着诏书却没有说话。两天后，晋武帝驾崩。依着无理取

帝自太康以后，天下无事，不复留心万机，惟耽酒色，始宠后党，请谒公行。而骏及珧、济势倾天下，时人有"三杨"之号。

及帝疾笃，未有顾命，佐命功臣，皆已没矣，朝臣惶惑，计无所从。而骏尽斥群公，亲侍左右，因辄改易公卿，树其心腹。会帝小间，见所用者非，乃正色谓骏曰："何得便尔！"乃诏中书，以汝南王亮与骏夹辅王室。（《晋书·列传第十》）

❶
《中国政治史：吕著中国通史（下部）》，吕思勉著，鹭江出版社，2014年8月版，第97页。

040　杨骏阶缘宠幸,遂荷栋梁之任,敬之犹恐弗逮,骄奢淫泆,庸可免乎?(《晋书·列传第十》)

闹、瞒天过海、内外勾结的手段,杨骏遂成为帝国大权在握的唯一顾命大臣。

成功晋级为太傅的杨骏,清楚地晓得自己没有多少威望,不能服众,便一边大力培植自己的势力,将亲信安插在重要的部门和岗位;一边又大开封赏,试图拉拢左右,然终究因为其刚愎自用的品性而逐渐失却人心。待到贾南风和楚王司马玮发动政变,以杨骏谋反的罪名围剿太傅府邸时,杨骏又一次暴露出其性格和见识的不足。是夜,杨骏在府中听到宫中传来讨伐自己的消息,立即召集太傅府官员商议。这时,太傅主簿朱振出主意:"如今皇宫有变,必定是太监和贾皇后设计的阴谋,对太傅您不利。应该马上烧掉云龙门以警示众人,然后搜索参与者,开万寿门,率领东宫和外营的兵,太傅您护卫皇太子进宫捉拿奸人。到时候,皇宫内大为恐慌,必定会将肇事者拱手送出,如此您可免于一场灾难。"杨骏一向胆小怕事、性格懦弱,他考虑了很久,才说:"云龙门是魏明帝花大力气建造起来的,烧掉太可惜了。"众人听到此话,深感杨骏不是干大事之人,纷纷逃走。果然,杨骏很快就被前来缉捕的士兵戳死在马厩中。太傅及其亲党,皆被夷三族,死者有数千人。

皇帝司马衷。晋惠帝司马衷是历史上有名的白痴皇帝,在皇家园林中听到蛤蟆叫,他会问这蛤蟆是为公家叫还是为私家叫;听到大臣说老百姓因为大饥荒而饿死者众多,他会问他们怎么不吃肉糜。当太子时,因为"不慧""不学",面对父亲司马炎的测试,只能照抄别人写好的答案;当皇帝时,对于朝政大事他没有决策权,先是受制于外祖父、太傅杨骏,贾后和司马玮等人要求讨伐杨骏,杨骏的亲信段广跪在司马衷面前辩解道:"杨骏受恩于先帝,竭心辅政。且孤公无子，岂有反理？愿陛下审之。"司马衷不回答。皇帝不吭声，他的外祖父便身死族灭。于是，贾皇后开始在西晋政坛长袖善舞。风水轮流转，9年后，贾南风被赵王司马伦、齐王司马冏联手赶下皇后宝座。当齐王司马冏押送着贾南风走过宫殿的侧门时，贾南风远远地看见司马衷，便大声呼喊道："我是陛下的媳妇，你今天可以命人废了我，他日你自己也可能被废。"言下之意是让司马衷救她，哪知司马衷还是未应答。

司马衷尽管是个白痴皇帝，但他名义上还是手握生杀大权的皇帝，对太傅杨骏和皇后贾南风危难之际的两次不应答，除了再次证明他处于毫无心肝的混沌状态外，也间接地说明他对西晋朝廷中的权势人物来讲，一直是个傻乎乎的傀儡。贾南风死后，司马衷的皇位甚至都被赵王司马伦夺走了；几年后，东海王司马越用一张毒饼要了司马衷的性命。

太子司马遹。武皇（晋武帝）或许不知其儿子司马衷的真实智力水平，但对皇孙司马遹的聪明，是颇为赞赏的。司马遹是司马衷与后宫才人谢玖生的儿子，也是司马衷的长子。他自小就显出聪慧本性，晋武帝非常疼爱这个孙子，经常把他带在身边。有一天夜里宫中失火，武帝登楼望之，这时年仅5岁的司马遹走上前牵着爷爷的衣角把他引入昏暗的地方，武帝问他为什么要这么做，司马遹回答说："夜色苍茫，起火仓促，这时应该防备不测之事发生，您是皇帝，不宜站在火光照耀的显眼处。"武帝由此对这个孙子的聪明大加赞叹。又有一次，司马遹跟随武帝看见一处猪圈，对武帝说："这些猪肥得很，何不杀了它们让士兵们享用，留着它们反而浪费五谷。"武帝对这个建议颇为满意，马上命人宰杀这些肥猪。他一边抚摸着孙子的背，一边对廷尉傅

史臣曰：不才之子，则天称大，权非帝出，政迩宵人。褒姒共叔带并兴，襄后与犬戎俱运。昔者，丹朱不肖，赧王逃责，相彼凶德，事关休咎，方乎土梗，以坠其情。海暑之气将阑，淫蛙之音罕记，乃彰嗤笑，用符颠陨。岂通才俊彦犹形于前代，增淫助虐独擅于当今者欤？物号忠良，于兹拔本；人称祅孽，自此疏源。长乐不祥，承华非命；生灵版荡，社稷丘墟。古者败国亡身，分镳共轸，不有乱常，则多庸暗。岂明神丧其精魄，武皇不知其子也！（《晋书·帝纪第四》）

042　（晋武帝）爰至末年，知惠帝
弗克负荷，然恃皇孙聪睿，故
无废立之心。（《晋书帝纪·
帝纪第三》）

舍人杜锡以太子非贾后所生，
而后性凶暴，深以为忧，每尽
忠规劝太子修德进善，远于谗
谤。太子怒，使人以针著锡常
所坐毡中而刺之。（《晋书·
列传第二十三》）

祗说："此儿当兴我家。"有史家认为，晋武帝之所以敢将江山托付给傻儿子司马衷，并非没有深谋远虑，他更为看中的是皇孙司马遹的潜力，故而不废司马衷的继承权。

晋武帝丝毫不掩饰对司马遹的喜爱和赞赏，他甚至认为这个孙子像极了宣帝（司马懿）。然而他没料到的是，司马遹"小时了了，大时未了"，长大后的所作所为连一个正常的皇子都不及，更遑论与人中龙凤司马懿相提并论。司马遹长大后，不好学，只想着与左右相伴的太监一起游戏玩耍。皇后贾南风本就忌惮太子的地位和名声，担心太子即位后自己不能为所欲为，便借机引导太子走上纨绔子弟之路：不尊敬老师，沉溺于嬉戏游玩；不修德进善，不干正事，沉浸于小恩小惠，乃至开辟东宫中的一块地为市场，在那里卖菜卖酒，所得皆收入太子囊中。身边正直的人劝谏太子，反遭他的戏弄。如此顽劣，于是亲小人、远贤臣的太子在沉沦的深渊越滑越远，直至掉入贾南风精心设计的圈套，被司马衷废为庶人，迁居许昌。贾南风至此还不放过司马遹，不久她就派黄门孙虑远赴许昌加害太子。孙虑逼着太子饮用毒药，太子拼命反抗，一路逃到厕所，孙虑跟踪过去，举起手中的药杵就朝太子的头上敲下去，太子大声呼救，连连惨叫声甚至传到大门外。然而，太子终究还是死了，终年23岁。

自泰始八年15岁的贾南风被一道诏书赐婚给太子司马衷，她就踏入了皇家、贵族、特权阶层的圈子。在这个圈子里，她见识到了晋武帝司马炎的淫荡放纵和贪得无厌，太傅杨骏的无能奸诈和外强中干，晋惠帝司马衷的弱智呆傻和碌碌无为，太子司马遹的好玩本性和顽劣堕落，除此之外，还有司马氏诸位藩王的骄横自大和欲壑难填，以及石崇、王恺、羊琇等高官显贵的骄奢淫逸追求，这些尊贵的男性可都身处国家权力中枢和重要岗位，本应具备极高的素养、卓越的才干、过人的胆识、忠贞的品行，成为天下士人的表率，但他们无一例外地都直接或间接地充当西晋王朝的耻辱代言人，乃至掘墓人。

在有限的与男性接触的贵族圈子里，贾南风逐渐学会品尝特权阶层恃强凌弱、不讲道义、胡作非为的甜头，也收获了刻薄寡恩、见死不救、虚伪自私的薄情。这，便是她从贵族圈子里的男人们身上接受到的社会教育，难怪史学家陈寅恪如此评价："贾充的长女贾南风是晋惠帝司马衷的皇后，她的'荒淫放恣'，已不是非儒家的寒族不讲礼法的问题，而是西晋豪族世家生活腐朽在最高统治阶层的反映。"❶

上流社会的女人们

《礼记》曰："礼，始于谨夫妇，为宫室，辨外内。男子居外，女子居内，深宫固门，阍寺守之。"贾南风不是普通女子，她试图在男性主宰的外域世界打下一片天地来，但传统社会中男主外、女主内的礼制对她还是有一定的约束力。无论是婚前还是婚后，她生活的上流社会圈子中的

❶
《陈寅恪魏晋南北朝史讲演录》，陈寅恪著，万绳楠整理，天津人民出版社，2018年12月版，第17页。

女人们的人生经历和行为处事都对她产生了一定的教化和浸染作用。她们，是她的婆婆、嫡母等女性长辈，也是她的情敌、妹妹等身边的同龄女子。

武元皇后杨艳。杨艳皇后出身于弘农杨氏，母亲很早就去世了，幼小的她只得寄养在舅舅家，舅母待她仁爱，亲自哺育她，还将自己的孩子交给别人来喂养。杨艳年少时就聪慧，善于书法，而且容貌美丽，女红熟练，是个标准的大家闺秀。有善于相面的术士曾预言这个女子未来贵不可言。司马昭听说后就为自己的儿子司马炎聘娶了杨艳。婚后，司马炎极为宠爱杨艳，杨艳先后生下三个儿子、三个女儿。司马炎即位后，杨艳顺理成章地被立为皇后，为了报答舅家的养育之恩，她将舅舅赵俊的侄女赵粲接到皇宫。赵粲遂成为司马炎的夫人，也是后来的贾南风集团的祸乱分子之一。

养尊处优的杨艳皇后却逐渐变得自私、贪婪且善妒。她的儿子司马衷作为嫡子被立为太子，司马炎认为这个傻儿子或许不能继承大统，悄悄地跟皇后商量对策。暗藏私心的杨艳皇后却说："立嫡以长不以贤，太子之位怎么能随意变动呢？"于是，司马炎便打消废黜太子的念头。杨艳病重之时，见到司马炎一直宠幸胡夫人，担心将来胡夫人成为皇后会动摇太子司马衷的地位，临终前杨艳将头枕在司马炎的膝盖上，谆谆嘱托道："我叔叔杨骏的女儿杨芷有德有色，愿陛下把她接进后宫。"一边说，一边悲咽着，念旧的司马炎只得含着眼泪答应了她。于是，司马衷的太子之位保住了，杨氏家族的另一个女儿也成为晋武帝的皇后。

在对待儿子的婚事上，贵为皇后的杨艳也显露出贪婪短视的本色。贾充的妻子郭槐曾向杨艳皇后行贿，想让自己的女儿成为太子妃。在谈论太子的婚事时，司马炎本想为儿子聘娶卫瓘家的女儿，因为"卫家种贤而多子，美而长白"，贤惠、能生育、美丽、高挑、皮肤白皙，可谓人间优秀女子之极品。但是，杨艳皇后坚决不同意，她极力称赞贾南风有贤淑的品德，又秘密派人指使太子太傅荀顗向皇上推荐贾家女，于是司马炎妥协，贾南风顺利嫁入东宫。杨艳性妒，收了郭槐的贿赂，为儿子娶了个丑女。

武悼皇后杨芷，是杨艳皇后的堂妹。堂姐死后，她被立为皇后。其父亲杨骏也因此飞黄腾达直至宰辅之位。如前文所述，杨芷仗着司马炎的宠爱，在司马炎弥留之际，和父亲杨骏合谋上演了一出瞒天过海的篡改遗诏把戏，司马炎无奈，稀里糊涂地同意由杨骏一人担任顾命大臣。鉴于司马衷处理朝政的痴呆本性，以及杨芷身兼姨母和皇太后的双重长辈身份，彼时，西晋朝堂和后宫大权都被杨氏父女收入囊中，因此也引起司马家族诸王和贾南风的极度不满。贾南风随后诬陷杨骏造反，派楚王司马玮和东安王司马繇拿着诏书去诛灭杨骏。如前所述，杨骏被以谋反的罪名诛杀，杨太后的飞箭传书也成为参与谋反的一个罪证，这给了贾南风一个极好的扳倒杨太后的机会。她怂恿其党羽上书说："（杨太后）飞箭系书，要募将士，同恶相济，自绝于天。"司马衷不忍心处罚自己的姨母，下诏说："这是大事，再认真考虑一下。"然而司马衷终究拗不过朝中大臣要求，下诏废黜杨太后的尊号，将她囚禁到金墉城。就此，贾南风一伙人还不放过杨太后一家人，他们上书要求惩处杨太后的母亲庞氏，理由是杨太后被废为庶人，杨骏谋反被诛一案中，作为家属的庞氏理应交给廷尉行刑。司马衷不忍心看着姨母的母亲被行刑，他下诏要求庞氏和杨

武悼杨皇后讳芷，字季兰，小字男胤，元后从妹。父骏，别有传。以咸宁二年立为皇后。婉嫕有妇德，美映椒房，甚有宠。生渤海殇王，早薨，遂无子。太康九年，后率内外夫人命妇躬桑于西郊，赐帛各有差。（《晋书·列传第一》）

太后一起居住金墉城即可，然而贾南风不同意，在她的一再坚持下，庞氏被执行死刑。

父亲杨骏被士兵用戟戳死于马厩中，母亲庞氏被廷尉处死，杨芷皇太后的生命也走向了尽头。被拘禁在金墉城的她，最后被活活饿死，时年34岁，在位15年。贾南风颇为迷信，杨太后被折磨死后，她担心太后在地府向先帝诉说冤情，便命人将杨太后脸朝下入殓，还在棺材中放置一些消灾辟邪的符书药物。

才女左芬。左芬是西晋著名文学家左思的妹妹，左思因其《三都赋》横空出世而给文学史留下"洛阳纸贵"的成语。妹妹左芬在哥哥的影响和家世的熏陶下，从小就好学，善于写文章，她的才名虽然比不上哥哥，但还是传到晋武帝司马炎耳中，将她纳入后宫。泰始八年，就在丑女贾南风成为太子妃的那年，丑女左芬被晋武帝册封为修仪。贾南风凭借家世让乌鸦飞上梧桐树，左芬则因为才华出众而成为晋武帝的御用女秘书，或曰文学道具。

在后宫升职后的左芬，奉晋武帝之命，作过《离思赋》；泰始十年（公元274年），杨艳皇后去世，左芬献上诔文"赫赫元后，出自有杨。奕世朱轮，耀彼华阳……"咸宁二年（公元276年），晋武帝纳杨芷为皇后，左芬又受诏作颂，其辞曰："……惟渎之神，惟岳之灵。钟于杨族，载育盛明。穆穆我后，应期挺生……"晋武帝的女儿万年公主去世，武帝悲痛不已，又令左芬写诔文。左芬的文章文辞尤为华丽，武帝正是看重她辞藻繁丽，每次遇到奇珍异宝，一定要下诏令左芬为之作赋颂。左芬因此屡获皇帝的恩赐。

才女左芬或许是受宠的，修仪左芬后来又升为贵嫔左芬，却是孤独而失宠的，因为她的貌丑，也因为她的羸弱。

1930年，河南省偃师县（今偃师市）城以西十五里的蔡庄村，出土了一块《左芬墓志》。墓志正面刻着："左棻，字兰芝，齐国临淄人，晋武帝贵人也。永康元年三月十八日薨。四月二十五日葬峻阳陵西徼道内。"平铺直叙的短短几句话就将一代才女的一生总结完毕，与她活着时文辞的华丽优美有着天壤之别。冰冷的石刻墓志清楚地显示，左芬死于永康元年（公元300年）三月十八日。巧合的是，就在这一年，一代丑后贾南风也死了，死于政敌送来的一杯金屑毒酒。

淑媛谢玖。谢玖出身贫贱，父亲以屠羊为业，她温柔贤淑，被司马炎选入宫中封为才人。司马衷还在东宫时，到了要纳妃的年纪，武帝担心傻儿子还不知道帷房之事，便把自己的才人谢玖派到东宫侍寝，由此谢玖怀上儿子司马遹（也有人据此认为司马遹是晋武帝的儿子）。贾南风听说此事后，又妒又恨，谢玖看出苗头不对，主动申请回到西宫，远离太子和贾南风。在西宫，谢玖生下司马遹，儿子三四岁了，司马衷还不知道。有一次司马衷去拜见父亲，见司马遹与其他皇子在一起嬉戏，他拉着司马遹的手，这时，武帝说："这是你的儿子啊。"司马衷这才知晓自己有儿子。司马衷即位后，司马遹被立为太子，谢玖被封为淑媛。贾南风不准太子和谢玖相见，让谢玖独居一室。十年后，司马遹掉进贾南风精心设计的圈套，被废黜太子之位。司马遹成为庶人，随后谢玖也被贾南风害死。

贤媛李氏。贤媛指有德行、有才智、有美貌的女子。贾充的第一任夫人李氏就是这样的女子。李氏是魏国中书令李丰的女儿，李丰因牵连到曹魏和司马氏的政治斗争中被大将军司马师杀害，彼时，李氏已与贾充成婚多年，是贾府的媳妇，但她受父亲的牵连还是被流放。直到公元265年晋武帝

后为贵嫔，姿陋无宠，以才德见礼。体羸多患，常居薄室，帝每游华林，辄回辇过之。言及文义，辞对清华，左右侍听，莫不称美。（《晋书·列传第一》）

即位，天下大赦，李氏才遇赦回来。《世说新语·贤媛篇》中记载了李氏的贤媛风采。李氏居住在外，不肯回到贾充的府邸。贾南风做了太子妃后，郭槐对贾充说她想去看看这个落魄的前妻，贾充回答道："她性格刚强正直，还很有才气，你还不如不去。"但郭槐不听，她的女儿已是太子妃了，她怕什么。于是她带着规模宏大的仪仗队伍和许多侍婢来到李氏的住所，进门后，李氏起身迎接，郭槐却不自觉地腿脚自然弯曲，跪下行再拜礼。回到贾府后，郭槐对贾充说起此事，贾充说："我告诉你什么来着？"李氏的风采令郭槐甘拜下风，但由此也让她的妒性大发，把丈夫看得更紧了。"自是充每出行，槐辄使人寻之，恐其过李也"。（《晋书·列传第十》）

风流妹妹贾午。贾午是贾充的小女儿，也是贾南风一奶同胞的妹妹，丈夫是美男子韩寿。韩寿，字德真，美姿貌，善容止，贾充让他担任司空掾（秘书或助理。巧合的是，美男子潘安也担任过司空掾一职）。贾充每次在家宴请宾客和同僚，小女儿贾午经常躲在青帐后面偷看，看到美男子韩寿，一下子就爱上了他。她问旁边的婢女是否认识此人，有个婢女说她认识，韩寿是她原来的主人。贾午春心萌动，浮想联翩，婢女就去韩寿家详细说明了贾午的心思，并且说这个女孩光丽艳逸、美艳绝伦。韩寿听后心有所动，便让婢女代为联络。婢女告诉了贾午，贾午便暗暗准备了非常厚重的礼物，请韩寿晚上来见面。韩寿年轻有活力，敏捷过人，他每晚翻墙来往，贾家的人都不知晓，唯有贾充感觉到小女儿近来神情愉悦、精神焕发，不同于往日。

彼时西域进贡来一种奇香，这种香一旦沾到人的身上，整整一个月香味都不会散去，晋武帝对此非常珍惜，只赏赐给了贾充和大司马陈骞。贾午悄悄地从父亲那里偷来一些奇香，转手送给情郎韩寿。有一次贾充的同僚与韩寿宴饮，闻到他身上芬芳浓郁，便把此事告诉了贾充。至此贾充才知道小女儿与韩寿私通，但当时贾府门窗紧闭，看管严谨，他不明白韩寿从哪里进来的。于是当天夜里，贾充假装受惊，说是看到进了贼，命人绕着院墙看是否有异样。左右的人回复道："其他的都没发现异常，只有东北角的墙好像被狐狸爬过一样。"贾充于是拷问贾午的左右随从，他们均如实回答。贾充将此事隐瞒下来，随后便将贾午嫁给韩寿为妻。这便是历史上有名的风流韵事"韩寿偷香"。

俗话说，三个女人一台戏。围绕在丑女贾南风身边的上流社会的女人不止三人，也上演了不止一场精彩绝伦的人生好戏。她们角色和身份特殊，是贾南风的女性长辈，本该贤淑明礼、以身作则，成为贾南风效仿的女性榜样，然而，婆婆杨艳皇后收受贿赂，暗藏私心；婆婆杨芷皇后勾结外戚，大权独揽；贤媛李氏倒是具备大家闺秀风范，但失去家族势力和权力支撑，照样落魄难堪。长辈们没带好头，贾南风环顾四周，情敌谢玖尽管有被立为太子的儿子傍身，仍旧难逃被害的悲惨命运；妹妹风流主动，打破常规，为自己赢得了美男和幸福。

人生苦短，贾南风想活出怎样的人生，做个怎样的女人，或许在她参照上流社会的女人异彩纷呈的人生经历时就已有答案。她们用故事和生命教会她：不用修身养德，亦可身居高位；不用貌美如花，亦可在后宫有一席之地；不用生儿子，亦可拥有荣华富贵。追逐权力，善用权谋，主动出击，赢得机会。拜她的女教圈子所赐，历史上的贾南风，就是这样做的，直至坠入深渊。

深渊：离经叛道者的宿命

横空出世的离经叛道者

后遂荒淫放恣，与太医令程据等乱彰内外。洛南有盗尉部小吏，端丽美容止，既给厮役，忽有非常衣服，众咸疑其窃盗，尉嫌而辩之。贾后疏亲欲求盗物，往听对辞。小吏云："先行逢一老姬，说家有疾病，师卜云宜得城南少年厌之，欲暂相烦，必有重报。于是随去，上车下帷，内簏箱中，行可十余里，过六七门限，开簏箱，忽见楼阙好屋。问此是何处，云是天上，即以香汤见浴，好衣美食将入。见一妇人，年可三十五六，短形青黑色，眉后有疵。见留数夕，共寝欢宴。临出赠此众物。"听者闻其形状，知是贾后，惭笑而去，尉亦解意。时他人入者多死，惟此小吏，以后爱之，得全而出。（《晋书·列传第一》）

女子无才便是德，娶妻当娶贤，大约是中国封建社会对女子道德的基本要求。家有贤妻是家族兴旺发达、流芳百世的基础，然而这个美好愿望在晋惠帝司马衷这里落空，他的皇后贾南风非但不是一个贤妻，反而因行事乖张成为历史上臭名昭著的女人。这个女人出身高贵，嫁入皇室，成为一国之母，本应是天下女子的表率和模范，却偏偏走上离经叛道之路。

妇道。三从四德是封建社会女子的行为准则，三从指在家从父，出嫁从夫，夫死从子。四德指德、言、容、功。无疑，这些规则对贾南风这个异数并未有很强的约束力，她时时在寻找突破的机会。俗语云：丑人多作怪。贾南风虽然是个丑得出名的已婚女人，但婚后的她丝毫不会遵循传统社会要求的谨言慎行、忠贞不渝的妇德，加之丈夫痴傻，不解风情，她又手握生杀予夺的权柄，更是将传统妇道的规则抛诸脑后。她置皇帝丈夫的尊严于不顾，在宫内宫外都有情人，更令人发指的是，宫外的美貌少年被她玩弄后，还要惨遭杀戮，其荒淫放荡、面黑手辣的形象载于史册。

孝道。孔子说："夫孝，天之经也，地之义也，民之行也。"遵守孝道可谓天经地义之事，孝顺、尊敬长辈是刻在中国人骨子里的美德基因，然而，在贾南风看来，若长辈一味宠溺自己尚可，一旦长辈成为自己成功路上的绊脚石，弃之如敝屣是理所应当的，极端情况下，将长辈折磨致死也在所不惜。《晋书》中多处记载她杀害皇太后杨芷的忤逆之举。贾南风先是矫诏废皇太后为庶人，诛太后母庞氏，后弑皇太后于金墉城。皇太后杨芷曾维护过贾南风的利益，贾南风如此对待一个有恩于自己的长辈，顾不得颜面和身份，也就顾不得礼仪和手段了。孝道于她，早就是九霄云外之物。

人道。孔孟之道，两千多年来一直是中国传统社会倡导和遵行的正道，仁、义、礼、智、信这五常是对孔孟之道理论的细化，也是中国人约定俗成的为人处世的规则。然而，这正道、人道在贾南风这里，同样遭遇了扭曲和破坏。皇太子司马遹不是自己的亲生骨肉，贾南风信不过他，便设计诬陷太子谋反，随后借皇帝之手将太子废为庶人。司马遹被囚禁在金墉城，与他一同受罪的还有他的三个儿子。然而，司马遹不死，终究是贾南风的一块心病，很快，她就命心腹用一根药杵将司马遹活活打死。随后，司马遹的母亲谢玖也被贾南风杀害。身为嫡母，对太子及皇孙下如此狠手，可谓不仁不义。

晋惠帝即位初期，太傅杨骏辅政，为与杨骏争夺权柄，贾南风与楚王司马玮联手发动政变。政变成功，杨骏遇害。贾南风为报宿怨，又借司马玮之手处死了太宰司马亮、太子太保卫瓘，于是朝中敢于与贾南风抗衡的势力消失殆尽。随后贾南风调转矛头，借口司马玮是杀害司马亮、卫瓘的凶手，将其处死。贾南风杀太傅、太宰、太子太保、藩王，每杀一个政敌都要灭其族，血流成河，其熟练利用权力游戏中厚黑手段，置传统正道、人道于不顾，可谓出尔反尔、背信弃义。

天道。"天网恢恢，疏而不漏。"智者老子如是说。贾南风不守妇道、不尊孝道、不行人道，触犯了儒家传统社

初，太后（杨芷）尚有侍御十余人，贾后夺之，绝膳而崩，时年三十四，在位十五年。贾后又信妖巫，谓太后必诉冤先帝，乃覆而瘞之，施诸厌劾符书药物。（《晋书·列传第一》）

十二月壬戌，（惠帝）废皇太子遹为庶人，及其三子幽于金墉城，杀太子母谢氏。（《晋书·帝纪第四》）

玮临死，出其怀中青纸诏，流涕以示监刑尚书刘颂曰："受诏而行，谓为社稷，今更为罪。托体先帝，受枉如此，幸见申列。"（《晋书·列传第二十九》）

052

初，后诈有身，内稿物为产具，遂取妹夫韩寿子慰祖养之，托谅闇所生，故弗显。遂谋废太子，以所养代立。（《晋书·列传第一》）

会中一个女性所应遵循的所有道德底线，然而，她并没有就此住手。在滑向深渊的道路上，她继续突破思想和行为的各种藩篱，直至灭亡。给贾南风带来灭顶之灾的，是她违背了天道。这个天道是全社会都在遵从的血统论、世袭制。

众所周知，贾南风一直未能给晋惠帝生个儿子，没有嫡子，晋惠帝只得立淑媛谢玖所生的司马遹为太子。不甘人后的贾南风为此耿耿于怀，她又一次打起作弊的主意。贾南风试图用妹夫的孩子韩慰祖来取代司马遹的太子之位。民间若抱养别人家的孩子立嗣，仅涉及一个家庭或家族的财产继承和祖宗祭祀，麻烦还不是很大；但皇家抱养别人家的孩子，还立为太子，就涉及统治权的转移，将引起千千万万人的死亡，统治者本宗族的人首先就不答应。可想而知，若作弊成功，晋惠帝去世后，晋朝的天下将由一个与司马家族毫无血缘关系的外姓人（韩姓）来继承。如此偷天换日，试图颠覆晋朝宗法根基之举，兵强马壮、实力雄厚、血统纯正的司马家族的诸多藩王怎会答应？认可世袭制并归附于正统的晋朝天下的广大官僚又怎会允许？他们可以允许贾南风荒淫残忍，在争权夺利中花招频出，但不能看着这个疯狂执拗的女人捅破天（颠覆司马家族的统治根基）。于是，司马家族出手了，赵王司马伦联合其他司马氏以贾南风杀害太子之名处死了她。

一生都在尽情折腾、离经叛道的贾南风，最终折戟在突破天道、背叛社会正统体制上，政治生命和肉体同时戛然而止。正如骆玉明所说："贾南风是个极端聪明的女人。她开始灭杨氏，削弱宗室势力，那种机智果决、胆大手辣，一般的男性政治家也很难相比。就是后来废太子，如能及早立惠帝的其他儿子为太子，只要处理得当，也未必维持不下去。她的错误，根本在于企图立贾家的后代，这就触犯了广大的统治阶层的利益，终于导致失败。"❶

自我救赎的窗户,至少有三扇

人们常说，上帝在关上一扇门的同时，又为人打开了一扇窗。贾南风先天条件不美好，命运待她却也不完全苛刻，给她提供多次扭转糟糕命运的机会，这样的窗户，至少有三扇。

第一扇窗户，来自她的公公晋武帝。当时年少轻狂的太子妃贾南风肆意屠杀太子和别的女人生的孩子，甚至血溅东宫，惹得晋武帝勃然大怒，准备废掉太子妃，还专门建造一座金墉城来幽禁她。此事虽未成行，但如果贾南风能以此为鉴，反省自己，收敛自己，做事张弛有度，命运也许会改写，不至于落得被一杯毒酒解决了性命。晋武帝一死，宫中无人能制衡她，也就由她胡作非为了。这扇抑制狂妄的窗，她视而不见错过了。

第二扇窗户，来自她的得力助手、朝廷栋梁、司空张华。张华是西汉初年"三杰"之一的张良的后代，也是西晋著名的政治家、文学家、藏书家。他博闻强记，声望甚

❶ 《闻道长安似弈棋》，骆玉明著，鹭江出版社，2017年版，第114页。

华名重一世，众所推服，晋史及仪礼宪章并属于华，多所损益，当时诏诰皆所草定，声誉益盛，有台辅之望焉……华遂尽忠匡辅，弥缝补阙，虽当暗主虐后之朝，而海内晏然，华之功也。华惧后族之盛，作《女史箴》以为讽。贾后虽凶妒，而知敬重华。（《晋书·列传第六》）

高，在政治上有远见卓识，晋武帝在世时就非常看重他。贾南风当权后，对他同样尊重，将他当作朝廷的梁柱，委以重任。张华出身庶族，"少孤贫"，"进无逼上之嫌，退为众望所依"，对晋室也是尽忠匡辅、弥缝补阙，当时的人就认为他有济世之功。69 岁的他被赵王司马伦杀害后，被夷三族，朝野莫不悲痛之。

张华被誉为"西晋政坛第一人"，不仅在政治上颇有建树，在文学史上也赫赫有名。他工于辞赋，辞藻华丽，著有《博物志》十篇及其他文章。同时，拥有政治家之谋略和文学家之才华的张华，还有公正不阿之忠心和诲人不倦之美德。眼看着贾南风及其党羽的气势日渐隆盛，长久以往，必将对晋室不利，张华决定用委婉的方式来劝谏贾后。他发挥文学家的特长，写就一部《女史箴》送到宫中。女史是宫廷中侍奉皇后左右、专门记载言行和制定嫔妃应守制度的女官，箴是规劝、告诫，《女史箴》就是教导后宫生活规范的教科书。这本《女史箴》，后来被东晋著名画家顾恺之配以十二幅插图流传于世。顾恺之的《女史箴图》成为中国古代十大名画之一。

然而，良药苦口，忠言逆耳。张华的一片忠心未能见效，贾南风根本就不把这些劝诫放在眼里，不与张华计较，或许是她觉得张华不过一酸腐文人，说些嘉言懿行之事，纯属无聊；或许是她作为政客，只倚重张华的治世才能，并不看重他的雅量和文采；或许是她根本就未将儒家的道德伦理认真对待，不然怎能做出饿死婆婆、打死太子、淫乱后宫之事呢？张华的《女史箴》于她而言，如同对牛弹琴，"后虽不肯改，却也未尝恨华"。

幸亏不曾恨张华，否则，张华人头落地，西晋朝廷会更乱。不幸的是，"后不肯改"。贾南风依然故我，拉帮结派，网罗党羽，一派乌烟瘴气中，贾南风错过了修正自己、更好地管理后宫、摆正风气的机会。见贤思齐的窗户，被她亲手关闭。

第三扇窗户，来自贾南风的母亲郭槐。这位闻名朝堂上下的著名妒妇、悍妇，终于悔悟了。她虽然有过两个亲生儿子，但都被她间接害死。贾南风不幸，和她母亲一样，虽然生有四个公主，却也没有儿子。因此，老年的郭槐非常珍惜，也非常看重太子司马遹。她不但自己爱护太子，还经常教导女儿贾南风对待太子慈爱一些，遇到外孙贾谧和太子争吵，她也不唯亲、不护短，毫不留情地斥责贾谧，要求他对太子放尊重些。凡此种种，都表现出一个悔过自新的老太太的仁爱与慈祥。太子对她也投桃报李，关心深切。

高门阔府里，油灯灰暗。走到人生尽头的郭槐，不再河东狮吼，而是语气平缓、脸色安详，她一手拉着满面戚容的太子，一手拉着神色倨傲的贾南风，语重心长地说："皇后，太子以后就交给你了。你没有子嗣，好好待太子，终会有福报的。"贾南风犹豫着，不知该不该违心地答应母亲这临终要求，正在此时，母亲又想起了什么似的，喘着、急促地说："你的好闺密赵粲、你的妹妹贾午，整天在宫中和你聚会，虽然她们是自己人，但终究品行不端、才能不够，将来必定会坏了你的大事。我死后，你千万不要和她们再来往了。要时刻记着我的话啊。"真可谓人之将死，其言也善。相信见惯了母亲骄横作风的贾南风，对此也会深有感触。感触或许有，实际行动却没有。母亲的临终遗言未能打动贾南风，亦未能劝阻她撤回作恶多端的手。

贾谧恃贵骄纵，不能推崇太子，广城君恒切责之。及广城君病笃，占术谓不宜封广城，乃改封宜城。后出侍疾十余日，太子常往宜城第，将医出入，恂恂尽礼。宜城临终执后手，令尽意于太子，言甚切至。又曰："赵粲及午必乱汝事，我死后，勿复听入，深忆吾言。"后不能遵之，遂专制天下，威服内外。（《晋书·列传第一》）

一意孤行的贾南风,随后将母亲的临终托付当作耳旁风,亲自设计陷害司马遹,最终派亲信将太子击毙在厕所中;最终她也顶着杀害太子的罪名,被别人送上黄泉路。

滑向深渊的贾南风,随后未把母亲的清醒警告放在心上,她联合好闺密赵粲、妹妹贾午在宫中兴风作浪,史称"众恶彰著";最终贾家的这些好闺密、姐妹团,统统被杀,惨兮兮地一同走上断头台。

终于,来自至亲谆谆教诲的醒世之窗,也被贾南风缓缓关闭。

至此,上帝再不给她留有余地。天作孽,犹可恕;自作孽,不可活。留给贾南风的,只有自取灭亡。

孔子说:人非圣贤,孰能无过,过而能改,善莫大焉。离经叛道的贾南风大约是不相信这些圣贤语的,故而,她错过了改过自新的机会,也就放任自己沿着罪恶之路越走越远,直至生命终结。

纵观贾南风的一生,可以说,她是不幸的。女孩子最看重的花容月貌,跟她是绝缘的,她先天丑陋;高门大族,大家闺秀的修养和礼仪,跟她是绝缘的,父母亲的为人处世之墨,已黑入她的骨髓里,先天教育不足;结婚后另一半能教化她、指导她的可能,也随着父母之命、媒妁之言而化为泡影。身处特权阶层,男人们尔虞我诈、骨肉相残,屡屡为一己私利掀起血雨腥风,让万千生命化作冤魂;女人们拜高踩低,容貌、修养、才华、出身不重要,重要的是掌握权力即可碾压别人,上流社会的女人们亦在围绕权力而奋斗。如此的家庭教育、婚姻教育、阶层教育相结合,共同塑造出贾南风这朵奇葩。

贾南风又是幸运的。幸运的是,父母亲给不了她好的天赋和教育，却可以运用人脉将她嫁入皇宫，乌鸦变凤凰，一飞飞上天，这是当时多少女孩梦寐以求的际遇啊，贾南风却稀里糊涂地一步登天；幸运的是，她的丈夫虽然愚钝，却也对她言听计从，宫里宫外，她相当自由；幸运的是，因为丈夫如同傀儡，西晋朝廷给了她充分施展政治抱负的舞台，多少后宫女人一辈子都淹没在沉闷枯燥的小小天地，独有她可以内宫外朝一把抓；幸运的是，在她专权期间，仍有诸多贤臣良将忠心耿耿地辅佐她，替朝廷效力；幸运的是，她身边不乏清醒者和教诲者，比如她晚年的母亲和忠臣张华。

然后，她没有抓住"停下来，等一等灵魂"的机会，在滑向深渊的道上一路狂奔，命运仍以悲剧结束，客死幽所，家族覆灭，遗臭万年。贾南风的自我教育，亦是失败的。

结语

　　"有一对什么样的父母，是我们最大的命运。父母，不仅是我们物质生命的给予者和保护者，也是我们心灵生命最重要的影响者之一。"著名心理学家武志红如是说。

　　每个人一出生，面对的就是父母。父母的人生是什么样，从他们开始养育孩子的第一天起就给孩子涂上了相应的底色。这样的命运，孩子无法选择，只能被动接受。父母是孩子最大的命运。

　　孩子的人生第一步，或许跟拼爹拼妈有关。然而，拼爹既是一时的，也是一世的。孩子的教育，拼的是父母的人生功底：一时的拼爹，拼的是暂时的机遇；一世的拼爹，拼的是父母半生乃至一生的修养、学识和眼界。

　　拼爹是轻松的，自我成就之路却是艰难的。若说成功是命运给予的最好的礼物，那么，付出与磨难则必与之如影随形。一个人真正的成功，必定是经历磨难和挫折后的自我超越与自我升华。所谓事在人为，不努力用知识和修为来武装自己，父母给搭建再好的跳板，也无济于事，反而会祸及自身。

　　父母是孩子最大的命运，却不是孩子永远的命运。一个人命运的最终走向，是家庭教育、婚姻教育、阶层教育和自我教育共同影响和发酵的结果。

东晋　顾恺之　《女史箴图》绢本

尾声

说出千古名言"何不食肉糜"的白痴皇帝司马衷，一生拥有两个另类皇后：貌丑凶残的贾南风，漂亮温柔的羊献容。也有两个命运多舛的女儿。

贾南风一生无儿子，生河东、临海、始平公主和哀献皇女。其中，哀献皇女，八岁夭折；河东公主，曾经患病，巫师要贾南风施行宽松的法令，贾南风心疼爱女，就命司马衷下诏大赦。然，河东公主却也为母亲的宠爱付出婚姻不幸的代价。

赵王司马伦毒死贾南风，实赖谋士孙秀献计才成。然，孙秀一边充当杀害贾南风的幕后黑手，一边又谋划着让20岁的儿子孙会娶贾南风所宠爱的女儿河东公主为妻。孙会身材短小，相貌丑陋，曾为富家子弟在城西贩马，地位还不如奴仆。一个曾经贩马的卑贱丑男要娶金枝玉叶的公主为妻，乃天下奇闻。但强势的母亲已命丧黄泉，痴傻软弱的父亲贵为皇帝却是个傀儡，孙家"炙手可热势绝伦"，甚至"公主母丧未期，便纳聘礼"，河东公主只能嫁入杀母仇人孙秀家，纡尊降贵，忍辱负重。未及一年，孙秀被杀，两个儿子亦一同伏诛。成为寡妇的河东公主结局如何，史料未载。

司马衷的另一位皇后羊献容一生在皇后位置上起起伏伏。她还是晋惠帝的皇后时，就曾被把持朝政的军阀们四废五立，沉沉浮浮若风中摇摆的美人草。洛阳陷落后，美貌柔顺的她先是刘曜的俘虏，后成为刘曜的皇后，甚得刘曜宠爱，还为刘曜生了三个儿子，死后谥号为"献文皇后"。

初，司马衷与羊皇后生有一女，是为清河公主。西晋末年，父亲司马衷死于东海王司马越的一张毒饼；四年后，都城洛阳陷落，母亲羊皇后在刘曜的后宫养尊处优，清河公主只得跟着逃难的人群仓皇奔走。流离失所中，贵为金枝玉叶的她不仅被俘虏，还像牲口一样被卖给吴兴人钱温，并且被钱温女儿严重虐待，"温以送女，女遇主甚酷"。西晋灭亡第二年（公元317年），琅琊王司马睿在南方的建康称帝，晋室偏安一隅，史称东晋。东晋建立后，清河公主到县衙亮明身份并求救，司马睿杀死钱温及其女儿，清河公主改封为临海公主，她嫁给了宗正曹统。

河东公主、清河公主，同父异母，同命不同运。一个忍辱含垢委身仇人之子，放弃为母亲服丧，尚且不能善终；一个国破家亡沦落成普通人，仰仗父辈的血统，身份和荣华失而复得。命运的翻云覆雨之手，何曾掌控在她们自己手中？

——本篇完——

绿珠：

刹那惊艳，终身遗憾

引子

公元 1704 年，一位内务府包衣（皇帝的奴才）出身的汉族官员在南京的府邸举办了一场盛大的宴会，邀请江南江北的名士观看一出名噪一时的大戏，为显示隆重和礼遇，他还特意将这部戏文的作者邀请至南京，待之如上宾。一时间，嘉宾云集，高朋满座，欢声笑语，歌舞升平，宴会举行了三天三夜，大戏也演了三天三夜。

戏文的作者在推杯换盏中赚足了面子，宴会结束后，他准备从南京返回家乡钱塘（今浙江杭州），在途经乌镇时，他一高兴又多喝了几杯，醉醺醺地登上船，谁知一个趔趄，没踩稳竟掉入水中。清贫的他身边并无家童陪伴，因此酒醉失足落水的他竟这样静静躺在水中，很久后他的尸体才被人发现。彼时，他 60 岁。在他年迈凄凉的身后，他留下的那部大戏传唱不衰，300 年来感动无数对爱情怀有美好憧憬的痴男怨女。

他，就是清朝初期戏曲家、诗人洪昇。他虽出生于官宦之家，但在长达 20 年的时间里每次参加科举考试都名落孙山，以至白衣终身。可就是这个名副其实的考试落榜生，却写就了蜚声文坛的传奇戏曲《长生殿》。

那位将洪昇奉为座上宾，专门为他排演三天三夜《长生殿》的汉族官员，虽然出身低微，是内务府包衣，却也是康熙皇帝颇为信任的红人。他就是曹寅，中国小说的集大成之作——《红楼梦》的作者曹雪芹的祖父，时任江宁织造。

清代名臣曹寅一生风流儒雅，文人朋友遍及天下，除了洪昇这个才华横溢的落榜生戏曲家成为他府上的座上宾，同时代的另一位满腹经纶的戏曲家，也可能是他的文友。他就是孔尚任。

孔尚任，山东曲阜人，是孔子的第六十四代孙。他和同时期的戏曲家洪昇有诸多相似之处，譬如，他们都是科举考试不如意者，洪昇是科举不顺，终身白衣；孔尚任则是参加岁考没被录取。譬如，他们作为清朝初期最有名的戏曲家，都有自己传唱不衰

066

的代表作,洪昇有《长生殿》,孔尚任有《桃花扇》。因此,世人将他俩并称为"南洪北孔"。

十年寒窗无人问,一朝成名天下知。"南洪北孔"虽在科举功名上一无所获,但他们杰出的戏曲才华却是一般士子无法比拟的。公元1688年,洪昇的《长生殿》甫一问世,就被搬上舞台,成为当时最火爆的戏曲剧目,观者如蚁,成为一时之盛事;11年后的公元1699年,孔尚任的《桃花扇》写成,一时洛阳纸贵。其戏剧不仅在北京频繁演出,即便是偏远的山区,也都在排演这部剧作。这部轰动京城的剧作甚至引得当朝天子好奇心大起,康熙皇帝专门派人向孔尚任索取《桃花扇》稿本去看。

《长生殿》和《桃花扇》这两部清初戏剧力作,均借着儿女私情,抒发国家兴亡之感。其中,这儿女私情,自有打动人心之处,也足见经典爱情故事传唱不衰的独特魅力。

《长生殿》讲述了唐朝天宝年间皇帝李隆基和贵妃杨玉环之间缠绵悱恻的爱情故事。李隆基和杨玉环,一个是高高在上的九五之尊,一个是艳冠后宫的绝色贵妃,他们的相爱相知相守,本应成为世间圆满爱情的佳话,谁知同普天下的痴男怨女一样,也避不开爱情路上的猜疑和嫉妒,也躲不了被国家、时代变化裹挟和扭转的命运。李隆基先是偷瞄上杨玉环的姐姐虢国夫人,后又移情别恋于体态纤瘦、楚楚动人的梅妃,这些背叛行为惹得杨玉环醋意大发。后经太监高力士牵线,两人冰释前嫌,和好如初,双双跪在长生殿立下山盟海誓。安史之乱中,为保李唐江山,李隆基只好下令赐死杨贵妃。名花倾国两相欢,唐朝最美艳的名花杨贵妃,遂以三尺白绫在佛堂结束了自己年仅37岁的生命,同时断送的,还有她和李隆基传诵千年的爱情悲歌。

不知,在对这个世界抛下最后一个媚眼之时,雍容华贵的杨贵妃,耳边可曾回响起某年七夕节,长生殿上的盟誓"双星在上,我李隆基与杨玉环,情重恩深,愿世世生生,共为夫妇,永不相离"?

《桃花扇》讲述的是明朝末年秦淮名伎李香君和才子侯方域的爱情悲剧。李香君和侯方域,一个才貌双全,一个文雅风流，两人经友人杨龙友牵线相识，便一见钟情，私订终身。订婚之日，侯方域将一柄上等的镂花象牙骨白绢面宫扇送给李香君做定情之物。李香君对此倍加珍惜。

才子与佳人、歌伎与官宦子弟的结合使得这段冲破阶级禁锢的感情本应成为人人称美的爱情佳话，但造化弄人，两人生活在风云突变、改朝换代时——明末清初，恰逢一个乱世——新王朝秩序尚未建立，旧王朝死而不僵，有人为它守节尽忠，有人利用它醉生梦死、骄奢淫逸。前者的代表人物是复社领袖侯方域，他反对汉奸，为南明小朝廷奔波劳累，具有挽救民族于危亡的爱国情怀；后者的代表人物是南明小朝廷的权臣马士英、阮大铖，他们忌惮复社文人，擅权乱政，将偏居一隅的朝廷当作人生温柔富贵乡。

位卑未敢忘忧国。李香君虽然是一名身处社会底层的歌伎，但她正直勇敢，不贪慕虚荣。"奴是薄福人，不愿入朱门"，在爱情上，她忠于和自己情投意合的夫君侯方域。在侯方域被逼远走他乡投奔扬州的史可法期间，

阮大铖趁机逼迫李香君改嫁给朝中大红人田仰，李香君奋力反抗，以死相逼。面对强行娶亲的衣冠禽兽，她一头撞在桌子上，滴滴鲜血瞬间染红了侯方域赠予她的定情扇面，娶亲的人害怕闹出人命，遂一哄而散。后，友人杨龙友将扇中的血点绘成桃花，此扇便称桃花扇。"溅血点作桃花扇，比着枝头分外鲜"，血染的桃花，便成为李香君对爱情忠贞的见证。她终究还是被奸臣们强行带入南明小朝廷的宫中排演戏曲粉饰太平。清军渡江进攻南京，南明小朝廷树倒猢狲散，李香君得以出宫，她栖居在南京栖霞山白云庵，期待远方的爱人侯方域的归来。

不久，侯方域果然寻到栖霞山与李香君团聚。历尽磨难的有情人终于重逢，等待他们的却是国破家亡、物是人非。更让李香君吃惊和心寒的是，她心目中的英雄夫君侯方域经历千难万险之后，竟然很识时务地想投降当权的清朝。伤心绝望的李香君毅然决然斩断情丝，选择出家，以守卫自己对国家与民族的忠贞信念。悔悟的侯方域也随之出家。

"三尺白绫若赐我，可愿葬我于君

侧?"《长生殿》里,爱情美轮美奂,却也哀婉凄切,升华爱情的女人终究沦为男人权力和私心的牺牲品。

"美人公子飘零尽,一树桃花似往年。"《桃花扇》里,爱情惊心动魄,却也零落衰败,捍卫爱情的女人依然逃不脱命运的捉弄和男人对名利的追求。

唐明皇和杨玉环,侯方域和李香君,都是历史上真实存在的人物。唯其真实,方显其爱情传说的动人魅力。1700多年前的西晋,也有一曲传诵千年的爱之挽歌让人为之牵肠挂肚、慨叹不已;在这出同样真实的历史大戏中,女人同样成为维护爱情的牺牲品和祭祀物……

最是人间留不住，朱颜辞镜花辞树

明珠十斛买娉婷

那一年，花开月正圆；那一年，美女绿珠正长成；那一年，石家金谷园里起高楼。

这是偏远地区的歌伎绿珠第一次来到京城洛阳。一踏进洛阳，她就被眼前的繁华景象吸引住，"风起洛阳东，香过洛阳西"，果然是天子脚下，雍容华贵自不待言。但更让她眼花缭乱的是金谷园的恢宏壮丽和奢华装饰，亭台楼阁，小桥流水，笙歌曼舞，才子佳人，无一处不风流，无一处不透出园林主人的品位与家底。金谷园的主人，正是彼时西晋的首富石崇；而绿珠，则是石崇在南方当官时看中的歌女。石崇当时一见这个美貌歌女，就惊为天人，遂毫不犹豫地用十斛明珠将歌女买了过来，将她改名为"绿珠"。这次，石崇专门在他的新建别墅区——金谷园里修建了一座高楼，送给绿珠，此楼即为"绿珠楼"。

史书对绿珠的家世并无介绍，这并不奇怪，对一个出身卑微、地位低下、影响力不大的女子，纂修正史的史官的笔从不肯浪费一个字，中国历史源远流长，事件浩如烟海，需要他们费心费力着墨的人物又太多。史书记载的只是她的容貌和才艺，"美而艳，善吹笛"；她说过的一句话"当效死于官前"，以及她决绝的惊世一跳，"因自投于楼下而死"。

寥寥几笔，可以推测出：

一、绿珠乃姿色出众之少女。她正值青春年华，光彩照人，故"美而艳"，人老珠黄、韶华尽逝的女人可"艳"不起来。从艺女子大多长得漂亮，即使在众多美女中，美艳的绿珠仍是出类拔萃者，为此，石崇情愿付出十斛珍珠的价钱将其带回家，起新楼，命新名，金屋藏娇。

二、绿珠"善吹笛"，说明她做歌女已被训练很久，长期以来一直生活在底层，尚未被别的富家子弟或权臣看中。因此，绿珠对爱情始终抱有美好希望，直到她遇见了石崇。

三、"当效死于官前"，是绿珠在史书中唯一的发言，也是她的遗言。掷地有声的决绝话语中，有她的爱情表白，有她刚烈性格的流露，更深藏着她"无可奈何花落去"的身份处境。绿珠出身贫寒。豪门望族的大家闺秀过着锦衣玉食的生活，断不会降低身份去卖艺；穷苦的人家实在没办法，才会送女儿去做歌女。彼时，女子做声伎者多，乃至成为魏晋南北朝时妇女生活的一大特点。陈东原曾专门论述此特点："魏晋南北朝三百几十年间，战乱相寻，几无宁岁，妇女生活，多被蹂躏。但因为纷乱的缘故，遂不暇作儒术的提倡，压迫既小，反动易张。所以一方面妓妾声伎最盛，一方面妇人妒忌特别发达。"❶彼时，底层女子多为时势和生活所迫去做声伎。同时，西晋社会特权阶层对声伎有旺盛的需求也是美貌女子从艺的一个重要原因。陈东原接着剖析道："天下已乱，特殊的权贵，此倒彼继。很多一旦富贵的人，这些人因为从前艰苦的缘故，特别纵情声伎，穷极淫侈，社会上亦无人敢问；声伎之盛，乃为古代与两汉所未见。家里养许多美女，也不是妾，也不是婢，后人称之为'家伎'。如王恺、石崇豪侈相尚，恺置酒时，女伎吹笛小失声韵，便驱杀之。"❷如是，绿珠既为声伎，

❶
《中国妇女生活史》，陈东原著，商务印书馆，2017年12月版，第49页。
❷
同上，第53页。

亦为石崇花费十斛珍珠买来的家伎。正是做家伎期间，绿珠与石崇产生了若有若无、似幻还真的爱情故事。

四、"因自投于楼下而死"。哭着表明心迹后，跳楼是绿珠在史书中的唯一行动，却是奔向死亡而去，殊为可叹。鲁迅有言："悲剧将人生的有价值的东西毁灭给人看。"或许正因为身为卑贱家伎的绿珠能为多情富豪石崇跳楼而死，她与石崇的故事化为一场凄美绝伦的爱情悲歌，才能在后世引起绵延不断的争论和话题。爱情，正是人生有价值的东西。

"石家金谷重新声，明珠十斛买娉婷。"绿珠和石崇，一个是不折不扣、身份低微的贫二代；另一个，则是如假包换、闻名遐迩的富二代。在这场爱情角逐中，如果说女主角绿珠有"三美"——青春美貌、多才多艺、有情有义的话，那么，男主角石崇的分量也贵重得多。

此时可喜得人情

"金谷园中柳，春来似舞腰。"春风拂面的清晨，绿珠倚靠在高楼栏杆上，望着楼下缓缓走来的石崇，莞尔一笑。那是她的主人，也是她的意中人，是她想要终身托付的对象。

石崇，作为西晋开国元勋石苞的儿子，是名副其实的"官二代""贵二代""富二代"。年轻时，他是众多豪门贵族的大家闺秀争相献媚的翩翩公子；年长后，仍为众多少女少妇梦寐以求的儒雅中年大叔。在少女绿珠眼里，他至

072

少有五美：容颜、权力、金钱、才华和情义。

容颜。说石崇是个大帅哥，估计很多人不会有意见。他生活的魏晋南北朝时期，本就是追求美、以美为荣的时代，也是中国美男辈出、男子如玉的时代。譬如，在历史上留下成语"貌比潘安"的西晋的潘岳；譬如，夸张至极的"看杀卫玠"的西晋的卫玠；譬如，"面如傅粉"的曹魏的何晏；譬如，响当当的"白美类妇人"的北齐的兰陵王。他们超绝的风姿已成为那个时期一道独特的唯美风景线。在此时代与社会风气影响下，石崇把自己修饰得风度翩翩，美姿仪，自不难想象。

正史里虽未直接描述石崇的长相，但在石崇的父亲石苞的传记中，史官不惜笔墨，当时的人流传着一句话，叫"石仲容，姣无双"，意思是，石苞的漂亮在当时是独一无二的。父亲这么漂亮伟丽，而且仅仅因为外貌就如此知名，作为儿子的石崇，想来容貌也不会差到哪里去，否则，阅人无数的美女绿珠也不会对他另眼相待、以身相许，甚至付出自己宝贵的性命。

权力。"的确，魏晋是唯美的时代；而在魏晋人看来，人物之美不仅是'长得漂亮'，更是'活得漂亮'。这当然并不容易。"❶易中天如是说。石崇不仅长得漂亮，在事业上也是成功人士。他二十几岁就做了修武令，因能力强而出名。在西晋讨伐东吴的战争中，他因为功劳大而被封为安阳乡侯，后来又做了黄门郎。晋武帝司马炎在世时，就因为石崇做事干练而器重他。晋惠帝时，石崇曾被任命为大司农，主管全国的赋税。凡国家财政开支，军国的用度，

石苞，字仲容，渤海南皮人也。雅旷有智局，容仪伟丽，不修小节。故时人为之语曰："石仲容，姣无双。"（《晋书·列传第三》）

---

❶ 《魏晋风度》，易中天著，浙江文艺出版社，2016年3月版，第124页。

诸如田租、口赋、盐铁专卖、均输漕运、货币管理等都由大司农管理。由于任命书还没下来，石崇就擅离职守，朝廷遂罢免了他大司农一职。后来石崇凭借自己的才干，居然又一次被任用，最后做官做到了卫尉一职。卫尉是九卿之一，职掌宫门卫屯兵，是一个武职，是皇帝的禁卫司令。因为他是功臣之子，忠心耿耿，兼之个人能力强，会运作关系，所以朝廷才放心地把财政大权、行政大权，以及保卫皇帝安全的权力交给他。可见，石崇在事业上的成功不是偶然的。

财富。有官职，有权力，并不意味着一定有钱，官员仅凭借朝廷发放的俸禄讨生活，很难升级为富甲一方的富豪，更何况有的官员位高权重，但本性清廉，坚持操守，不肯收受贿赂，家境也就不富裕，甚至相当贫寒。譬如100年后南北朝时北魏名臣高允，历仕北魏的五任皇帝，都得到重用和尊重，官做到中书令后以98岁高龄去世，其家中竟然贫困到需要儿子上山打柴来维持生活，其清廉之气节惹得前来看望他的皇帝和百官感慨万千。古时，士农工商的阶层观念已深入人心，大多数拥有一定职位的官员，以经商为耻，不会涉足商业，不以有钱为荣，反以清贫为乐。石崇却是一位特殊的官员，或者说他更识时务。他不仅凭借能力和关系将官做到卫尉，而且将自己的家庭资产做到增值最大化，以至时人、今人一提及石崇这个名字，首先想到的是他富可敌国的财富。

石崇作为历史上有名的富豪，其西晋首富的名号和雄厚的家底是通过与王恺斗富展示出来的。王恺是西晋文明王皇太后的弟弟，文明王皇太后是晋武帝的亲生母亲，从血缘上说，王恺就是晋武帝的舅舅，可谓正宗的皇亲国戚。

武帝以崇功臣子，有干局，深器重之。元康初，杨骏辅政，大开封赏，多树党援。崇与散骑郎蜀郡何攀共立议……出为南中郎将、荆州刺史，领南蛮校尉，加鹰扬将军。（《晋书·列传第三》）。

史书说他"既世族国戚，性复豪侈，用赤石脂泥壁"。西晋是历史上有名的富豪斗富、炫富最激烈的时代，社会风气如此，作为当朝皇帝舅舅的王恺，生活奢侈是可以想象的。但令人意想不到的是，出身、地位比不上王恺的石崇，竟然斗胆包天，不仅敢于和王恺叫板斗富，最后他还赢了。王恺拥有富甲天下的皇帝作为后盾，和石崇斗富，竟然败下阵来，石崇的财富之丰、豪气之盛，可见一斑。

需要指出的是，石崇的奢靡和斗富在历史上一直是作为统治阶级腐化堕落的反面教材案例存在的，如陈寅恪总结的："石苞也是一个出身寒族，而政治上站在司马氏一方的人物……他（石崇）的父亲也是西晋最高统治阶层的人物之一，他已不再属于寒族而属于豪族。他的奢靡，是西晋豪族世家风俗淫僻的极端的表现。"❶但从另一个角度讲，奢侈的竞争，实际上也是豪气的竞争，日本学者对此评价道："（石崇与王恺）比富行为被称作争豪。'豪'既是物质上的豪奢，同时也有精神上的豪气、豪胆之意。"❷奢靡和豪气，对居住在金谷园中陷入爱河的小女子绿珠来说，或许都是她的男主角身上独特的闪光点。

才气。风流潇洒、一掷千金的西晋首富石崇，在历史上还曾以才子的面目出现过。"金谷二十四友"是魏晋时期继"竹林七贤"之后又一个文学政治团体，依附于鲁国公贾谧（贾南风的外甥），其中比较出名的成员有有"古今第一美

---

❶
《陈寅恪魏晋南北朝史讲演录》，陈寅恪著，万绳楠整理，天津人民出版社，2018年12月版，第18页。

❷
《魏晋政治社会史研究》，[日]福原启郎著，陆帅、刘萃峰、张紫毫译，江苏人民出版社，2021年1月版，第267页。

男"之称的潘安，"枕戈待旦"的刘琨，"洛阳纸贵""左思风力"的左思，三国名将陆逊的孙子陆机、陆云两兄弟，以及大司马石苞之子石崇，等等。他们经常在石崇的金谷园举办雅集，在文化上成就非凡，以石崇别墅命名的《金谷集》中，收录了"金谷二十四友"的作品，还收集其他人的诗文。

彼时，中国古典园林，向来有"南兰亭，北金谷"之说。随之而来的文学经典，便是《兰亭集序》与《金谷诗序》。《金谷诗序》的作者就是富豪石崇，这是石崇为一次宴会上宾客所作诗词的合集写的一篇序文。其文笔华美，意境深远，惹得东晋才子王羲之都对石崇的才华崇拜不已。据《世说新语·企羡篇》载，"王右军得人以《兰亭集序》方《金谷诗序》，又以己敌石崇，甚有欣色。"意即，王羲之得知有人拿《兰亭集序》与《金谷诗序》比，又把他与石崇相提并论，倍感荣幸，脸上便有喜悦之神色。可知，能让"书圣"王羲之都欣羡的石崇，其才名如财名一样，均大名鼎鼎、远近闻名。

情义。石崇有着显赫的身世、不俗的容貌、富可敌国的资产、华美的文笔，这些都是吸引美女绿珠的外在条件，更让绿珠芳心暗许并以死相随的，或许还有石崇的软实力——有情有义的人格魅力。石崇对歌女绿珠有爱怜和宠溺之情，为了她甚至强硬拒绝权臣孙秀的使者的三次无理要求。此为后话。这尚可理解为男女柔情，石崇对朋友的冒死相救则更显出其义薄云天的侠义。

《世说新语·仇隙篇》记载，刘玙和刘琨兄弟在年轻的时候得罪过皇帝的舅舅王恺，为此王恺怀恨在心，总想着设计除掉他们。有一次，王恺特意把刘氏兄弟叫到府中做客,并留他们过夜,预备在晚上不声不响地将他们秘密杀害。彼时,时局动荡,一两个人突然失踪,或许不会引起多大风浪,何况也没人敢追究皇帝舅舅王恺的犯罪活动。王恺叫人去挖埋人的土坑,坑都挖好了,只差动手杀人了。富豪石崇向来和刘玙、刘琨兄弟很要好,听说两人在王恺家过夜后,心急如焚,不顾个人安危,坐车连夜赶到王恺府中。他大声质问王恺:刘氏兄弟在哪里?王恺根本就没想到,石崇会这样不管不顾地闯进来向他要人。面对气势汹汹的问罪者,仓皇中他不好隐瞒,只得告诉石崇实话。原来,刘氏兄弟被王恺灌得醉醺醺的,带到后宅睡着了。石崇二话不说,径直进入后宅,拉起刘氏兄弟就一同坐车离开了。这种霸蛮的作风,唬得王恺目瞪口呆,却也无可奈何。谁让对方是石崇呢。等刘氏兄弟酒醒了,石崇语重心长地对他们说:"年轻人,交朋友要擦亮眼睛。怎么能这样轻易地相信别人,还在人家家里过夜呢?"刘氏兄弟也被吓得冒出一身冷汗,连连称是,由此,对石崇更是感激涕零,佩服得五体投地。

"善歌樊素口,能舞小蛮腰。意气由来重,香魂金谷销。"石崇重情重义的意气风发,感动了朋友,也擒获了善良女子的心。哪个女子不仰慕行侠仗义的英雄?也许,绿珠就是被石崇这种有情有义的品行打动了少女心,才死心塌地地跟随他,直到天荒地老,永不悔改。值得一提的是,直到人生的最后时刻,绿珠也是被石崇的重情重义感动,甘愿用生命来回报这份情义,毕竟石崇为了留住她,三番五次地得罪当权人物孙秀,故而,"意气由来重,香魂金谷销"。

常将歌舞借人看

  有钱男人是女人择偶的最爱，青春美女也是男人永恒的心头至好。古往今来的世间情事，大多免不了如此。郎才女貌，才子佳人，1700多年前的歌女绿珠和富豪石崇，注定要在金谷园中演绎一段风流韵事。

  宋人的一首《临江仙·茂叔兄生日》当是对石崇惬意美满生活的真实写照。石崇身兼富豪和文人的特性，经常在自家别墅金谷园中宴请亲朋好友。每次宴请宾客，他总是掩饰不住自己的得意之情，将心头所好绿珠叫出来表演。绿珠本就是歌女，歌唱得那叫一个婉转清脆，余音绕梁三日不绝；除了唱歌，绿珠还有才艺表演，她善吹笛，笛声悠扬，经常将客人们的思绪带回那悠远的天堂境地，让人如痴如醉、如梦如幻；况且，绿珠还是一绝世美女，美而艳的名声早就不胫而走。如此美人、美曲、美艺，再置身于恍如仙境的古典园林，宾客们经常乐不思蜀、流连忘返。作为园林主人的石崇，既拉拢了官场资源和朋友关系，又赚足了男人的面子，便越发宠爱绿珠。登凉台，临清流，宴高楼，美人侍侧，彼时的石崇大约是西晋最春风得意的男子。

  君宠益娇态，君怜无是非，于绿珠而言，这是他们的蜜月期，也是他们最幸福的时刻，有诗、有酒、有景、有钱、有势、有秀色，最主要的，是有彼此珍惜的爱情。人生如此，夫复何求。想必每一个经历过美好爱情的人都有如此体会，"但愿人长久，千里共婵娟"。

  可惜，花无百日红，人无百日好。

  石崇人生的转折，从一代丑后贾南风的倒台开始。之

临江仙·茂叔兄生日
南宋 魏了翁

占断人间闲富贵，长秋应是长春。前山推月上帘旌。缓觞寻旧友，急拍按新声。

时倚晴空看过雁，几州明月关情。知君早已倦青冥。时来那得免，事业一窗萤。

金谷園圖
壬子小春寫于研香館
之東窗南樓山人☐
☐☐

华岩《金谷园图》

前，因为和贾南风的亲信贾谧过从甚密，在贾南风当权之时，他很是意气风发过一阵子。公元300年，贾南风被赵王司马伦废为庶人，关押在金墉城。石崇的后台贾谧也被诛杀在宫廷西钟下。石崇作为贾谧的党羽，自然而然就被赵王一伙人免官了。石崇的外甥欧阳建，也是"金谷二十四友"之一，曾跟赵王司马伦不和，也一同被边缘化。

"官二代"石崇丢了官职，成为一介布衣，但这并不妨碍他过着闲云野鹤的生活，官帽子丢了，他不是"官二代"，仍然是"富二代"，还有堆金叠玉的财富、花红柳绿的金谷园，以及千娇百媚的绿珠。因此，绿珠和石崇的生活并没有受多大的影响，仍旧每日里声色犬马、莺歌燕舞。两人情投意合，没有了公务烦心和官场争斗，过着比之前更逍遥的生活。

殊不知，一场更大的祸事，关乎身家性命的祸事，正在不远处等着他们。

骄矜势力横相干

《晋书》记载，无论是石崇之父石苞，还是石崇本人，都有一个共同特性，那就是行为放荡，不注意收敛，譬如石苞"好色薄行"，石崇"任侠无行检"，所谓有其父必有其子。殊不知，正是这份家传的意气用事，最终导致石崇身首异处，绿珠香消玉殒。

豪气斗富的石崇、占尽人间春色的石崇，被免官之后，尽孙秀为小史给岳，而狡黠自喜。岳恶其为人，数挞辱之，秀常衔忿。及赵王伦辅政，秀为中书令。岳于省内谓秀曰："孙令犹忆畴昔周旋不？"答曰："中心藏之，何日忘之！"岳于是自知不免。（《晋书·列传第二十五》）

管过着不问世事的赋闲生活，仍被最强硬的政治对手惦记着。这个政治对手，就是赵王司马伦的谋士孙秀。赵王是个不谙政事的傀儡，一切计划都听孙秀的安排，孙秀于是要风得风、要雨得雨，偏偏孙秀还是个心术极为不正之人，孙秀惦记着的，除了石崇的官位（他已如愿夺去），还有石崇那惊人的财富。

要夺取天下人尽皆知的首富的家产，得找个巧妙的借口，这个借口，就是美艳绝伦的绿珠。

孙秀出身贫寒，曾给"金谷二十四友"之首的潘岳做过小吏，还曾被潘岳训斥鞭打过，他为此耿耿于怀。等到赵王伦辅政，孙秀做了中书令，有一次潘岳在中书省的官府里遇见他，就招呼他说："孙令，还记得我们之前的交往吗？"孙秀回了一句："中心藏之，何日忘之！"潘岳于是知道孙秀不会放过他，果然，后来就在孙秀抓捕了石崇和欧阳建同一天，他也逮捕了潘岳。此为后话。

潘岳是西晋著名文学家，还是历史上有名的美男子，"美姿仪"，"多才夸李白，美貌说潘安"，说的就是这位美男子。恰巧，石崇也是一位美男子，多金，多才，还拥有绝色美女绿珠。这些都难保孙秀这位出身不高、资质平平的政坛新贵不妒忌、不羡慕、不憎恨潘岳和石崇他们。

足智多谋的孙秀，曾经帮赵王司马伦干净利索地解决了狡诈阴险的皇后贾南风。对付失去后台、丢了官职的石崇，更是易如反掌。为此，他筹划很久。孙秀使出的第一个撒手锏，不是石崇的财富，也不是他的性命，而是石崇的爱妾绿珠。

绿珠，美艳绝伦，众所周知，权势如日中天的孙秀，当然有理由也有实力对绿珠觊觎；况且，绿珠是石崇的爱妾，每每宴会他都带在身边给别人秀恩爱，"常将歌舞借人看"，这些风流韵事经文人雅士的宣传，已是妇孺皆知。孙秀要的就是夺取石崇的心头所爱，借此进一步打击这位西晋首富的豪气和自信。以孙秀的聪明和对石崇的了解，他料想石崇必定不肯舍弃绿珠，就像不肯将心头肉割掉一样，因为石崇是个意气雄豪。若石崇同意把绿珠送给孙秀，孙秀可再谋划下一步的计策对付石崇；石崇不同意，则正中孙秀之计，他正好借机彻底铲除石崇。此乃孙秀之阴谋。

于是，他大张旗鼓地派出使者，去向石崇索求绿珠。彼时，金谷园里，清风徐徐，流水潺潺，凉台边热闹非凡。使者进门，石崇得知他是来选歌女的，就豪爽地说："我这里有很多漂亮的歌女，每个都是天姿国色。你从中随便挑吧。"谁知，使者摇摇头，缓缓地说："我是奉命来索求绿珠的，不知哪一个是绿珠姑娘？"石崇一听，勃然大怒，他脱口而出："绿珠是我最喜爱的人，我是不会把她送给你的。"他以为这样就会吓退使者，不料，那使者却劝解石崇："您博古通今，是个明事理的人，请您三思啊。"石崇愈加生气，坚持不叫绿珠出来。

双方僵持不下之际，使者突然起身离开，走向大门外。石崇以为他妥协了，要回去复命，心想：明天大不了再多送孙秀几个歌女，他也许就不要绿珠了。于是石崇也就不在意地继续逍遥。不一会儿，使者却又回来了，他语重心长地劝导石崇："识时务者为俊杰。"石崇气急，坚决不答应。使者只好垂头丧气地离开金谷园。

如此反复三次，饶是久经风浪的石崇，也有些害怕了，毕竟孙秀是现在的政坛红人，他的主子正是辅政的赵王司马伦。得罪了孙秀，可是个麻烦事，说不定哪天孙秀就要查办他。但，让他就此放弃绿珠，将心爱的女人送到孙秀

082

及贾谧诛，崇以党与免官。时赵王伦专权，崇甥欧阳建与伦有隙。崇有妓曰绿珠，美而艳，善吹笛。孙秀使人求之。崇时在金谷别馆，方登凉台，临清流，妇人侍侧。使者以告。崇尽出其婢妾数十人以示之，皆蕴兰麝，被罗縠，曰："在所择。"使者曰："君侯服御丽则丽矣，然本受命指索绿珠，不识孰是？"崇勃然曰："绿珠吾所爱，不可得也。"使者曰："君侯博古通今，察远照迩，愿加三思。"崇曰："不然。"使者出而又反，崇竟不许。秀怒，乃劝伦诛崇、建。崇、建亦潜知其计，乃与黄门郎潘岳阴劝淮南王允、齐王同以图伦、秀。秀觉之，遂矫诏收崇及潘岳、欧阳建等。崇正宴于楼上，介士到门。崇谓绿珠曰："我今为尔得罪。"绿珠泣曰："当效死于官前。"因自投于楼下而死。（《晋书·列传第三》）

的狼窝，那是万万不可的。作为男人，连自己的爱人都不能保全，那还能在这世上顶天立地吗？想到这里，石崇不禁轻轻搂住绿珠，长叹一声："绿珠，绿珠，奈若何。"

聪慧的绿珠，从身边丫头的口中得知石崇为了她而得罪了孙秀，心中不免又惊又喜。惊的是，好险啊，自己差点就要沦为孙秀的玩物，这个使者竟如此固执地来索取自己这个卑微的家伎，似乎不达目的不罢休，不知接下来孙秀还会使出什么花招；喜的是，石崇确实没有辜负自己的一片真心，大义凛然地拒绝了使者的无理要求。"素来能想到的是，他与我情意绵绵，不想他竟能有这般保护我的魄力和勇气。愿得一心人，白首不相离，这是我的福分啊。"绿珠想到这里，情不自禁地朝石崇看去。

小桥流水的金谷园，石崇和绿珠经此磨难，彼此心意更加明了，执手相看泪眼，竟无语凝噎。

山雨欲来风满楼，黑云压城城欲摧。相爱相依的人哪里知道，诀别的日子即将来临。

百年离别在高楼

孙秀的使者，在石崇这里接二连三地碰了钉子，回去之后便添油加醋地禀告孙秀，说石崇傲慢无礼，看不起孙秀，拒绝交出绿珠。孙秀一听，果然怒不可遏，他出身卑微，飞黄腾达之后，最忌讳别人议论他。

绿珠作为绝世美女，惹得天下男子皆有霸美之心。向石崇索求绿珠，本是孙秀的私欲之一，现在，这个欲望念头被石崇彻底掐断。孙秀便借着这个由头，祭出他的第二个撒手锏，那就是怂恿赵王司马伦除掉石崇。这样，既可以得到绿珠，又可以报仇雪恨，置石崇以死地，更重要的是，可趁机缴获石崇的巨额财富，可谓一石三鸟。

彼时，剿灭皇后贾南风集团后，皇帝司马衷皇位是保住了，但仍是个傀儡皇帝，赵王司马伦主持朝政。谁知这司马伦因其自身素质不高，也和司马衷一样，是个傀儡人物，一切大事均听从于孙。

好一个"天下皆事秀"。那孙秀想让谁三更死，谁就不能挨过五更去。于是，为了绿珠，为了财富，得罪了孙秀的石崇，离死期不远了。孙秀假借皇帝的诏书，宣布捉拿西晋首富石崇。当奉命前来抓捕的士兵推开金谷园的大门时，里面一片繁华景象。高高的绿珠楼上，园主石崇正和宾客觥筹交错、把酒言欢，绿珠照例在旁吹笛助兴，明眸善睐，歌喉婉转。若天可怜见，这歌照唱、舞照跳、酒照喝、人照美、情照浓的极乐之宴，会永远存于人们美好的回忆中。

可惜，天下没有不散的筵席。

可惜，郎情妾意，终有一别。

当咣当的撞门之声传来，手执兵器、全副武装的士兵一拥而上之时，坐在高楼上的石崇只看了一眼就明白了。他放下酒杯，缓缓起身，慢慢地向绿珠——他的心上人走去。是啊，事到如今，大难临头，他只想跟她说话，说说心里话。他说："绿珠，我是爱你的，因为爱你，才遭遇今日这大祸。"（"我今为尔得罪"）语气真诚而平静。也许他只是想表明自己爱得深沉的心迹，也许他是想诉说自己

伦素庸下，无智策，复受制于秀，秀之威权振于朝廷，天下皆事秀而无求于伦。秀起自琅邪小吏，累官于赵国，以谄媚自达。既执机衡，遂恣其奸谋，多杀忠良，以逞私欲。（《晋书·列传第二十九》）

无法言说的委屈,也许他只是单纯地想说明今日之事的缘由,但说出去的话,如同泼出去的水,覆水难收。

绿珠接收到了石崇传达出来的信息,不管是哪一种,在她这里,都理解成一句:我石崇为你而大难临头,你将如何报答我?

是的,是报答。绿珠想到的只有报答,于是她边哭泣边幽幽地说道:"那我今天就死,死在你的前面,算是对你的报答。"("当效死于官前")随后擦干眼泪,将衣服和发髻一一整理好,乘人不备,一个纵身,就从高高的以她的名字命名的绿珠楼上跳了下去。瞬间,血迹染红了楼下的碧草。

清朝诗人梅庚在《落梅》一诗中写道:"背城花坞得春迟,冻雀衔残尚未知。闻说绿珠殊绝世,我来偏见坠楼时。"

这一跳,势如闪电,只一瞬,石崇想要拉住她,却只来得及扯下她的一角衣袖,未能抱住她温暖如玉的娇躯。

这一跳,惊心动魄,一眨眼,娇笑女子顿成血肉污迹一片,天人永隔,永不相见。

这一跳,惊世骇俗,一纵身,久经战斗的士兵们为之一震,想不到世间还有如此刚烈的家伎;石崇更是呆若木鸡,七分魂魄吓丢了五分,他喃喃自语:"我没让你死啊,他们抓住我,最多不过是判处我流放蛮荒之地罢了,你又何必这样?"("吾不过流徙交、广耳")说完,潸然泪下。

这一跳,流芳千古,回首间,她爱过的人,她待过的楼,她留恋的尘世,她拥有的爱情,都如过眼浮云,倏忽而来,倏忽而去。风流总被雨打风吹去。

"辞君去君终不忍,徒劳掩袂伤铅粉。百年离别在高楼,一旦红颜为君尽。"绿珠死了,于是,世间流传着她和石崇缠绵悱恻、哀婉凄美的爱情故事。

刹那惊艳，终身遗憾

相逢一醉是前缘。醉人的是三千弱水中的一瓢饮，更是相遇相识的注定缘分。故而，中国古代十大爱情故事中，无论是卓文君、刘兰芝、祝英台、乐昌公主、崔莺莺和唐婉这些人间真情中的美貌痴心女子，还是嫦娥、织女、七仙女和白娘子这些仙界、妖界中身怀异术的聪慧奇异女子，无一例外地都心甘情愿陷入爱情的汪洋恣肆中，足见爱之深、情之惑。反观那些爱情传奇中的男主角，则或多或少地屈从于种种习俗和压力，甚至本身就是爱情的质疑者和背叛者，足见爱之浅、情之惰。然而，为何自古以来总有那么多痴男怨女身不由己地投身其中并身体力行地践行着爱恨情仇的悲喜剧？无疑，爱情是人类所有情感中最美好的一种，它让人喜悦和陶醉，给人温暖和慰藉，让人们在青春美好的时光里享受世间无比的甜蜜和美妙。所谓有情饮水饱，美好的爱情值得人们大胆地、永久地追求。

只是，为爱奋不顾身的女子，记得好好保护自己。同男子一样，你的生命亦独特、亦美丽，不要为了刹那的惊艳，留下终身的遗憾，就如中国古代十大爱情悲剧中女主角们，就如金谷园里的"西晋第一美女"绿珠。

想当初，前来索爱猎艳的王公贵族多如过江之鲫，绿珠心仪的却是儒雅风流的石崇，尽管他已到大叔的年纪；看今日，金谷园里花团锦簇的莺莺燕燕如狂蜂浪蝶，争宠不休，石崇另眼相看的却是多情忠贞的绿珠，尽管她出身低微。若说他们之间有情愫，只取一瓢饮，便是爱情。遗憾的是，这爱情，同样逃不过幻灭的悲剧，结束爱情的，正是绿珠凄凉而决绝的跳楼自尽。

绝世美女绿珠纵身一跳,留下她的主人兼情郎石崇孤零零地面对孙秀的张牙舞爪。不久,石崇就被押赴洛阳东市的刑场,临刑前,石崇似乎看清楚了整件祸事的本质,他感叹地说:"你们这些人,看重的不过是我家的财产啊。"("奴辈利吾家财")行刑人冷笑一声,回答他:"你知道自己是因为财产被害的,为什么不早些把财产散去呢?"("知财致害,何不早散之")石崇不语。他回答不上来,也不愿直面这个问题,毕竟,他很快就要到另一个世界和先行一步的绿珠重逢。巧合的是,石崇并不知道好友潘岳的情况,他被押赴刑场,后来潘岳也被押送过来。石崇对潘岳说:"安仁,你也这样了吗?"潘岳回答道:"可以说是'白首同所归'。"原来,当初潘岳在《金谷集》的诗中写道:"投分寄石友,白首同所归。"没想到他和石崇果然"同所归",一同被害,可谓一语成谶。

这一年,石崇52岁,还是风度翩翩的成熟大叔模样。他的母亲、兄长、妻子、儿女,无论长幼,总共15人,都被杀害。可谓满门抄斩。正应了那句颠扑不破的谶语般的名言:眼看他起朱楼,眼看他宴宾客,眼看他楼塌了。

名噪一时的一代西晋富豪,就此淹没于历史的尘埃中。他临死前才明白,孙秀真正图谋的是他的财富王国,绿珠只是一个漂亮的借口和小小的导火索,无论是否把绿珠送给孙秀,孙秀都不会放过他。绿珠死后,他才明白,之前只是将这个歌女当作珍惜的宝贝,当作炫耀的珍宝,而她,却将他当作天,当作地,当作爱人,当作恩人,当作终身的依靠。

可惜,这依靠不牢靠,因为这本是一份不对等的爱情。爱情,确实是存在的。彼时,郎有才,温文尔雅;妾有貌,美艳动人；郎有财，一掷千金，基本的生活保障和奢侈的人间享受都可以维持；妾有艺，能歌善舞，高雅的生活情趣和装点门面的本事也不缺。如此一对璧人，一见钟情是难免的，石崇动用重金——十斛珍珠为绿珠赎身，想必也是对这个小歌女用了真情。

爱情，是真真美好的。石崇并非处处留情、拈花惹草之人。身为西晋有名的"官二代"和"富二代"，每天萦绕在他身边的美女众多，他看不上这些莺莺燕燕，唯独对绿珠一人一往情深，甚至为了绿珠，不惜得罪当朝权贵孙秀，这可是冒着极大风险的。即便镇定如石崇，也害怕孙秀恼羞成怒来报复，事后也是紧急寻找靠山（淮南王司马允等）来帮忙，可惜靠山也倒了。

相信爱情，相信美好的爱情就是这样：一见钟情，两情相悦，忠贞不贰，互相映照。他们保持着生命中美好的样子，金谷园花开花谢，燕子做证，繁花亦可见证。

然则，美貌抵不过金钱，金钱抵不过权力，权力抵不过人性。相信爱情，抵不过相信爱情是有不平等之处的；相信爱情的不平等之处，抵不过相信爱情是会幻灭的。

以爱之名，与爱无关

以爱之名，撕开人性真相

爱情的本质是什么，是个见仁见智的话题。美国思想家、文学家爱默生从自我价值的角度阐释爱情，他说："说到底，爱情就是一个人的自我价值在别人身上的反映。"无疑，西晋首富石崇和美貌歌女绿珠之间产生的美好爱情是令人钦羡、值得赞颂的，他们各自的价值在对方眼中散发着独特的魅力，所谓我需要的，你正好有。

在洛阳时，石崇曾与王敦一起到西晋的最高学府太学游览，看到颜回、原宪的画像，石崇感叹说："如果能和他们一起登上孔子的厅堂做弟子，那么和这些人又怎么会有差别呢？"王敦说："不知道孔子的其他弟子怎么样，我看子贡和你比较相像。"石崇神色严肃地说："大丈夫当生活舒适，名位安稳，为什么一定要甘愿贫寒呢？"王敦本意是讥讽石崇像子贡一样追逐钱财，石崇则表示大丈夫既要钱财，也要社会地位和声誉。《世说新语》和《晋书·列传第三》均记载了此事，"士当令身名俱泰"，"其立意类此"，石崇的终身追求和理想大致如此。

父亲石苞临终时将家产分给儿子们，唯独没有给小儿子石崇留下财产，石崇母亲不解其意，石苞说："这个孩子虽然小，但他以后肯定能自己挣到这些。"果不其然，日后的石崇从一个净身出户的穷光蛋成长为西晋著名的富豪，其豪奢程度与皇亲国戚相比亦毫不逊色，《晋书》中曾提到"财产丰积，室宇宏丽。后房百数，皆曳纨绣，珥金翠。丝竹尽当时之选，庖膳穷水陆之珍。与贵戚王恺、羊琇之徒以奢靡相尚。"石崇曾担任南中郎将、荆州刺史，领南蛮校

崇字季伦，生于青州，故小名齐奴。少敏惠，勇而有谋。苞临终，分财物与诸子，独不及崇。其母以为言，苞曰："此儿虽小，后自能得。"（《晋书·列传第三》）

尉，加鹰扬将军，后复拜卫尉。在皇后贾南风把持朝政时，他"与潘岳谄事贾谧。谧与之亲善，号曰'二十四友'"。其仕途一片光明。大丈夫当身名俱泰，石崇确实做到了。

情人眼里出西施。在涉世未深的歌女绿珠眼里，石崇满足了她对男人高大美好形象的一切幻想，她爱上石崇是必然的，这是少女对大叔的爱情，溢满崇拜欣赏的爱意；也是家伎对主人的爱情，他丰厚的家产能带给她生活的安全感；还是知音相惜的爱情，石崇虽是暴发户，但他雅致的生活情趣和较高的文学素养，与绿珠的音乐才能相得益彰。甜蜜的爱情中，有共同语言的"懂你"元素不可或缺。

佳人难再得。在石崇眼中，绿珠是个极其难得的谈情说爱对象。她的美艳愉悦了他的身体，她的才艺安抚了他的灵魂，她的爱慕增强了他的自信，她的盛名更满足了他作为一个男性胜利者的虚荣心和面子。得此佳人，爱上她、回应她、宠溺她，也是必然的。郎有情妾有意，两情相悦、才子佳人的爱情大戏便在洛阳的金谷园中轰轰烈烈地上演了。

金风玉露一相逢，便胜却人间无数，是爱情；问世间情为何物，直教人生死相许，也是爱情。前者是所有爱情的开始，后者是大多数爱情的结局。金谷园中，绿珠楼上，绿珠用她毅然决然的纵身一跳，为一场短暂爱情的悲剧结局做了注解，也撕开了爱情和人性的真相。

石崇和绿珠从一开始就是一场地位不对等爱情游戏中的男女双方，两人精神上情投意合的爱情表象掩盖不住现实生活中主仆关系的本质。仆人是主人卑微的依附品和追慕者；主人掌握生杀予夺的游戏主动权，他可继续游戏，亦可终止，只要他愿意。这便是不对等爱情游戏的真相。

石崇和绿珠，一个是同皇帝的舅舅王恺斗富都毫不畏惧的西晋首富，一个是靠卖艺为生的底层歌伎，他们之间，可以有爱情，却不能有势均力敌的保护。事实上，自从石崇花费重金买下绿珠之后，他们的一见钟情，就变为一种保护与被保护的关系，也可以说是主仆关系。仆人无条件服从主人，主人为仆人提供一切吃穿用度和生命安全。要说保护，只能是强势的一方石崇充当绿珠守护神的角色。故而，在孙秀派人来索要绿珠时，石崇可以大手一挥：绿珠，你什么都不用管，我来处理就好了。故而，在手执武器的兵士将金谷园围成铁桶时，石崇可以理直气壮地责问绿珠：看看，都是因为你，我才得罪孙秀，落得今天这个下场。

试问，在这场爱情游戏中，绿珠有保护石崇的能力吗？说没有，是因为她一个弱女子确实不能左右时局发展，她无钱无权，更无显赫的家世可以依靠；说有，是因为她虽低贱，无法拯救石崇于水火之中，却还有贱命一条。这条贱命，可以给孙秀，假如如此危急时刻还管用的话。但刚烈的她不会去委身孙秀，这样的话，她和石崇的爱情，还存在吗？于是，她选择将这条贱命还给恩主兼情人石崇。为他卖艺、卖色、卖身还不够，还需要为他卖命，以报答他的保护的恩情。何其悲凉！香消玉殒，是不平等爱情的悲情注脚。

"百年离别在高楼，一旦红颜为君尽。"表面琴瑟和鸣、如胶似漆的爱情，实则是不能白首、不能同甘共苦、不能提对等要求的爱情。于石崇而言，对这爱情的态度和处理再正常不过，绿珠给过他无数次的惊艳，初次见面的天生丽质，金谷园里的明眸善睐，甚至为他而死的纵身一跃，都是专属于绿珠独有的惊艳；于绿珠而言，这刹那惊艳，却也是她终身的遗憾。因为，她的爱情幻灭了。

少女绿珠是聪慧的，从恋上儒雅富商石崇那一刻起，她未必不清楚自己的出身和地位无法和另一半相提并论。只是少女的心是纯净的，觉得只要两人相悦，他有才有钱，她有貌有情，两人至少在感情上是真挚的、对等的；然而，来到金谷园，见惯秋月春风，常将歌舞借人看，她便慢慢懂得自己的处境，自己不过是他园中佳丽里最艳的、最有价值的，其他的，别无所长。将爱情的不平等之处看明白，她也就降低期望值，虽然两人是主仆关系，但只要两人心心相爱，就此白头偕老也是可以实现的，至少比其他歌女人老珠黄被人遗弃强。

爱情是美好的，也是现实的。绿珠的爱情之路，从"情不知所起，一往而深"走到卖艺、卖身的依附关系，实属无奈。残酷的现实使得她的委曲求全变得如此艰难，直到她听见情郎的那句话："我今为尔得罪。"美好的爱情、现实的爱情、委屈的爱情、艰难的爱情，至此，统统消失。因为，她要为之付出宝贵的、每个人只有一次的生命了。幻灭的爱情成为压倒这个可怜女子的最后一根稻草，轻轻的一句话，击倒了她所有的人生梦想。

未能与爱人共度余生，是人生的遗憾；小心翼翼维护的感情，抵不过一句轻轻的埋怨，是爱情的遗憾。

哀莫大于心死。心死的绿珠将眼泪还给石崇，将娇躯还给天地，将爱的甜蜜珍藏心间。

所谓的爱情，只适合生长在风和日丽之时，稍遇风暴，便首先把痴迷爱情的女人推上前台。本质上，这是红颜祸水的另类阐释。

若说情绪管理能力被称为情商，智力商数称作智商，那么管理爱情的能力，则应称作爱商。爱商欠缺的女人，容易做傻事。自认为做得感天动地，不料成为别人的马前卒和替死鬼。无论是绿珠，还是杨贵妃，在纵身一跃前，在把头伸向三尺白绫前，可曾回头看过，看一看曾经相爱的情郎。或许他会流泪、会痛惜，但绝对不会停止前进的脚步，女人于他们，只是一个挡箭牌、替罪羊，或者仅仅是件衣服。可怜的绿珠和杨贵妃们，却为此付出生命的代价。

以爱情的名义牺牲女人的男人们，同样没有好下场。石崇在绿珠跳楼后不久就被押赴刑场处死，连累全家十五口人一起遇难。唐玄宗在赐死杨贵妃后，感情上被思念和内疚折磨，勉力维护的皇位也没保住。随着太子李亨在甘肃灵武宣布登基，李隆基，一代圣主，被架空权力，沦为太上皇，也成为事实上的孤家寡人，直到6年后，在孤独寂寥的神龙殿中病死。

石崇一生都是努力寻找各种发展机会的投机分子，经济上依靠劫掠过路商客而大发横财，惹得各路人马眼红，包括出身贫寒的孙秀；政治上仰仗贾氏集团的庇护，贾谧被杀后，他和潘岳、欧阳建等人准备联合淮南王司马允扳倒司马伦和孙秀，可惜事败被杀。可以说，石崇之死是财富和政治惹的祸。但当孙秀派来的士兵破门而入时，石崇对绿珠说："我今为尔得罪。"李隆基统治后期，沉溺享乐，懒政昏聩，致使安史之乱爆发。马嵬坡前陈玄礼的士兵哗变，要亲眼看到杨贵妃死去才肯离去，李隆基却"君王掩面救不得"，他知道自己九五之尊的龙体更重要。

绚丽浪漫的爱情、缠绵悱恻的情愫终究抵不过现实困境中的利益盘算，不对等的爱情中，牺牲的永远是地位卑微的一方，多数为女人。柔弱的女子刚烈、决绝，怀着爱

崇颖悟有才气，而任侠无行检。在荆州，劫远使商客，致富不赀。（《晋书·列传第三》）

的憧憬或绝望毅然决然去赴死；强大的男人自私、懦弱，一句"爱莫能助"后继续心安理得地活着。

果然，人性经不住考验，爱情或为美好传说。

困在身份里：看得见的浪漫，看不见的傲慢

魏晋是个自我意识逐渐觉醒的时代，以竹林七贤为代表的一些知识分子提出，越名教而任自然，鼓励人们摆脱礼教束缚率性而为。在这一较为宽松的思想影响下，彼时的社会风气较为开放，儒家伦理的礼教约束相对来说不那么严格，反映在传统夫妻之间相处、表达爱意敬意上，其大胆亲昵的言行举止，与现代社会讲究浪漫情调的情侣相比，丝毫不逊色。史料详细记载了魏晋士人在夫妻相处时不经意间流露出的浪漫做派，其中王戎、韩寿、何曾、潘岳、王浑等五人表现得最为突出，可谓魏晋士人秀恩爱的典范。

竹林七贤之一的王戎，其妻子常常称呼王戎为卿。王戎说："妻子称丈夫为卿，在礼节上算作不敬重，以后不要再这样称呼了。"妻子说："亲卿爱卿，因此称卿为卿；我不称卿为卿，谁该称卿为卿！"王戎见她讲得头头是道，索性任凭她这样称呼。后来表示情侣间亲热无间时常用的成语"卿卿我我"即出自此处。按照礼法，夫妻之间应相敬如宾，女子对男子毕恭毕敬，王戎的妻子却认为夫妻之间应相亲相爱，不用讲客套话。有爱意，就大胆说出来，称

卿为卿,王妻这种不拘礼法的称呼可谓浪漫的宣言。

西晋文学家潘岳从小便受到很好的文学熏陶,聪明有才情,人称奇童。清秀的他长大后更是出落得风度翩翩,被人称为古代第一美男,据《晋书》记载,美姿仪的潘岳每次出门,都被慕名前来目睹他俊朗风采的妇人们团团围住,不仅如此,她们还一边对他发出啧啧称奇之声,一边向潘岳所坐的车上扔水果,以期得到美男子的青睐,不一会儿,车子就被妇女们的水果装满了。由此,潘岳给中国文学史贡献了一个叫作"掷果盈车"的典故。

按说美男子潘岳身边美人环绕,情感应不寂寞,他偏偏是个对妻子用情最深之人。潘岳在《怀旧赋》中写道:"余十二而获见父友东武戴侯杨君。始见知名,遂申之为婚姻。"潘岳和妻子杨氏12岁时就相识,杨氏因病去世时,潘岳将近50岁,30多年的相濡以沫,留给潘岳太多充满温暖与痴情的回忆。他哀从心来,挥笔写下著名的《悼亡诗》系列,其被认为开了中国文学史悼亡诗的先河。"如彼翰林鸟,双栖一朝只。如彼游川鱼,比目中路析。"寥寥数语,将一个至性至情的痴心男子的情感表达得淋漓尽致,情深意切思念的背后,是对浪漫爱情的肯定,乃另类秀恩爱。

太傅何曾是西晋有名的至孝之人,亦闺门整肃,自小到大并没有什么不良嗜好,年老之后,与妻子相见,他必须穿戴整齐,与妻子相敬如宾。他面向南,妻子面向北,两人相互敬酒,吃完饭他便出来,一年中这样隆重的相见有三四次。相敬如宾本是传统礼教要求的夫妻相处之道,但何曾将它举行得如此郑重其事,满满的仪式感亦可谓秀恩爱的行为艺术。

司徒王浑稳重而有雅量,他的妻子钟琰是魏国太傅钟繇的曾孙女。钟夫人"美容止，善啸咏，礼仪法度为中表所则"，嫁给王浑后，她生下儿子王济。有一次王浑和妻子闲坐，儿子王济正好从院子中走过，王浑看着一表人才的儿子，高兴地说："有如此出色的儿子，足以抚慰我的心了。"钟琰笑着回敬道："若我嫁给王参军，生的儿子也不会比这个差。"王参军，是王浑的弟弟王沦。钟夫人虽然行为礼仪皆按法度做得中规中矩，但夫妻二人私下相处中，她也不忘委婉地打击一下丈夫的自负，夫妻之间的拌嘴调侃并无恶意，不伤感情的调皮兼具活泼的浪漫气息扑面而来。

名士清雅如王戎，可以接受妻子不合礼法的称呼，对妻子宽容和亲昵，因为这是与他组建家庭、生儿育女的女子；才华横溢如潘岳，对同样出身官宦家庭的妻子情深义重，他大约是历史上第一个为亡妻写诗的文学家，妻子是与他患难与共、相濡以沫的知音女子；穷奢极欲如太傅何曾，对妻子敬重有加，不厌其烦的仪式表演是他尊重婚姻伴侣的见证；官至司徒的王浑，对妻子委婉的调侃不以为意，钟琰敢于大胆揶揄丈夫的底气来自她卓越的见识和高贵的门第。无一例外，他们的秀恩爱，秀的是明媒正娶的夫妻之间的浪漫情趣，情趣的背后是他们对婚姻伴侣的珍爱尊重；这份爱和尊重源自他们是同一阶层的人：年龄、地位、财力、教育、三观相差无几，他们是同一类人。

这一类人里，还有石崇。石崇乃开国元勋之后，有名士清雅，英俊外表，文采斐然，富甲天下，仕途远大，他和王戎（琅琊王氏出身）、韩寿（贾充的女婿）、潘岳（文学家）、何曾（西晋开国元勋）、王浑（太原王氏出身）一样，属于身名俱泰的中上官僚阶层，他的妻子自然不脱离这个圈子。石崇的妻子苏氏是扶风武功人，祖父苏则三国时被赐爵关内侯,征拜侍中,以正直闻名,著名的"苏则之膝,非佞人之枕也"就是他说的。《三国志》记有《苏则传》。苏则的儿子苏愉在西晋曾任尚书、太常光禄大夫。苏愉的儿子苏绍文采出众,《世说新语·品藻篇》记载,谢安说金谷园游宴众贤中苏绍是最优秀的,苏绍的妹妹苏氏便是石崇的妻子,金谷园正牌的女主人。毫无疑问,石崇与苏氏同属有身份、有地位、有名望的同一阶层中人。这个阶层的人,对待身份不如自己的女人,眼里全是傲慢与偏见。

如前文所述,出身太原王氏的司徒王浑,面对妻子钟琰(魏国太傅钟繇的曾孙女)逾越礼法的调侃,没有丝毫不满和怨言。但在妻子钟琰去世后,他娶后妻时,阶层的傲慢与偏见便暴露无遗。王浑的后妻是琅琊国颜家的女儿。王浑当时担任徐州刺史,颜氏行完交拜礼。王浑刚要答拜,旁边观看的人都说:"王侯(王浑袭父爵为京陵侯)是州将,新娘子是本州百姓,(身份不对等)恐怕没有理由答拜。"王浑听后,便不答拜。王浑的儿子王武子认为自己的父亲不答拜,就是没有与颜氏成婚,恐怕不能算作夫妻,因此也就不拜后母,只称呼颜氏为颜妾。颜氏深以为耻,但因为王浑家门第高贵,她终究不敢离婚。事见《世说新语·尤悔篇》。

身为平民的颜氏,在婚姻中尚且要承受官僚阶级的傲慢和羞辱,绿珠属于最低贱的底层歌女,身份连平民都不如,她和石崇的爱情尚且千疮百孔,更遑论婚姻和未来。

石崇和绿珠,一个是鼎鼎有名的官二代,出身名门,一个是寄人篱下的小歌女,出身贫寒,他们之间,可以有爱情,不可以有婚姻。不说父母之命、媒妁之言的制约,单单是身份的局限、世俗的偏见,即可将绿珠的豪门婚姻之梦敲碎。她只能作为石崇的家伎和情人出现,而不是光明正大的正妻。而石崇，为了繁衍子嗣，家里养的小妾必定众多，不独有绿珠这一个，尽管她是他的最爱。门第，将爱情撕裂一个伤口。阶层，始终是难以逾越的藩篱。金谷园中绿珠的纵身一跃，未尝不是一个底层女子对身份和未来的绝望与呐喊。

与爱无关：当女人成为战利品

"向来金谷友，至此散如云。却是娉婷者，楼前不负君。"宋末文坛领袖、诗人刘克庄在《杂咏·绿珠》诗中写道。当孙秀的使者一再索要歌女绿珠时，石崇勃然大怒道："绿珠吾所爱，不可得也。"这是《晋书》记载的石崇唯一一次爱的表达，想必绿珠也听到了。故而，当石崇所依附的贾谧被诛之后，昔日繁华喧嚣的金谷园中的红男绿女，皆星流云散各寻前程，唯有绿珠用血淋淋的生命回报石崇的情意。在传统文人士大夫看来，绿珠之死是一介女流重情意、有气节的表现，值得大书特书，以便后世天下女性以她为榜样为爱牺牲。倘若绿珠不死，落入孙秀手中，命运如何呢？

《晋书·列女传》中几位女子的遭遇或可暗示不跳楼的绿珠的结局。

贾浑，籍贯未知，西晋太安年中担任介休令，匈奴人刘渊作乱，派其部将乔晞攻陷介休，贾浑坚持抵抗不投降，说："我是晋朝的官员，不能保全一方国土，岂能苟且求生侍奉外族贼人？将来还有什么脸面活在人世间！"乔晞暴怒，贾浑遇害。贾浑的妻子宗氏，也不知是什么地方的人，颇有姿色，乔晞看到后想霸占她，宗氏大骂道："屠各奴！岂有害死人家丈夫还想对妻子行无礼之事的？你安心吗？何不快快杀了我！"说罢仰天大哭。乔晞于是杀了她，宗氏时年20多岁。

梁纬的妻子辛氏，是陇西狄道人。梁纬在西晋朝廷担任散骑常侍一职，西都长安陷落后，被刘渊的养子刘曜杀死。辛氏容貌美丽，刘曜想娶她为妻，辛氏坐在地上放声大哭，随后她仰起头对刘曜说："我听说男人因为大义壮烈牺牲，妻子不可以再嫁。我的丈夫已死，我没有理由独自存活。况且看着妇人再嫁受辱，明公您怎能安心呢？乞求赐我一死，我到地底下侍奉公婆去。"说完号哭不已。刘曜说："真乃贞妇，听她的吧。"辛氏自缢而死，刘曜以礼葬之。

许延的妻子杜氏，不知何地人也。许延为益州别驾，被成汉国的宗室大臣李骧所害。李骧想纳杜氏为妻，杜氏守着丈夫的尸首放声大哭，她大骂李骧道："你们这些逆贼不走正道，死有先后，我乃杜家的女儿，怎能做逆贼的妻子！"李骧大怒，害死杜氏。

晋朝时有个叫尹虞的人，有两个女儿，是今湖南长沙人。尹虞之前担任过始兴的太守，后来起兵征讨杜弢，不料却战败。尹虞的两个女儿被杜弢俘虏，因为她们长得天姿国色，杜弢想逼迫她们为妻，两个女儿却说："我们的父亲是有着两千石俸禄的大臣，我们终究是不会做贼人的妻子的。唯有求死而已。"于是，她们两个一起被杜弢杀害了。

十六国时期，汉赵的外戚大臣靳准发动政变，屠杀了在平阳的汉赵刘氏皇族，后来刘曜领兵攻入平阳，灭了靳氏家族。靳准的堂弟靳康有一个女儿，长得非常漂亮，而且很有志气节操。刘曜诛杀靳氏时，想纳靳康的女儿为妾，靳氏女说："陛下您杀了我的父母兄弟，又让我做妾。我听说诛杀忤逆之人，连房屋树木都要毁掉，何况是其子女呢?"因此她哭泣着求死。刘曜可怜她，就赦免了靳康的一个儿子的性命。

《晋书·列女传》中记载的她们和绿珠境遇相似，共同点在于：一是生活遭遇大劫难，或国破，或家亡，女子成为俘虏；二是美貌的女俘被敌方看中；三是女子激烈反抗，遇害；四是女子赴死的理由大同小异，贞节和身份是关键。国破家亡、异族入侵之际，一群手无寸铁的女子成为敌对方的战利品。她们本有生存下去的资本，美貌是她们换取自由的筹码，但她们宁愿勇敢地死，而不愿苟且偷生。她们誓死捍卫的，除了自己忠贞的气节，还有夫家、父家的脸面和荣誉。绿珠之后还有绿珠，她们是散落在晋朝不同时空中的绿珠。

然则，她们与绿珠又不同，绿珠只是卑贱如草芥的歌女，为自己心中神圣的爱情信念（如果有的话）而死，自然，她是没有资格跻身《列女传》的，只能憋憋屈屈地将名与事挤压在主人石崇的生平里。而列女们的牺牲，是为传统礼教赋予的女性价值观和自己的阶级身份而死，与爱或许无关。

在男性主导的争夺资源的战争中，绿珠之流的女性不幸成为战利品，美貌的、有生育能力的可以有机会生存下来，姿色一般的、无生育能力的有可能被屠戮殆尽。女性被当作物品来评估，依照动物属性的品相和交配功能来优胜劣汰，这是弱势群体的悲剧，更是全社会的悲哀。

活成丰碑:被侮辱与被损害的

无可奈何花落去,似曾相识燕归来。传统社会中,遭遇时代洪流碾轧和男性威逼利诱时,类似绿珠之流的底层妇女的抗争从未停止。当全社会都戴着有色眼镜准备看这些被侮辱与被损害的女人笑话时,她们瞅准机会,将自己活成一座座丰碑。

二十五史的列女传中,与学识才气高的士大夫女性形成鲜明对比的,是那些所谓的贱民女性——娼家女。史书中这类妇女虽然不多,其事迹却充满杀身成仁的悲壮色彩,同样令人敬佩。她们是封建社会中被污辱和被损害的妇女的气节代表。

《金史》记载了一位妓女的事迹。天兴元年(公元1232年),元军攻打金国的一座城池,双方激战正酣,城门楼上的金兵突然看见一位女子站在下面,她大声疾呼道:“我是妓女张凤奴,许州城被攻破,我成为俘虏,被押送至此。这些元兵过不了几天就会退去,诸君一定要为国坚守城池,不要被他们的气势给欺骗了。”说完,她纵身一跃,跳入护城河淹死了。张凤奴的事迹被上报后,金国朝廷特意派遣使者,在城池的西门祭奠她。两年后,金国被元军灭亡。张凤奴成为《金史·列女传》中最后一位被记载的女子。

《宋史》中关于娼家女的记载有两例。第一例是郝节娥。她本是嘉州一个娼家的女儿,5岁时,她的母亲苦于贫困,将她卖给洪雅一户平民人家做养女。等她长到15岁左右,母亲看到她出落得亭亭玉立,便把她要了回来,想逼她从娼挣钱,无奈郝节娥坚决不从。母亲每天都逼她,她回应道："我从小在良家长大，学会了纺线针织等女红，非但如此，我做的活还相当精巧，很受欢迎。有了这手艺，我供养母亲朝夕的吃穿应该没什么问题。从此我们母女就过良家女子的生活，可以吗?"母亲听后越发愤怒，拿出鞭子，对她又打又骂。然而，郝节娥并未屈服。

一计不成，她的母亲又生一计。洪雅的春天有祭祀蚕神的活动，母亲便与乡里的一个少年商量好，借口参加祭祀，邀请郝节娥和母亲一同前来吃饭。母女两人到达后，郝节娥看见少年顿觉不妙，仓皇间转身就要走，谁知母亲紧紧拽住她不放。不得已，郝节娥只得留下来，没有丝毫食欲，一副昏昏欲睡的样子。即使被强迫饮酒，也立刻呕吐不止，弄得满身都是污秽。乡里的那个少年始终得不到侵凌她的机会，恨恨不已。晚上回家，路过鸡鸣渡，郝节娥寻思着，今天这事躲过去了，他日则未必能解脱。她假装自己口渴要喝水，寻机跳江而死。有感于她的节义，乡里人称呼她为"节娥"。

第二例是毛惜惜，她是高邮的一名妓女。宋端平二年（公元1235年），别将荣全率众叛变，朝廷的制置使派人以武翼郎招安他。荣全假装投降，心里却想杀掉使者，他与同党王安等人宴饮，毛惜惜被安排在宴席上伺候，但她不愿意为他们服务，深以为耻。王安斥责她，她回敬道："当初听说太尉（荣全）投降，我还准备祝贺他，如今他闭门不纳使者，在宴会上纵酒不法，这是故意挑衅的叛逆行为。我虽然是一名卑贱的妓女，但也不愿侍候叛臣。"荣全听后大怒，将毛惜惜杀害。过了三天，荣全被擒获并斩杀，其妻子、王安以及手下一百多人悉数伏法。

张凤奴、郝节娥、毛惜惜，可谓列女传中的异数，她们或出身娼家，或者本身就是妓女，与传统儒家伦理中所表彰的女性角色严重不符，但鉴于她们不畏强权，为捍卫尊严而死的节操，史家还是将她们的事迹秉笔直书在汗青上。

值得注意的是，这三人的传记出现在《金史》和《宋史》上，这两部史书的主导者、撰写者恰恰都是蒙古族宰相、元代的脱脱。在脱脱之前，列女传中可以有结婚多次的女性，如蔡文姬等，但绝对没有妓女；在脱脱之后，列女传重视贞洁的倾向越发严重，妓女的形象更不可能出现。故而，这三人可谓正史列女传中硕果仅存的另类人物，而脱脱此举，显得尤为空前绝后。大约因为他是少数民族，相较于传统汉族儒家，他观念中的礼制思想包袱不是那么正统和古板。

于绿珠而言，其出身、职业与遭遇，与上述三人大致相同，同属被侮辱与被损害的女子代表，若有幸由脱脱写传，她的故事，会是什么版本呢？

结语

美好的爱情长什么样？是一个人想到另一个人，嘴角不自觉地上扬；是一个人看到另一个人，眼中有光，内心雀跃；是一个人拥抱另一个人，欢喜在人间，灵魂在天堂。

英国作家王尔德在小说《道林·格雷的画像》中有言："漂亮的脸蛋太多，有趣的灵魂太少。"真正的爱情乃情人眼里出西施，漂亮的不仅是脸蛋，还有琴瑟和鸣的有趣灵魂。爱情游戏追求懂你的含蓄与朦胧，也要求对等交流的话语权。不对等的游戏，落败的总是地位卑微的一方；不对等的游戏，表面再光鲜与堂皇，也掩饰不住骨子里的傲慢与偏见。

"最可怪的，女子的心理，总偏重于白头偕老；男子的心理，则多是弃旧迎新。由此演出的痛苦，真正是罄笔难书了。"❶教育家陈东原如是说。从远古神话、民间传说到历史真实故事，一路走来的美丽痴情女子用鲜血和眼泪告诉我们，想要拥有一份完美的爱情是多么不容易，因其不易，当你遇到真正的有缘人，定要好好珍惜、呵护。

然则，现实的残酷总多于如意，二人世界的爱情娇嫩得如同温室的花朵，任何风吹草动都可能使它夭折。它必要经历来自世俗的压力，譬如蛮横长辈的阻挠、腹黑情敌的陷害；来自命运的折磨，譬如生活的变故、时代的捉弄；更重要的是，它

---

❶《中国妇女生活史》，陈东原著，商务印书馆，2017年12月版，第8页。

必要经历来自人性的考验，譬如男人的犹疑和背叛。数不清的爱情悲剧里，负心的男人比比皆是。故，必须擦亮眼睛，看清周围，看清人性，即便要殉情，也要看是否值得。

爱情的甜蜜与美好，怎么赞美都不为过，值得女人倾情付出；但爱情不是人生的全部，卑微的爱，不对等的爱，太过昂贵的爱，变质的爱，不要也罢，不值得以生命的代价去换取。

爱情可以盲目，但女人不可盲目。真要为爱献祭，也得问自己一声：此生为何而来，又为何而去？生命只为一人而活吗？

尾声

最是人间留不住，朱颜辞镜花辞树。

绿珠跳楼530多年后的一天，唐朝的一位诗人游历到了洛阳。路过金谷园时，已是日暮时分。但见昔日的名园已是杂草荒芜，没有人烟，野生动物间或从绿草丛中惊奔而逃，西晋富豪石崇以大手笔打造的恢宏壮丽全然不见，觞筹唱和的雅士丽人也早已杳无踪迹。凄凉的景象唤起诗人对繁华往事的无限追忆和情思。顿时，思如泉涌，两句诗词跳跃在他脑海中："繁华事散逐香尘，流水无情草自春。"

忽然，树上传来鸟儿的鸣叫声，在空寂辽阔的废园里显得更加悲切。一阵东风吹来，树上枝头的花瓣飘下一片片，晃晃悠悠，零落到地上，悄无声息。日暮、鸟鸣、东风、落花，让诗人产生错觉，恍惚间，似看见一丽人正款款而来，眉目清秀，嘴角含笑，楚楚动人。"日暮东风怨啼鸟，落花犹似坠楼人。"诗人不禁脱口而出，将这首命名为《金谷园》的诗句补充完整。这位诗人，就是人称"小杜甫"的杜牧。

可怜金谷坠楼人。这，大约就是男人眼中的爱情。

1300多年后的一天，清朝小说家曹雪芹写就一部传奇之作——《红楼梦》。在书中，他借女主人公林黛玉之口，吟出一首《咏绿珠》："瓦砾明珠一例抛，何曾石尉重娇娆？都缘顽福前生造，更有同归慰寂寥。"

千百年来无数文人墨客都在赞颂绿珠的刚烈和知恩图报，赞颂她没有辜负石崇的珍爱，譬如唐代诗人汪遵说："大抵花颜最怕秋，南家歌歇北家愁。从来几许如君貌，不肯如君坠玉楼。"譬如南宋词人刘克庄曰："向来金谷友，至此散如云。却是娉婷者，楼前不负君。"

不曾有人想到，孤苦寂寞、寄人篱下、仰人鼻息的林黛玉，羡慕的竟是绿珠和石崇可以一起赴死，不求同年同月同日生，但求同年同月同日死。和心爱的人死在一起，不再孤独寂寞，大约是有福气的事！林黛玉幽幽叹道。

更有同归慰寂寥。这，大约就是女人眼中的爱情。

——本章完——

顧誠素之先達
解玉珮以要之

谢道韫：

才华馥比仙，气质美如兰

引子

中国古典小说的巅峰之作《红楼梦》第五回"贾宝玉神游太虚境，警幻仙曲演红楼梦"具有揭示全书人物命运的主旨意义，其"金陵十二钗正册判词"曰："可叹停机德，堪怜咏絮才。玉带林中挂，金簪雪里埋。"这里，"玉带林中挂"指的是纤瘦柔弱的林黛玉，"金簪雪里埋"指的是丰满华贵的薛宝钗。停机德、咏絮才，同样指代的是薛宝钗和林黛玉二人，却用不同含义的历史和文学典故彰显出两位女主角的别样风采。

"停机德"的典故出自南北朝时刘宋著名史学家范晔所写的《后汉书》，据《后汉书·列女传》记载，东汉时期的河南郡（今天的河南省）有一位书生名乐羊子，他的妻子是一位贤惠且具有高尚品行的女人。虽然史书未能清楚记载乐羊子的妻子姓名，是什么出身，但她的一言一行无不符合封建时代对女子道德的完美要求。

譬如她不贪小利的品行。有一天，乐羊子在路上行走，突然看见路边有一块亮光闪闪的金子，他捡起来，回家后就把金子交给妻子。妻子奇怪地问道："这块金子从何而来？"乐羊子也不隐瞒，老实回答，妻子听完，缓缓说道："我听说有志气的人从不喝盗泉（泉水的名称，在今山东省泗水县）里的水，只是因为怕泉水名字玷污他们的清白；有节操的人也从不接受侮辱性的施舍，只是因为这施舍是对自己节操的讽刺，更何况以这种捡拾别人的东西的行为，来玷污自己的德行呢？"乐羊子听后，十分惭愧，他急忙拿起金子，将它远远地扔在荒野中，然后就离开家乡拜师求学去了。

乐羊子妻这种严格自律的廉洁品行，不仅开悟了知书明理的书生丈夫，还感化了贪财好利的权威婆婆。自乐羊子出门求学后，他的妻子就在家里一边资助远方的丈夫各种物品，一边辛勤侍奉家里的婆婆，生活过得平静而清贫。有一次，别人家的鸡误入她家的菜园中，正好被她婆婆看见，婆婆就偷偷地将这只鸡逮住，杀了做菜吃。吃饭的时候，乐羊子妻看着已成为盘中餐的鸡,她不动筷子,却默默流泪,这可把婆婆吓坏了。婆婆奇怪地看了她一眼,问她为什么哭。她回答说:"我很难过自己这么穷,以至于要吃别人家的肉。"婆婆闻言,羞得满脸通红,也不便继续吃饭,便将这只鸡扔了。

无论是乐羊子妻的"廉者不受嗟来之食"的名言警句,还是她的"对鸡不餐而泣"的哀伤举动,都充分说明平凡生活中这位贫贱女子严于律己、不贪小利的美德。而使她的名气蜚声文坛和历史的,却是她著名的停机劝夫之妇德。

乐羊子路边拾遗后就外出求学,一年后,不期然地,乐羊子回来了。他的妻子跪在地上迎接,问他为何这么早就回家。乐羊子随口答道:"出门太久,我想念家人,就回来了,没有其他原因。"妻子沉默半晌,忽然拿起剪刀快步走到房中的织布机前,她回头对丈夫说:"这些纺织品是从一个个蚕茧里抽出丝来,用机杼织成,然后把一根根丝累积起来,才能织成一寸布;一寸寸布累积起来,才能织成一匹布。如果我拿刀将这些织好的布剪

断,就会前功尽弃,大量美好的时光也浪费掉了。您正在每天积累学识期间,只有每天都学习一点原来不懂的知识,才能成就自己的美德。如果随意地中断学习,那跟剪掉这些织好的布有什么区别呢?"乐羊子没想到自己身居乡间的妻子竟然这么睿智而又明理,深为自己的草率而羞愧,他急忙返回去研修自己的学业,随后的七年里都没有回家。这,就是著名的"停机劝夫"典故的由来。

丈夫在家时,规劝他廉洁,支持他的学业;丈夫不在家时,孝顺婆婆,辛勤持家,平凡女子乐羊子妻可谓古代家庭中妻子道德的典范,然而这些还不够,她大义凛然的牺牲精神,更为她的妇德形象镀上金光。史书记载,在乐羊子出门之际,有强盗来到乐羊子妻居住的村庄,见她貌美,想玷污她,就先劫持了她的婆婆。乐羊子妻听到外面乱哄哄的,拿着一把刀就冲了出来。强盗蛮横地说:"你放下刀乖乖地顺从我,我可以保全你们两人的性命。若你不顺从,我就杀了你婆婆。"悲愤的乐羊子妻仰天长叹,自知难以从命,随即举起刀自刎而死,一

辈子勤恳贤惠的女人就这样悲惨离世。本以为可得逞的强盗被她这种刚烈气节吓坏了，也就不杀她的婆婆了。当地的太守听说了这件事，当即逮捕并杀死那个强盗，同时赐给乐羊子妻很多缣帛，按照礼法安葬了她，而且还赐给她名号，曰"贞义"。又忠贞，又节义，可谓名副其实。

嘉德懿行、母仪妇操的乐羊子妻死了，死得轰轰烈烈、浩气冲天。她品行端正、贤惠睿智，不仅挽救了丈夫的名誉和学业，成全了婆婆的品德和性命，还为自己在历史上挣得"停机德"的美名。所谓"停机德"，不仅指规劝丈夫完成学业的恒心，更多的是知廉耻、有道德、有志气、有节操、认可仕途经济、孝敬长辈、顺从丈夫的这一类女子的所有符合传统礼制的品德的总称。

《红楼梦》里，薛宝钗就是这样的女子，她严格按照封建礼教中的妇德要求和约束自己，可谓容、德、才三者俱全的完美贵族女子，可惜，她遇到的是离经叛道、视仕途经济为禄蠹的贾宝玉，三观不合，怎能成就"金玉良缘"？故而薛宝钗只能空守闺房、

虚度残生，故而曹雪芹有"可叹停机德"之预警、之感叹。

无独有偶。同样是南北朝时期，同样是刘宋政权下，史学家范晔撰写了《后汉书·列女传》，记载了乐羊子妻之事，树立了古代妇女的"停机德"之妇德典范；文学家刘义庆则组织文人编撰了《世说新语》一书，这部笔记小说记载了自汉魏到东晋及刘宋时的一些名士的言行和逸事，其中《世说新语·言语篇》就记载了才女谢道韫咏雪的故事。因将天空飘飘洒洒的白雪咏为"未若柳絮因风起"，谢道韫得以有"咏絮才女"的美称。"咏絮才"遂成为才女的代称，是对女子才华横溢的最佳赞美。

《红楼梦》里的"咏絮才"指的是才女林黛玉。林黛玉出身书香门第，自幼获得家庭和私塾的良好教育，在大观园里，她吟咏出的诗句皆透露出其卓越的文学才华和修养，如《咏白海棠》的"偷来梨蕊三分白，借得梅花一缕魂"，《问菊》的"孤标傲世偕谁隐，一样花开为底迟"，《葬花吟》的"明媚鲜妍能几时，一朝漂泊难寻觅"。可惜，孤标傲世的才女在纷繁复

112　　杂、世态炎凉的现实中必会遭遇挫折,乃至夭折。风刀霜剑严相逼,林黛玉最后抑郁而终,着实堪怜。

　　中国传统文化里,将咏絮才作为才女的代称,自东晋始;准确点说,是自谢道韫出现以后;更精准地说,是自谢道韫悠然吟出"未若柳絮因风起"后。一句诗,成就了东晋才女谢道韫的鼎鼎大名。殊不知,谢道韫在婚姻中亦遭遇不成器、目光短浅的丈夫,只是乐羊子妻劝谏丈夫成功,谢道韫却劳而无功,甚至遭受丈夫连累。可叹停机德,堪怜咏絮才,是曹雪芹对薛宝钗、林黛玉的惋惜,却也是谢道韫一生命运的写照。

山阴道上桂花初，王谢风流满晋书

芝兰玉树之谢家

谢道韫，东晋著名才女。史书上未曾记载其生卒年，据后来的学者考证，她大约生活在公元335年到公元405年，70岁左右卒。

唐代诗人刘禹锡有一首非常著名的诗，曰《乌衣巷》。乌衣巷就在今天的南京市东南。南京古称建康，是东晋时期的首都。乌衣巷是建康最尊贵的人才能居住的地方，东晋时的王家、谢家两大家族的人即居住于此。王家、谢家在当时都是高门大户，能左右东晋王朝的命运。而在王、谢两大家族中起到连接作用的，就有才女谢道韫。

谢道韫是东晋王朝一位身份特殊的才女。说她身份特殊，是指她拥有当时王、谢两大家族的人脉，两大家族炙手可热的权势人物，均与她有剪不断、理还乱的关系；说她是才女，是指她不仅创造了"咏絮才"的典故，还成为女中名士，可谓才华横溢。

先说谢家。

西晋王朝在经过晋武帝群臣的奢靡浪费、贾南风的骄纵专制之后，迎来了"八王之乱"，继而引起少数民族南下，强悍的少数民族政权在西晋朝廷内乱之际，趁机侵入中原，最终在公元316年灭掉了西晋王朝。西晋灭亡后，避难的晋朝王室和北方士族就来到南方，史称衣冠南渡。在建康（今天的南京）琅琊王司马睿建立了新的政权，史称东晋。

陈郡谢氏，号称"诗酒风流"，是东晋时顶级门阀之一。陈郡指现在的河南太康，陈郡谢氏在东晋时享有极高的社会地位，与以谢安为首的谢氏集团全体子弟的努力拼

乌衣巷
唐 刘禹锡
朱雀桥边野草花，
乌衣巷口夕阳斜。
旧时王谢堂前燕，
飞入寻常百姓家。

搏是分不开的。谢道韫就出生在这样显赫的家族中。

父亲谢奕。谢奕最大的特点,一是嗜酒如命,二是性格粗暴,行为放诞。他一喝酒就待人无礼,无论对方是什么身份和官职。《世说新语·简傲篇》曾记载桓温担任徐州刺史时,谢奕担任扬州晋陵郡太守,起初两人交往时还略微谦虚退让些,没有不同寻常的交情。等到桓温调任荆州刺史将要赴任之时,他对谢奕的情谊就特别深厚了,不久就让谢奕做了他的司马❶。谢奕到荆州之后,很看重和桓温的交情,但每次去桓温家做客,头巾都戴得很随便,长啸吟唱,和平常并没有什么区别,以至于桓温常无奈地说:"这是我的世外司马。"谢奕因为嗜酒,越发逾越晋见上级的礼仪。桓温没办法,经常丢下他走进内室躲避,谢奕却总是跟着走进去。有一次谢奕喝醉了,桓温又躲进内室,他的妻子南康公主调侃道:"如果你没有一个放荡的司马,我怎么会见到你呢!""世外司马"谢奕之嗜酒和放诞,可见一斑。谢奕曾做过豫州刺史,死后被封为镇西将军。故而,谢道韫乃将军之女、名门之后。成年后的谢道韫,豁达洒脱,行事不拘礼法,许是得其父之遗传一二。

叔父谢安。谢安,是谢奕的弟弟,字安石,人称"风流宰相",是东晋时期著名的政治家、文学家。历史学家易中天说:"谢安是东晋的救星。"可以说,没有谢安,就没有东晋王朝后来的存续,更枉谈繁荣发展。李白将谢安比作东晋的诸葛亮:"蜀主思孔明,晋家望安石。"

谢安对东晋政权的稳定主要有两大贡献。第一个贡献是粉碎了桓温的篡位阴谋,保住东晋皇室统治地位。大将

奕字无奕,少有名誉。……与桓温善。温辟为安西司马,犹推布衣好。在温坐,岸帻笑咏,无异常日。桓温曰:"我方外司马。"奕每因酒,无复朝廷礼,尝逼温饮,温走入南康主门避之。主曰:"君若无狂司马,我何由得相见!"奕遂携酒就听事,引温一兵帅共饮,曰:"失一老兵,得一老兵,亦何所怪!"温不之责。从兄尚有德政,既卒,为西蕃所思,朝议以奕立行有素,必能嗣尚事,乃迁都督豫、司、冀、并四州军事、安西将军、豫州刺史、假节。未几,卒官,赠镇西将军。(《晋书·列传第四十九》)

❶

军官名,汉武帝定制,司马,主武也,掌管军事之职。

军桓温因为消灭了四川李氏的成汉王国，权势如日中天，有预谋篡位自己当皇帝的野心，但他不明着说要皇帝禅让，只是先试探一下朝廷：给他加九锡之礼。九锡是皇帝赐给权臣的九种器物，器物本身或许不值钱，但这种礼遇是皇帝给予大臣的一种最高规格的肯定和赞赏，可以说九锡之礼是一种极其隆重的荣誉。历史上诸多拥有九锡之礼的人或他们的后代，最后都篡夺皇位成功。比如西汉的王莽，被皇帝赐以九锡，公元8年，王莽废掉西汉最后一个皇帝，建立国号为"新"的王朝，自称皇帝；三国的曹操，被皇帝赐以九锡，曹操死后仅九个月，他的儿子曹丕就废掉东汉最后一个皇帝，建立魏国，自称皇帝；魏国的司马昭，被皇帝赐以九锡，司马昭的儿子司马炎于公元265年取代魏国，建立晋朝，成为晋武帝。后来的历史事实也证明了九锡之礼的魔力：东晋末年的刘裕，被皇帝赐以九锡，公元420年，他篡夺东晋政权，建立刘宋王朝，自己当皇帝；60年后，萧道成也加以九锡，他夺取刘宋政权，建立萧齐王朝，自立为帝。九锡，已然成为权臣称帝建国的跳板和前奏。

前事不忘后事之师，桓温这种企图篡位的要求，可谓"司马昭之心，路人皆知"。史书称"桓温九五之心将移晋鼎"。面对强势的桓温，彼时的小皇帝司马曜毫无招架之力，多亏了谢安。谢安表面上镇定自若地和桓温周旋，暗地里却故意拖延办理九锡之礼的事务。最终，熬死了桓温，他没能等来九锡之礼，就驾鹤西游了。谢安，用自己的智慧保住了东晋皇位，也就维护了东晋政权的稳定。

谢安对东晋的第二大贡献是赢得了"淝水之战"的胜利。淝水在现今安徽省寿县的东南方，是长江的一个支流。西晋灭亡后，北方落入少数民族之手，谢安当宰相之时，南

时孝武帝富于春秋，政不自己，温威振内外，人情噂𠴲，互生同异。安与坦之尽忠匡翼，终能辑穆。及温病笃，讽朝廷加九锡，使袁宏具草。安见，辄改之，由是历旬不就。会温薨，锡命遂寝。（《晋书·列传第四十九》）

方的国家是东晋，统一北方的国家是前秦，皇帝是苻坚。前秦国力雄厚，苻坚雄心勃勃，一直想消灭东晋，做出统一全中国的伟大功绩。于是，在公元383年，苻坚率领百万大军（实际兵士约为97万）气势汹汹地向东晋边境压来。史书称"苻坚百万之众已瞰吴江"。前秦号称百万大军，东晋这边只有八万多兵士，双方军事力量悬殊。一旦东晋战败，不仅国土将落入苻坚这个少数民族人手中，中华大地上仅存的汉文明（在东晋）也将面临灭顶之灾，因此东晋国内哀声一片。此时，距离桓温去世已有十年，东晋政坛主事的仍是谢安，但见他不慌不忙、从容有序地排兵布阵。他安排自己的弟弟谢石为征虏大将军、征讨大都督，侄子谢玄为前锋都督，儿子谢琰为辅国将军，走到保家卫国的前线。双方在淝水展开决战。谢安作为总指挥，运筹帷幄，决胜千里；谢玄设计让前秦军后退再决战，使得前秦军一溃千里，谢家子弟皆英勇杀敌，最终取得了"淝水大战"的胜利。这一历史上著名的以少胜多的战役，不仅使谢氏家族在东晋名声大振，更重要的是，谢安，又一次用自己的智谋和勇气保住了东晋政权。为此，他甚至不惜让自己的独生子谢琰（谢安还有一个儿子谢瑶，很早就去世了）走上残酷的、前途未料的战场。

　　历史上对谢安的评价相当高。唐朝初年的宰相房玄龄在《晋书》中曾高度评价谢安："苻坚百万之众已瞰吴江，桓温九五之心将移晋鼎，衣冠易虑，远迩崩心。从容而杜奸谋，宴衍而清群寇，宸居获太山之固，惟扬去累卵之危，斯为盛矣。"唐代"诗仙"李白对谢安赞不绝口："三川北虏乱如麻，四海南奔似永嘉。但用东山谢安石，为君谈笑静胡沙。"一代伟人毛泽东也曾赞叹道："谢安文韬武略，又机智又沉着，淝水之战立了大功，拖住桓温也立了大功，两次大功是对维护统一的贡献。"

值得一提的是，谢安素来以沉稳老练的性格和宠辱不惊的气度被人们称颂，但也有例外。据《世说新语·尤悔篇》记载，谢奕死后，谢安给哥哥送葬回来，天色已晚，还下着大雨，赶车的车夫喝醉了，掌控不了车子。谢安于是就从车厢里拿出支撑车篷的柱子，不断地去捅车夫，声色俱厉，完全不似平日里的稳重文雅。可见他对哥哥谢奕感情深厚，以至于如此失态，由此他便责无旁贷地担负起教育谢道韫、谢玄等人的重任。谢道韫的文学才华得以培养和绽放，其叔父谢安功不可没。

叔父谢万。参加过多次战争，豪放傲慢，善于啸咏，有名士风度。

叔父谢石。淝水之战中为征讨大都督。

弟弟谢玄。谢玄，字幼度，东晋军事家，豫州刺史谢奕之子、宰相谢安之侄。谢玄有经国才略，善于治军。他在东晋的军事史上留下光辉的形象。其一是他具有治军才能，组建了"北府兵"，参加过多次影响历史进程的大战，可谓东晋最精锐的武装力量。其二是他培养了刘牢之、田洛等著名将领。后来，刘裕正是依靠"北府兵"，取代东晋，建立刘宋政权，"北府兵"甚至成为刘裕的皇家军队，可见"北府兵"的强大和重要性。作为它的创始人谢玄功不可没。其三是著名的"淝水大战"使年轻的谢玄威名远扬，青史留名。他出生入死、驰骋面对苻坚的百万大军，他既没有灰心气馁望风而逃，也没有狂妄自大盲目自信，而是巧妙地利用苻坚的好强好胜心理，与之周旋，最终赢得胜利。前秦军队的百万大军，最后只剩下约十万人，损失惨重。"淝水之战"之所以取得重大胜利，与谢玄的战术

（谢万）万既受任北征，矜豪傲物，尝以啸咏自高，未尝抚众。兄安深忧之，自队主将帅已下，安无不慰勉。谓万曰："汝为元帅，诸将宜数接对，以悦其心，岂有傲诞若斯而能济事也！"万乃召集诸将，都无所说，直以如意指四坐云："诸将皆劲卒。"诸将益恨之。既而先遣征虏将军刘建修治马头城池，自率众入涡、颍，以援洛阳。北中郎将郗昙以疾病退还彭城，万以为贼盛致退，便引军还，众遂溃散，狼狈单归，废为庶人。后复以为散骑常侍，会卒，时年四十二，因以为赠。（《晋书·列传第四十九》）

118

（谢石）石字石奴。初拜秘书郎，累迁尚书仆射。征句难，以勋封兴平县伯。淮、肥之役，诏石解仆射，以将军假节征讨大都督，与兄子玄、琰破苻坚。先是，童谣云："谁谓尔坚石打碎。"故桓豁皆以"石"名子，以邀功焉。坚之败也，虽功始牢之，而成于玄、琰，然石时实为都督焉。迁中军将军、尚书令，更封南康郡公。于时学校陵迟，石上疏请兴复国学，以训胄子，班下州郡，普修乡校。疏奏，孝武帝纳焉。（《晋书·列传第四十九》）

得当、以智激敌、乘隙追击是分不开的。此战则奠定了谢玄果敢无敌的战神地位。后人将他与三国时的周瑜相提并论，称"曹公（曹操）以八十万而败于三万之周瑜，苻坚以百万而败于八万之谢玄是也"。

除此之外，彼时的谢家还有谢道韫的堂弟谢韶、谢朗、谢川、谢琰等优秀子弟，譬如谢韶"少有名"，谢朗"善言玄理，文义艳发，名亚于玄"，谢琰"琰称贞干，卒以忠勇垂名"。遗憾的是，谢韶、谢朗、谢川皆早卒，唯有谢玄获得功名后去世，谢琰死于孙恩之乱。

谢道韫之后的陈郡谢氏，亦人才辈出。

谢灵运，是谢玄的嫡孙（亲孙子），应称谢道韫为姑祖母（姑奶奶）。他是南北朝时期刘宋王朝著名诗人、文学家。谢灵运的祖父谢玄曾评价他说："我尚生瑍（谢瑍），瑍那得生灵运。"感慨儿子谢瑍不够聪明，想不到竟然生出谢灵运这样聪慧的孩子。此话足见谢玄对这个小孙子的赞赏和欣慰。谢灵运也不辜负祖父以及陈郡谢氏门第的期望，在仕途上曾做过永嘉太守。在文学成就上，更是超越前辈，成为一代文豪。他所开创的山水诗，把自然界的美景引进诗中，使山水成为独立的审美对象。唐代诗人白居易专门写诗评价他："谢公才廓落，与世不相遇。壮志郁不用，须有所泄处。泄为山水诗，逸韵谐奇趣。"因其在山水诗上成就斐然，谢灵运被称为"中国山水诗的鼻祖"。

谢朓，是谢安的二哥谢据的后代，是诗人谢灵运的族侄，应称谢道韫为曾姑祖母（曾姑奶奶）。他是南北朝时萧齐王朝杰出的山水诗人，也是南朝著名文学集团"竟陵八友"之一。在"竟陵八友"中，他的诗歌成就最高。他的诗歌中，以山水诗成就最高。其诗风以清新、清丽、清俊见称，用字细腻而妍丽工巧。唐代诗人李白尤其为谢朓的才华所倾倒，甚至在自己的诗中化用谢朓的名句，如"解道澄江静如练，令人长忆谢玄晖"。玄晖是谢朓的字。此外，李白还写下"三山怀谢朓，水澹望长安""我吟谢朓诗上语，朔风飒飒吹飞雨""蓬莱文章建安骨，中间小谢又清发。俱怀逸兴壮思飞，欲上青天览明月"等诗句，来表达自己对这位善写山水诗人的敬仰和心羡。谢朓发展了山水诗的意境和技巧，对后来的唐诗影响深远，因此，他也被称为中国山水诗的集大成者。

谢朓和谢灵运同族，均出身陈郡谢氏，又都在中国山水诗上有重大贡献，因此，世人将他们并称为"二谢"，谢灵运为大谢，谢朓为小谢。

陈郡谢氏作为东晋的顶级门阀，人才辈出，佼佼者当然不止上述这几位。有一次，太傅谢安问众子侄："子弟们又何须参与政事，为什么总想着把他们培养成优秀的后代？"大家都不说话，这时候车骑将军谢玄说道："这就好比芝兰玉树（美好高雅的东西），（人们）总想着让它们生长在自己家的庭院啊。"（《世说新语·言语篇》）由是，芝兰玉树便成为陈郡谢氏优秀子弟的代称。

谢道韫，这位历史上著名的才女，在陈郡谢氏一门中，地位特殊。她是安西将军、一代名士谢奕的女儿；是力挽狂澜、拯救东晋社稷于水火之中的"东晋诸葛亮"谢安的侄女；是创建"北府兵"、取得淝水之战大捷、有"东晋周瑜"之称的谢玄的亲姐姐；是中国山水诗鼻祖谢灵运的姑祖母；是中国山水诗集大成者谢朓的曾姑祖母；等等。

陈郡谢氏的大家长们，对谢道韫的思想和人生产生了不可磨灭的影响；谢家后辈的小玉树们，受谢道韫文采和风韵感染的亦不在少数。

琳琅满目之王家

　　谢道韫特殊身份的魅力，还远不在于此。决定东晋王朝命运的另一门阀大族——琅琊王氏，也与谢道韫有着剪不断、理还乱的关系。

　　琅琊，古称，指今天山东省临沂市。琅琊王氏是中国古代顶级门阀之一，在东晋时势力更是达到巅峰。西晋灭亡后，晋朝王室的一支——琅琊王司马睿在建康定都，建立东晋。彼时，晋朝王室刚来到南方，人生地不熟，在南方士族中没有根基，也不能服众。琅琊王氏的王导、王敦等大力辅佐晋元帝，才使得东晋政权逐渐稳固起来。东晋立国之初，王导担任宰相，他的堂兄王敦掌握着军队大权。可以说，东晋政权既是司马家族的，也是琅琊王氏的，因此，有"王与马，共天下"的说法。

　　在东晋的建立与稳定上，功劳最大的人物是王导。王导，字茂泓，出身琅琊王氏，少年时便"有风鉴，识量清远"，他用自己的聪明才智和赤胆忠诚尽心辅佐琅琊王司马睿，司马睿曾对王导说："你可真是我的萧何啊。"司马睿在建康称帝时，众目睽睽下，他要求王导和他一起坐在御床上接受百官朝贺，王导极力推辞三四次后，司马睿方才作罢。可知东晋建立初期，衣冠南渡的司马睿自知威望不高，需要仰仗王导这样的世家大族领袖协助他笼络人心。王导也没有辜负司马睿的期望，始终怀着一腔热情运用超高的政治技巧为司马氏兢兢业业地治国理政，他先后辅佐了晋元帝、晋明帝、晋成帝三位皇帝，功勋卓著，享受历代顶级权臣才有的"剑履上殿，入朝不趋，赞拜不名"的

晋　王羲之《兰亭序》

待遇。后来进位太傅，又拜丞相。无怪乎《晋书》如此评价他："提挈三世，终始一心，称为'仲父'，盖其宜矣。"可以说，正是王导创造出如此卓越的政治资本和超高名望，琅琊王氏在东晋才能一跃成为仅次于皇室的豪门大族。谢道韫离开"诗酒风流"的谢家，嫁入的正是钟鸣鼎食的琅琊王家。

王羲之，是宰相王导和大将军王敦的堂侄，也是谢道韫的公公。王羲之，字逸少，东晋著名书法家，有"书圣"之称。他一生钻研秦汉篆隶各种不同的笔法，将其妙处用到真、行、草书中去，逐渐形成自己独特的用笔和结构。他的书法自成体系，最明显的特征是用笔细腻，结构多变。

（房玄龄语）所以详察古今，研精篆素，尽善尽美，其惟王逸少乎！观其点曳之工，裁成之妙，烟霏露结，状若断而还连；凤翥龙蟠，势如斜而反直。玩之不觉为倦，览之莫识其端，心慕手追，此人而已。其余区区之类，何足论哉！
（《晋书·列传第五十》）

永和九年歲在癸丑暮春之初會

于會稽山陰之蘭亭修禊事

也羣賢畢至少長咸集此地

崇山峻領有峻又有清流激

湍暎帶左右引以為流觴曲水

列坐其次雖無絲竹管弦之

盛一觴一詠亦足以暢敘幽情

是日也天朗氣清惠風和暢仰

觀宇宙之大俯察品類之盛

所以遊目騁懷足以極視聽之

娛信可樂也夫人之相與俯仰

一世或取諸懷抱悟言一室之內

茂林脩竹

后人用曹植的《洛神赋》的语句评价王羲之的书法为"飘若游云，矫若惊龙"。他的书法作品《兰亭序》为历代书法家所敬仰，被称为"天下第一行书"，房玄龄在《晋书》中曾给予他的书法极高的评价。一代书圣王羲之不仅是闻名遐迩的书法家，也是魏晋时期主张玄谈的文学家，文化学者余秋雨就认为王羲之的《兰亭序》文采斐然，其中流露的玄谈意味，不可小视。

王羲之雅好服食养性，不喜欢待在京师，来到浙江后，便有终老于此的念头。彼时，浙江会稽郡山清水秀，风景优美，名士大多隐居于此，谢安未出仕前也住在这里。王羲之因而与谢安、孙绰等人常一起忘情于山水之间。王羲之有七个儿子，有名气的有五个，谢道韫能嫁给王羲之的二儿子，与两家父辈具备深厚的交情分不开。

王凝之，是王羲之的第二个儿子，也是谢道韫的丈夫。北宋著名书法家、书学理论家黄伯思在其著作《东观余论》中评价王羲之四个儿子的书法特点，认为王凝之的书法最得父亲的风韵，"王氏凝、操、徽、涣之四子书，与子敬（王献之）书俱传，皆得家范，而体各不同。凝之得其韵，操之得其体，徽之得其势，涣之得其貌，献之得其源。"王凝之工草隶，也是一代书法家。他历任江州刺史、会稽内史，王羲之一家世代信奉道教的一支——五斗米道❶，其中王凝之信得最虔诚。后来，他被信仰所害，死于孙恩之乱❷。此为后话。

王徽之，是王羲之的第五个儿子，也是谢道韫的小叔子。王徽之在书法方面，善正草书。他的书法最得其父王羲之的气势。王徽之不仅是位书法家，还是一位名士。他雪夜访戴逵的故事，充分展示了其名士风流、雅性放诞的真性情，也给中国文学留下了"乘兴而来，尽兴而归"的典故。

徽之字子猷。性卓荦不羁……尝居山阴，夜雪初霁，月色清朗，四望皓然，独酌酒咏左思《招隐诗》，忽忆戴逵。逵时在剡，便夜乘小船诣之，经宿方至，造门不前而反。人问其故，徽之曰："本乘兴而行，兴尽而反，何必见安道邪！"

（《晋书·列传第五十》）

---

❶
五斗米道，也叫天师道，是中国土生土长的道教的一个流派。传说是由东汉时期的张陵（张天师）创立的。据说因为入道者须交五斗米，所以得此教派名字。教派以老子的《道德经》为主要经典。它主张清净无为，道法自然，在实践中还善于帮人除鬼，做法术等。东晋时，五斗米道不仅拥有广大下层民众，而且得到了上层豪门士族的推崇，出现了许多著名的五斗米道世家，琅琊王氏即为其一。王羲之一家都是五斗米道的忠诚信奉者，尤其是王凝之，对五斗米道更是信仰虔诚，深陷其中。

❷
孙恩，字灵秀，琅琊人，孙秀之族人也。世奉五斗米道。东晋隆安三年（公元399年）十月，孙恩利用朝廷征发"乐属"引起八郡骚动之机，率众起义，义熙七年（公元411年），孙恩、卢循之乱，是东晋时期五斗米道策动的最大的、也是最后一次农民起义。它打着宗教的旗号，利用日益激化的社会矛盾，沉重打击了东晋世族豪门的势力。

124 献之字子敬。少有盛名,而高
迈不羁,虽闲居终日,容止不
息,风流为一时之冠。……谢
安甚钦爱之,请为长史。安进
号卫将军,复为长史。(《晋
书·列传第五十》)

王献之,是王羲之的第七个儿子,也是最小的儿子,是谢道韫的最有名的小叔子。王献之,字子敬,是东晋时期著名的诗人、书法家。王羲之当时就断言:"此儿后当复有大名。"和父亲王羲之一样,王献之"工草隶,善丹青",其书法不拘泥于哪一家,而是将各种书法融会贯通,博采众家之长,兼善诸体之美,然后从中形成自己独特的风格,他主攻行书和草书,在王羲之的七个儿子中,他的书法是最好的,甚至可以与父亲媲美。因此世人将他与王羲之并称为"二王",他有"小圣"之称。

和哥哥王徽之一样,王献之不仅是一位可与"书圣"父亲齐名的大书法家,也是一位风流名士。魏晋名士风度的超脱和雅量,王献之很早就具备,史书记载,有一次,他和哥哥王徽之一起坐在房间里,忽然房间起火,浓烟四起,火势凶猛,吓得一贯以名士自居的王徽之也顾不上仪态,急忙跑出去,慌忙中连鞋子都忘记穿了。而王献之呢,则神色如常,慢慢起身,还唤来服侍的人将自己扶着走出去。小小年纪的他,其神色之淡定,气度之超然,处事之从容,映衬得哥哥更自惭形秽。难怪谢道韫的叔父谢安对王献之喜爱异常,到哪里做官都愿意带着王献之。

琅琊王氏,自古就是高门大族,后代更是英杰遍地。谢道韫嫁给琅琊王氏的王凝之,按古礼,她即成为王家的人,她的身份也就更显得突出。她是"王与马,共天下"中宰相王导和大将军王敦的孙媳妇;是大书法家、有"书圣"之称的王羲之的儿媳妇;是书法家、会稽内史(东晋时,内史职责相当于郡太守,为一郡的最高行政长官)王凝之的媳妇;是书法家、风流名士王徽之的嫂子;是书法家、有"小圣"之称的名士王献之的嫂子。

琅琊王氏，自西晋时就子弟优秀、人才辈出。据《世说新语·容止篇》记载，有人去拜见王衍（西晋著名的美男子、位高权重的太尉），看到安丰侯王戎、大将军王敦、丞相王导在座；他走到另一间屋子，又遇见了王诩、王澄。这个人回家后，对别人说："今天走了这一趟，满眼都是珠宝美玉啊。"所谓"触目见琳琅珠玉"。在这里，王戎是竹林七贤之一，也是王衍的堂兄；大将军王敦是王衍的堂弟；丞相王导是王衍的堂弟；王诩和王澄是王衍的弟弟，他们大多是两晋时著名的政治家、文学家、清谈家。琅琊王氏，琳琅满目，可谓名不虚传。

陈郡谢氏，有"芝兰玉树"之美誉；琅琊王氏，存"琳琅满目"之高贵。无怪乎唐朝诗人羊士谔回忆江南游时，提笔就写道："山阴道上桂花初，王谢风流满晋书。"

旧时王谢堂前燕。无论是簪缨世家琅琊王氏，还是新晋门阀陈郡谢氏，作为当时东晋王朝贵族势力的两大顶梁柱，不仅对东晋政权，而且对中国历史，产生了极具影响的推动力。易中天在评价王谢两大家族领袖人物的功绩时，如是说："对东晋政权贡献最大的，就是王导和谢安。王导开创了基业，谢安则保卫了它。"[1]谢道韫有幸身处其中，在两大家族中都具有极其特殊的身份。然而，身为一介女流，她无法在政坛和军队叱咤风云，也无法在社会上抛头露面。时代给予她的，只有庭院、内室、兄弟姐妹、丈夫和孩子，以及她敏感而丰盈的内心世界。

她的世界，才华横溢。

[1] 《魏晋风度》，易中天著，浙江文艺出版社，2016年3月版，第31页。

才华馥比仙，气质美如兰

才学

毋庸置疑，谢道韫是个青史留名的才女，否则后世也不会以她的"咏絮才"来作为才女的代名词。相比于东晋时期的其他顶级门阀，陈郡谢氏的文学艺术成就是最高的。正可谓"忠厚传家久，诗书继世长"。谢道韫的夫家——琅琊王氏是东晋第一豪族，政治势力大，不仅在朝廷做官者甚多，还是书法世家。两大家族涌现出了许多惊艳绝伦的人物，不管是谢安、谢奕、谢万、谢玄，还是王羲之、王徽之、王献之，都是当时的名士，他们身上都有魏晋名士的风度：好玄谈、有雅量、才思敏捷、姿态优雅等。这些都对谢道韫的才华产生了很大的影响。

如果说谢道韫的才华产生、萌芽、培养于陈郡谢氏，那么，她的才华则在嫁入王家，接触到琅琊王氏后得以发扬光大，并最终于王、谢两家势力逐渐式微之后，自成一体，独树一帜，因而成为历史上著名的"魏晋女名士"。

谢道韫才华举世绝伦。这里的才华不仅指其诗文创作的才思敏捷，还是胆识、魄力、才干与风韵的总称。具体而言，谢道韫的才华体现在三个方面：才学、才识和才韵。

才学指诗词天赋和学问。古时女子地位不高，所谓"女子无才便是德"。谢道韫即便是高门大户的千金小姐，衣食不愁，发挥天赋、研究学问的机会也不大。毕竟，自古以来"无论从女教层面，或是士大夫褒扬层面，女子教育的成功标志并不是她们本人在学问上的成就，而是她们在家庭，特别是相夫教子方面的成绩"❶。

但，幸运的是，她遇到的是谢安。

谢道韫的父亲谢奕去世得早，于是他的儿女就由叔父谢安来照顾，其中就有谢玄和谢道韫。可以说，谢道韫是在谢安的身边成长起来的，当然，她的诗文天赋也是被谢安启蒙培养的。

谢安本身也是一位文学家，在出仕之前，一直隐居在会稽的东山，和当时的名士在一起曲水流觞，吟诗喝酒唱和。《兰亭集序》就是王羲之为谢安他们这些人的《兰亭集》写的序言。

在谢安的精心培养和耳濡目染的熏陶下，谢道韫读书涉猎甚广，知识渊博，诗文创作天赋也被发掘出来。《晋书·列女传》记载，谢道韫"聪识有才辩"。有一次，谢安有意要考查谢道韫的学问，就问："你觉得《毛诗》❷中哪一句最好呢？"《诗经》有311篇，句子无数，要回答出这个问题，必须对这"诗三百"全部熟悉才行。只听谢道韫恭敬地回答："吉甫作颂，穆如清风。仲山甫咏怀，以慰其心。"这一句出自《诗经·大雅·烝民》，写仲山甫奉周宣王之命赴东方督筑齐城，西周太师尹吉甫作颂相赠，安慰行者，祝愿其功成早归。谢道韫回答的意思是吉甫作的颂，和美如清风化雨滋养万物；仲山甫这样做，是安慰周宣王的心。聪明的谢道韫这样说的意思不单是在赞叹尹吉甫的颂、仲山甫的人，更重要的是她期望叔父谢安也能成为仲

王凝之妻谢氏，字道韫，安西将军奕之女也。聪识有才辩。叔父安尝问："《毛诗》何句最佳？"道韫称："吉甫作颂，穆如清风。仲山甫永怀，以慰其心。"安谓有雅人深致。又尝内集，俄而雪骤下，安曰："何所似也？"安兄子朗曰："散盐空中差可拟。"道韫曰："未若柳絮因风起。"安大悦。

（《晋书·列传第六十六》）

---

❶
《女子之不朽：明清时期的女教观念》，李国彤著，广西师范大学出版社，2014年10月版，第132页。

❷
即《诗经》。

山甫那样对朝廷和皇帝有用的人。此时尚隐居东山的谢安听出侄女的弦外之音,很高兴谢道韫能将他与西周的仲山甫相提并论,不禁对她大为欣赏,赞许道:"你真是个性情高远、有雅量的女子。"

令谢安惊喜的不仅是谢道韫的学问见长、"雅人深致",还有她的诗文创作天赋。有一次,谢家的子弟在谢安隐居的会稽东山欢聚一堂。正逢天降大雪,众人看到雪花漫天飞舞的壮丽场景,非常兴奋,纷纷走到堂前欣赏。谢安有心想考考他们,就问:"你们说,这纷纷扬扬的大雪,该怎么形容比较合适呢?"一石激起千层浪,谢家子弟都想在叔父面前表现一把,于是七嘴八舌起来。谢朗❶说:"撒盐空中差可拟。"谢安微笑着点头,又问:"还可以怎么形容呢?"这时,站立一旁正在欣赏雪景的谢道韫轻启朱唇,悠悠吟道:"未若柳絮因风起。"堂弟谢朗把下雪比作撒盐,世俗、沉重、笨拙、直白;谢道韫将下雪比作柳絮随风飘,高雅、轻盈、灵动、神似。高下立判。看到自己精心培养的侄女这么聪明有才、思维敏捷,谢安当然非常高兴。

"未若柳絮因风起",不仅让名士宰相谢安大悦,更让中国文学史大悦,自此,一说到大雪纷纷,人们就会想起这句诗。中国大多数人的幼时启蒙读物《三字经》,就有"谢道韫,能咏吟",这一句一唱就是千百年。咏絮句,即成为谢道韫诗词才华的见证。

从小具备高远情怀、出口成章、才思敏捷的谢道韫,不仅自己学问了得、功底深厚,还经常诲人不倦,督促帮助族中子弟在学习上取得进步。父亲谢奕去世得早,谢道

---

❶ 谢安的哥哥谢据的儿子。

韫和谢玄姐弟俩便在叔父谢安身边长大。

有一次，她考查谢玄的学问，发现他的学业进展太慢，就不无讽刺地说："你是为了俗事分了神呢，还是天分有限啊？"谢玄嚅嚅嘴唇，刚想反驳几句，就听谢道韫语重心长地说："你和我，虽在叔父这里衣食无忧，终究是寄人篱下。你若不上进，将来还能有什么出息？还怎样告慰九泉之下的父亲？"一席话说得谢玄满面通红，哑口无言，自此便发愤图强，长大成人后，便成为具备经国才略和优秀的军事指挥才能的一代军事家。

谢道韫不愿意让弟弟谢玄浪费自己的天赋，对他的学问督促得紧。嫁入王家后，她还利用自己的博学多才，帮助另一个弟弟——丈夫王凝之的弟弟王献之，解了玄谈之围。这就是历史上有名的"青绫幕幛"的典故。

有一次，有书法"小圣"之称的王献之在堂屋与几位宾客高谈阔论。彼时，魏晋时期有点学问的人都喜欢谈玄学❶，作为王羲之的儿子，王献之自然不能免俗。名士们清谈时，一般分为主宾两方，采用主、客问难的方式。主人首先提出一项谈论的内容并叙述自己的见解，然后一个客人或者数个客人提出反驳的意见。双方类似于在辩论。结果有时是一方胜利，有时是双方不分胜负。

谁也没想到的是，一贯喜欢清谈、口若悬河的名士王献之，竟然在这次谈玄中一时被问得哑口无言，急得他面红耳赤、抓耳挠腮，气氛一下子变得尴尬起来。这时，在一旁观看的侍女急忙将王献之的窘态告诉了谢道韫。谢道

---

❶

所谓玄学，就是《老子》《庄子》《周易》等道家思想和阴阳理论。这是自竹林七贤以来的一种影响深远的社会风气，王羲之和谢安等人在隐居东山时就经常邀约名士一起谈玄说道。

韫听后微微一笑，她让侍女转告王献之："我愿意为小郎
（小叔子）解围。"古时讲究男女授受不亲，女人不能轻易
和陌生男人面对面，有"叔嫂不通问"一说。谢道韫便让
侍女用青色绫布做的幕幛挡住自己，她隔着幕幛和宾客辩
论。于是，簪缨世家琅琊王家有趣的一幕就开演了，谢道
韫以一介女流舌战群儒。

东晋时的清谈，要以简练的言辞表达精深的义理，所
谓"言约旨远""清辞简旨"。考验的是清谈之人渊博的知
识和灵敏的反应。只见谢道韫接着王献之之前的话题，时
而品评人物，时而谈玄说道，反应迅速，用典精准，直击
要害，只说得幕幛外面的宾客哑口无言，不能应对。一场
清谈就这样在宾客们的啧啧赞叹声中结束。王献之更是对
这位知识渊博的嫂子佩服得五体投地。

历史学家唐长孺在谈及魏晋清谈之风时说道："在初期
清谈与清议可以互称；魏晋之后清谈内容主要是谈老庄，
但仍然包括人物批评。"❶可知，无论是谈论老庄玄学，还
是评议人物，谢道韫皆信手拈来，不在话下，于是赢得男
性名士们的阵阵喝彩，这充分表明她不但有敏捷灵动的诗
词天赋，还具备渊博的知识和深厚的学养。

一道青绫幕幛，为名士王献之解了围，挽回颜面；为
前来清谈的宾客们吹来玄谈的清新风气、思想的波澜壮阔；
也为谢道韫带来一展才学的舞台和享誉士林的声名。

谁说女子不如男？谁说天赋和学问就该藏着掖着，埋
没到地老天荒，无人问津？谁说才女只能养于深闺之中，
不能经历世面，检阅世情百态？

❶

《魏晋南北朝史论丛》，唐长孺著，商务印书馆，2010年12月版，第285页。

黄山寿 《咏絮才高》

才识

谢道韫有才学，更有才识。她既有能力识人辨人，亦有能力认清时势，有胆识去面对、去处理困厄。

谢道韫识人的本事，在她刚嫁给王凝之的时候就表露出来了。王凝之是大名鼎鼎的王羲之的二儿子，擅长草书和隶书，曾经担任江州刺史、左将军和会稽内史等官职，可谓出身世家的青年才俊。在外人看来，这是一桩再完美不过的婚姻，男女双方，王谢联姻，门当户对；男善书，女善咏，才貌相当。可惜，婚姻之事，如人饮水，冷暖自知。表面的完美是给外人看的，内在的裂缝则要围城中人慢慢体会。具体的裂缝到底是什么？史书无详细记载，无从得知。但我们可以从谢道韫的只言片语中体味一二。

久旱逢甘霖、他乡遇故知、金榜题名时、洞房花烛夜，乃人生四大喜事。然而，洞房花烛夜之后，尚在新婚宴尔的谢道韫却显得闷闷不乐。好不容易熬到回娘家的日子，叔父谢安很关心她，见她眉头紧锁，"甚不乐"，不解地问道："你的夫君王凝之是当朝名士王羲之的儿子，不是差劲之人，完全配得上你。你还有什么可遗憾的呢？"谢道韫一向视叔父为榜样和知己，见他有此疑问，便把心中的苦闷如竹筒倒豆子般倾撒出来："我们谢家，叔父一辈就不用提了，有您和谢万叔叔做榜样。即便是堂兄弟中，也有谢韶、谢朗、谢玄、谢川等人，他们都是逸群之才，没想到天底下竟还有王凝之这样平庸迂腐之人，真是有天壤之别啊。"说完，连声叹气，委屈的泪珠差点就要掉落下来。

谢道韫所说的谢安（阿大），毋庸讳言，风流倜傥，儒

初适凝之，还，甚不乐。安曰："王郎，逸少子，不恶，汝何恨也？"答曰："一门叔父则有阿大、中郎，群从兄弟复有封、胡、羯、末，不意天壤之中乃有王郎！"封谓谢韶，胡谓谢朗，羯谓谢玄，末谓谢川，皆其小字也。又尝讥玄学植不进，曰："为尘务经心，为天分有限邪？"凝之弟献之尝与宾客谈议，词理将屈，道韫遣婢白献之曰："欲为小郎解围。"乃施青绫步鄣自蔽，申献之前议，客不能屈。（《晋书·列传第六十六》）

雅从容，人称"风流宰相"；叔父谢万（中郎），才气隽秀，矜豪傲物，经常以啸咏自高，乃一代豪放名士。她所说的谢韶（封）、谢朗（胡）、谢玄（羯）、谢川（末），也都是谢家子弟中的优秀人物，其中谢韶是中郎将谢万的儿子，是谢道韫的堂弟，官至武昌太守；谢朗是谢安的哥哥谢据的儿子，也是谢道韫的堂弟，官至东阳太守；谢玄是谢道韫的亲弟弟，具有"经国才略"；谢川是谢道韫的另一堂弟。这四人中，除了谢玄功成名就之后隐退，其他三人早早就去世了。饶是如此，在他们活着的时候，小荷才露尖尖角的时候，在陈郡谢氏家风的培养熏陶下，个个都出落得丰神俊朗、品位不凡。

反观谢道韫的夫婿王凝之，相比之下则显得平凡许多。虽然也会琴棋书画，事业有成，但比起有着高迈情怀和咏絮之才的妻子谢道韫，王凝之的生活情趣和人生方向似乎显得不那么雅致。是的，雅致。谢道韫虽为一介女流，但自小深受叔父谢安的培养和熏陶，其生活情趣高雅，追求精神的契合，其人生志向远大，喜欢吟咏玄谈。王凝之作为东晋的地方官员，除钻研书法外，就是在五斗米道的宗教信仰中越陷越深。夫妻二人志向、情趣、爱好皆不同，谢道韫所期望的"身无彩凤双飞翼，心有灵犀一点通"的琴瑟和鸣，在王凝之这里，显然得不到有效的回应和精神共振。

故，她"甚不乐"；故，她幽幽地埋怨道："不意天壤之中乃有王郎！"故，她在多年后与太守刘柳畅谈时，"先及家事，慷慨流涟"。

谢道韫善于识人、辨人，这种才能使她在结婚初期仅与王凝之相处几天就断定丈夫属于庸常之辈。她甚至看到了丈夫软弱迂腐、不能担当大事的一面，故而情不自禁地向叔父哭诉,只是拘泥于封建礼法"嫁鸡随鸡嫁狗随狗",她才忍着不耐将长辈为自己选定的婚姻之路坚持走下去。

史实证明,谢道韫看人的眼光确实准确无比;史实也证明,她的丈夫不仅平庸,而且迂腐,正是这种迂腐和愚蠢,不仅断送了自己的生命,也连累了他和谢道韫所生的孩子——两个儿子。无辜的孩子们因为王凝之笃信五斗米道死于孙恩之乱。

隆安三年(公元399年),孙恩率领几百人起义,从海上出发,一度逼近建康城,攻入会稽郡(今天的绍兴)。彼时,会稽的主政者是王凝之,他担任会稽内史一职,东晋时内史的职责相当于太守,乃一郡之首。孙恩已经兵临城下,会稽城内人心惶惶。作为最高行政和军事长官的王凝之却按兵不动,下属着急地劝他赶紧准备御敌,他一边安慰下属"莫急莫急,我自有对策",一边慢悠悠地步入平日里焚香祷告的房间。不一会儿,他走出来,面带喜色地对下属说:"你们不用担心。我已经禀告神明,请他给我派些鬼兵鬼将,等这些兵将到了,城外的反贼自然就退却了。"下属面面相觑,一脸茫然。会稽城也就没有布置任何防备。随后,孙恩如入无人之境地攻入城内,还在痴心妄想等待鬼兵救援的王凝之,被孙恩轻松一刀结果了性命。更惨的是,杀红了眼的孙恩,将王凝之的两个儿子也都杀害了。

王凝之为他的迂腐和愚蠢付出了惨重的代价,此时的谢道韫不知是该为自己的识人之准而叹服,还是为自己的遇人不淑而怨恨。不管怎样,此时的谢道韫没有更多的时间去思考这些,丈夫倒在血泊中,两个儿子惨遭杀害,家人死伤无数。她悲恸欲绝、欲哭无泪。更恐怖的是,杀戮还未结束,仇人、刽子手孙恩还站在门外,沾满鲜血的屠刀已高高举起。

谢道韫身上孕育已久的惊人胆识，在此危难存亡之际，终于爆发出来。她从短暂的惊慌失措中清醒过来，很快就整理好自己的思路。只见她镇定自若地乘着肩舆（古代的一种轿子），拿着一把刀就冲出了大门。乱军之中，她竟然亲手杀死好几个叛军，毕竟寡不敌众，最后还是被俘虏了。连同她一起被俘的，还有她的外孙刘涛，他当时正好在谢道韫家居住。孙恩看到自己的人被杀了好几个，气急败坏，连这个年幼的小孩子也不想放过，举起屠刀就要砍下去。就在此时，只听见谢道韫大义凛然地说："今天这事跟王家有关，跟其他家族的人有什么关系？这个孩子是我的外孙，他姓刘，不是王家的人。如果你一定要杀他，就先把我给杀了吧。"她神色严肃，视死如归，一字一句铿锵有力、掷地有声，一时间震得所有人都不敢吭声。

慢慢地，孙恩放下了手中血淋淋的刀。他虽然狠毒暴虐，杀人无数，此时却被谢道韫的正气和胆识打动。他平日里听闻谢道韫的风雅传说，也敬重谢道韫为人的光明磊落。于是，他放过了这个孩子。自然，谢道韫也幸免于难。

胆识，有胆有识。如果说谢道韫具备识人、辨人的才能，一眼就看穿夫君王凝之沉迷神道之愚蠢的本质，并为之深深忧虑的话，那么，在强敌环伺，仇人相见分外眼红之时，她亲自上阵，奋勇杀敌，临危不惧，怒斥敌寇，有理有据，则充分表现出她异于常人的胆识和魄力。她早已看出孙恩及其起义军外强中干、色厉内荏，他们滥杀无辜，行的是不义之事。因此谢道韫可以在心理上、道德上占领制高点。

杀声震天，血流成河，彼时，若是一般女子，手无缚鸡之力，心无定海神针，早就吓破胆晕过去了；若是一般

及遭孙恩之难，（谢道韫）举厝自若，既闻夫及诸子已为贼所害，方命婢肩舆抽刀出门。乱兵稍至，手杀数人，乃被虏。其外孙刘涛时年数岁，贼又欲害之，道韫曰："事在王门，何关他族！必其如此，宁先见杀。"恩虽毒虐，为之改容，乃不害涛。（《晋书·列传第六十六》）

男子，目睹剧变，或许早就逃之夭夭或跪地求饶。若没有满腹的才华和世族的风范做底气，谢道韫怎能在这乱世中安身，又怎能保全祖孙二人的性命？说到底，还是才华拯救了谢道韫，这里的才华，就是她的才识，才能与胆识。

才韵

节操如风霜，风韵存高远。若说陈郡谢氏的诗书传家风气，培养了谢道韫的诗词天赋和高深学问，琅琊王氏家族的不幸经历，磨炼了谢道韫的处事才能和惊人胆识，那么，经历战乱、寡居之后的谢道韫，则在叔父谢安曾经隐居的会稽的青山绿水中，陶冶了情操，滋润了风韵。她的才韵，于会稽的山清水秀中徐徐展开。

才韵，指智慧和风韵。谢道韫的才韵，用史书中的一个典故即可形容："林下风气"。

当初，谢玄是东晋著名的青年才俊、因淝水之战成名的战神，吴兴太守张玄也是个很有才学的人，只是张玄的名气不如谢玄大。当时的人就把这二人称为"南北二玄"。自"未若柳絮因风起"的美名传开后，人们都知道谢玄将军有个才女姐姐谢道韫，她嫁给了琅琊王氏的王凝之；恰好，张玄有一个妹妹，也是个有才华的女子，她嫁到当时在江南也是有名的门阀世族顾家。张玄常常在别人面前夸耀自己的妹妹，将她与谢道韫相提并论，两人的名声应该旗鼓相当。

有个叫济的尼姑，与这两位才女交好，有人就让她比较一下这两位才女的优劣。济尼沉思片刻，回答道："王夫人神情散朗，有林下风气。顾夫人心地纯洁如玉，具有大家闺秀的风范。"自此，王夫人谢道韫具备"林下风气"的名声便不胫而走，传遍士林。（事见《晋书·列女传》）

林下，是竹林七贤等名士的代称。因为他们经常在竹林中清谈辩论、长啸抚琴，潇洒放纵，不为外界俗事、名利所羁，所以世人都很倾慕他们的思想解放和处事作风，将其称为"林下风气"。济尼认为谢道韫虽然是女子，已为人妻，但她神情散朗，见解独到，言谈脱俗，跟顾夫人的寻常贵族女子气息大为不同，远远超出一般大家闺秀的境界，所以称她有"林下风气"。

此评价不俗，亦不低。

身为奇女子的谢道韫，一直以来就是将"林下风气"当作自己的精神追求的。她曾在自己的《拟嵇中散咏松》诗中写道："遥望山上松，隆冬不能凋。愿想游下憩，瞻彼万仞条。腾跃未能升，顿足俟王乔。时哉不我与，大运所飘飖。"嵇中散指魏晋名士、竹林七贤之一的嵇康。谢道韫将嵇康比作到冬天也不凋敝的松树，自己非常仰慕和崇拜他，可惜她不能和嵇康做同一时代的人。这首诗全无一般女性诗人的矫揉造作，充满对嵇康的赞美，对竹林风气的欣羡。济尼能在她身上看到"林下风气"，就不足为怪了。

风流总被雨打风吹去。晚年的谢道韫，寡居在会稽郡。这片曾经滋润过叔父谢安的土地，抚慰了她孤寂的心灵，也进一步滋养了她的才韵。在这里，她写诗著文，将自己的才情倾吐于字里行间；在这里，她孤独地守望着，失去丈夫和儿子的她，只能寄情于会稽的山山水水，陶冶着豁

初，同郡张玄妹亦有才质，适于顾氏，玄每称之，以敌道韫。有济尼者，游于二家，或问之，济尼答曰："王夫人神情散朗，故有林下风气。顾家妇清心玉映，自是闺房之秀。"道韫所著诗赋诔颂并传于世。（《晋书·列传第六十六》）

138

达疏朗的情操;在这里,她将自己修炼成仙风道骨的隐士,用偶然为之的清谈来浇灌心中的块垒。

会稽太守刘柳仰慕谢道韫的才学,便亲自来到她的住处,与之清谈。谢道韫素来知道刘柳的声望,也不避讳,就梳着发髻戴着簪子,穿着朴素的衣服坐在帐中,和刘柳交流。刘柳则着装整齐地端坐在一旁的榻上,神情严肃。只见谢道韫气质脱俗,神情散朗,谈吐高雅而清晰,完全没有晚年妇女的老态龙钟、反应迟钝和口齿不清症状。刘柳大为惊讶。正当他暗自惊奇之时,只见谢道韫说起家事,她慷慨激昂,说到丈夫和儿子的死以及家道中落,又悲愤异常,眼中含泪。但这些心绪丝毫不能影响她的谈论,仍旧是言辞流畅,逻辑严密,没有枯燥乏味之处。一旁的刘柳,听得眼睛都发直,痴了。

一席话谈下来,刘柳不禁大为赞叹:"谢道韫实在是一个前所未见之人,听她说话,看她气质,人们可以心悦诚服。"随后恭敬地与谢道韫告别。谢道韫久已不与人清谈,此番交流,也将刘柳看作知己。可惜,这样有雅致的人不多了。她寂寞又感慨,说:"自从我的亲人遭遇劫难,家道衰落,我已很久没见过什么外人。今天遇到这位名士,听他的问话,着实让人心胸开阔。"正可谓,惺惺相惜,名士所见略同。谢道韫,因其"林下风气",因其清谈气度,亦被称为女中名士,彼时,"东晋一朝为清谈后期。清谈至东晋只为口中或纸上的玄言,已失去政治上的实际性质,仅作为名士身份的装饰品"❶。

---

❶
《陈寅恪魏晋南北朝史讲演录》,陈寅恪著,万绳楠整理,天津人民出版社,2018年12月版,第42页。

唐　孙位《高逸图》（又名《竹林七贤图》）

直至终老，谢道韫都没有离开会稽。

会稽，就是她的竹林，可惜没有曹魏名士与之同游，"一辞金谷苑，空想竹林游"。

会稽，就是她的东山，可惜没有叔父谢安当年携妓的前呼后拥，"安石风流无奈何，欲将赤骥换青娥。不辞便送东山去，临老何人与唱歌"。

会稽，就是她的兰亭，可惜没有公公王羲之的曲水流觞，"群贤毕至，少长咸集"。

这些都没有影响她林下风气之气韵的养成。虽则孤单，虽则偏僻，虽则枯燥，但她风韵高迈，神情散朗，词理无滞，不辜负"魏晋风流女名士"的雅号。

一吟一咏，雪天咏絮，出口成章，成就谢道韫诗词和学问之才华名气；一辨一抗，见微知著，临危不惧，谢道韫识人、鉴人的胆识和勇气在彼时无人能比；一比一谈，悠然高致，余音绕梁，乃显谢道韫不俗之才韵。才学、才

自尔嫠居会稽，家中莫不严肃。太守刘柳闻其名，请与谈议。道韫素知柳名，亦不自阻，乃簪髻素褥坐于帐中，柳束脩整带造于别榻。道韫风韵高迈，叙致清雅，先及家事，慷慨流涟，徐酬问旨，词理无滞。柳退而叹曰："实顷所未见，瞻察言气，使人心形俱服。"道韫亦云："亲从凋亡，始遇此士，听其所问，殊开人胸府。"（《晋书·列传第五十五》）

　　识、才韵，组成才华横溢、形象立体的谢道韫。

　　谢道韫，才女子也，奇女子也。

才女是如何炼成的？

启蒙·培养

谢道韫以其才华留名青史，后人欣羡她天赋异禀，胆识过人，她本人一生最仰慕的却是竹林七贤中的嵇康。

嵇康，三国时期曹魏的思想家、音乐家、文学家，是竹林七贤的精神领袖。官至曹魏的中散大夫❶，故后世称他嵇中散。他身材高大，文采华美，仪表不凡，是著名的美男子、伟男子。有人对竹林七贤之一王戎说："嵇绍就像野鹤站立在鸡群中一样突出啊。"王戎回答道："（您说这话，是因为）您还是没有见过他的父亲啊。"由此，中国文学史有了"鹤立鸡群"这个成语。

谢道韫一生著述颇多，但流传至今的只有两首诗，《拟嵇中散咏松》就是其中一首。可见她对风秀于林的嵇康的敬仰。在魏晋女性中同样鹤立鸡群的谢道韫，她的才华，是如何炼成的呢？

才华需要启蒙，需要培养。没有人是天生的政治家、军事家、思想家和文学家。婴儿呱呱落地之时，都是一张白纸。周围的人给他心灵种下什么种子，就会结出什么果子，俗语云："近朱者赤，近墨者黑"，"龙生龙凤生凤，老鼠的儿子会打洞"。说的就是启蒙和培养的作用。毋庸置疑，人中龙凤的谢安对谢道韫的培养是成功的。或许谢道韫诗文才思是她的天赋使然，但若没有谢安的细心栽培，她的小小文才也许就被埋没了。

所幸，谢安是个开明的叔父，不那么重男轻女，将侄

嵇康身长七尺八寸，风姿特秀。见者叹曰："萧萧肃肃，爽朗清举。"或云："肃肃如松下风，高而徐引。"山公曰："嵇叔夜之为人也。岩岩若孤松之独立；其醉也，傀俄若玉山之将崩。"裴令公目王安丰："眼烂烂如岩下电。"……有人语王戎曰："嵇延祖（即嵇绍）卓卓如野鹤之在鸡群。"答曰："君未见其父耳！"（《世说新语·容止第十四》）

142   谢公夫人教儿,问太傅:"那
       得初不见君教儿?"答曰:"我
       常自教儿。"(《世说新语·德
       行第一》)

子侄女一视同仁,使得谢道韫从小就接受了良好的家庭教育,诗文才华不至于被忽略或压抑。

同时,谢安又具备名士的雅量和开阔的胸襟。他胸怀大志,其还在东山隐居之时,当时的皇帝简文帝就说:"谢安必定能出山当官,他既然能与人同乐,也不得不与人同忧。"后来谢安果然出仕,出手不凡,不仅力挽狂澜,还将东晋这个偏安一隅的国家治理得国泰民安。由此,也给中国文学史留下"东山再起"的成语。他临危不惧、处变不惊,有一次和王坦之奉命去见有篡逆之心的大将军桓温,彼时,桓温在周围布置了很多士兵,气氛森严,就等着给前来的朝廷使臣一个下马威。与谢安同行的大臣王坦之已经吓得找不着北,两股战战,连手中的象牙板都拿倒了。反观谢安,却是镇定从容,神色如常,与手握兵器的桓温说话,也是有理有据、游刃有余,最终迫使桓温尴尬地撤去了周围的卫士。

不得不说,在众多谢家子弟中,谢道韫是最得叔父谢安的风韵遗传的,在叔父这里,她不仅习得学问和诗词,还耳濡目染了风流名士的雅量、气度和胸襟。这就为她以后讥讽王凝之、让济尼惊奇、怒斥孙恩、惺惺相惜于刘柳等表现出来的高迈风韵和过人胆识奠定了坚实的教育基础。

值得一提的是,谢安对谢家子弟的栽培,不是耳提面命式的强迫,而是春风化雨于无形的熏陶。夫人问谢安:"怎么从来没见过你教导儿子呢?"谢安回答她:"我常常用自己的行为来教导儿子。"谢玄有佩戴香囊的爱慕虚荣的坏习惯,作为大家长的谢安没有怒气冲冲地当面斥责侄子,而是用打赌的方式赢了谢玄的香囊并烧了它,谢玄由此便明白叔父的良苦用心。谢道韫正是在这样宽松温和、教育有道的书香世家成长起来的,可谓富养的女儿。

陈郡谢氏一门，才华卓著。谢道韫的父辈里，叔父谢安自不必说，官做得风生水起，诗词创作亦超尘拔俗，经常与王羲之等文人墨客诗词酬和，他还担任过著作郎一职；叔父谢万"工言论，善属文"；叔父谢石曾担任掌管图书经籍的秘书郎。谢道韫的同族人中，堂弟谢琰曾"拜著作郎"，后"转秘书丞"；谢琰的儿子谢混更了不得，他"少有美誉，善属文"，其创作的山水诗《游西池》中的名句"景昃鸣禽集，水木湛清华"，因其意境优美而成为现代清华大学校名的滥觞。谢道韫的父亲谢奕，一生旷达放纵，经常逼将军桓温跟他一起喝酒，桓温被逼得无奈何，只好躲进老婆南康公主的房间里；《晋书》说谢奕、谢万兄弟俩"奕万虚放。为龙为光，或卿或将"，名副其实的魏晋风度，评价甚高。

正是陈郡谢氏的"诗酒风流"、家传底蕴以及谢安的言传身教，共同培养、滋润了谢道韫光彩熠熠的才华。

共鸣·激荡

才华需要共鸣、激荡。英国戏剧家萧伯纳说："如果你有一个苹果，我有一个苹果，彼此交换后，我们还是每人一个苹果。但是，如果你有一种思想，我有一种思想，彼此交换，我们每个人就有了两种思想，甚至多于两种思想。"于谢道韫而言，陈郡谢氏和琅琊王氏联姻，门当户对，物质的交换已是次要的，重要的是她要与夫君有思想的交流，或曰共鸣与碰撞。可惜，信奉五斗米道、坚信撒豆成兵的王凝之，不是她的理想伴侣，或者说不能成为她的精神伴侣。对一个才女来讲，共同生活的漫漫人生路途中，没有可以自由交流的旅伴，就没有可以激发她创作热情的动力。甚至，于中国传统妇女来说，这种藏于深闺、相夫教子的苦闷婚姻生活，会逐渐扼杀她刚刚萌芽亟待发掘的才华。从这方面来说，她的婚姻是不顺的，她的情感是苦闷的，她的才华是被压抑的。

才女谢道韫的不幸，在中国传统社会中具有代表性意义。美国汉学家罗莎莉认为中国传统女性不能充分发挥才华，在于女性被困在家庭和婚姻等"内"领域，她说："从实际来看，女性拥有文化才能确实是不幸的事情。如果女性杰出的文化才能远胜于她的兄弟或丈夫，但却始终没有发挥其才能的合法途径，这将给她的家庭带来痛苦而不是荣誉……从总体来看，将文化和创作划归为'外'领域是显而易见的。'从政'是'习文'的最终归宿，这是男性所特有的权利。"❶

所幸，她还有王徽之、王献之这样的真名士小叔子，可以从他们身上看到释放天性的真性情和洒脱自在。尤其是王献之，虽说是嫂嫂谢道韫主动为自己解围，但也间接为她提供一次畅所欲言、与人交流的清谈机会。彼时，清谈既是风流人物展示自己聪明才智的一种手段，也是上流社会较为重要的社交活动，于女子而言，这样的机会并不多。谢道韫的父亲谢奕去世较早，她的婚姻是由叔父谢安

---

❶

《儒学与女性》[美]罗莎莉著,丁佳伟、曹秀娟译,江苏人民出版社,2015年2月版,第130页。

做主的。据说，谢安当初看上的是王献之，意欲将谢道韫许配给他，只是因为王献之是王羲之最小的儿子，年龄比谢道韫小许多，女大男小不合适，只得作罢。

王献之自小就被谢安所欣赏、所看重，不仅因为他与谢安情趣相投，更在于他本身也是一个重情重义之人。《晋书》记载，王献之年轻时娶的是郗昙的女儿，两人感情深厚，举案齐眉，后来迫于当朝皇帝简文帝的压力，与郗氏离婚，另娶了新安公主。王献之一生对此事耿耿于怀，直到临终前，他还在凄凉地念叨："这一生我没什么可遗憾的事情了，只是常常会想起和郗氏离婚的事。"可见其用情至深。

虽然历史不能假设，但若时间倒流，假如当初谢道韫所嫁之人，不是迂腐的五斗米道信徒王凝之，而是重情重义的真名士王献之，两人思想契合，才华共鸣，三观一致，那么，才女的命运可能会被改写，她的才华或许可被最大限度地激发出来，光彩四溢，就如600多年后的南宋词人李清照，又如1600多年后的民国才女张爱玲。

李清照，号易安居士，是宋代婉约派词人的代表，有"千古第一才女"的美称。在文化学者余秋雨的《中国文脉》一书中，作者将宋代诗人和词人进行排序，李清照坐上了女诗人的第一把交椅。李清照的词，别是一家，人称"易安词"或"漱玉词"，词集《漱玉词》成就之高甚至连男性诗人都自愧不如。

李清照最让世人羡慕的不仅是她的才华，更有她美满的婚姻。台湾学者蒋勋认为，李清照非常幸运，她的父亲李格非不但自己学问好，还让李清照接受了最好的教育。李清照更为幸运的是，她嫁给了赵明诚。赵明诚出身高官显宦之家，从小就喜爱诗文，喜欢收藏金石碑刻、古董字

146

如梦令·常记溪亭日暮
常记溪亭日暮,
沉醉不知归路。
兴尽晚回舟,
误入藕花深处。
争渡,争渡,
惊起一滩鸥鹭。

一剪梅·红藕香残玉簟秋
红藕香残玉簟秋。
轻解罗裳,
独上兰舟。
云中谁寄锦书来?
雁字回时,
月满西楼。
花自飘零水自流。
一种相思,
两处闲愁。
此情无计可消除,
才下眉头,
却上心头。

武陵春·春晚
风住尘香花已尽,
日晚倦梳头。
物是人非事事休,
欲语泪先流。
闻说双溪春尚好,
也拟泛轻舟。
只恐双溪舴艋舟,
载不动、许多愁。

画等,具有深厚的文化底蕴和高雅的文化趣味。

她书香门第长大,婚后与赵明诚结成一种知己般的夫妻关系,所以才能将自己的才华发挥得淋漓尽致。故而我们才会从《如梦令·常记溪亭日暮》看到少女时期李清照的活泼灵动,从《一剪梅·红藕香残玉簟秋》中看到婚后李清照和丈夫短暂离别后的缠绵悱恻,从《武陵春·春晚》中体味到晚年李清照的凄凉与孤独。

究其一生,李清照的创作力都是丰沛而有质感的,这与丈夫赵明诚的鼓励和支持是分不开的。"在丈夫的家中她(李清照)得到了像在自己家中同样的鼓励,使得她的文学成长空间非常之大。我们由此看出,个人是活在社会里面的,个人要对抗一个社会的习俗,是非常不容易的事情。这些习俗不是法律,不是道德,而是一种习惯。这种习惯是最容易扼杀一个人的才华的。"台湾作家蒋勋如是说。此言不虚。

幸哉,"千古第一才女"李清照!

"李清照和赵明诚的重要性不仅在于他们代表伴侣型夫妇关系,还由于他们实现了人的理想。各种因素都不利于已婚妇女发展才华,但人们仍然可以从李赵二人看到一种理想型即夫妻间的知识性联系。"❶对一个才女来说,没有比遇到知己般的夫君更幸运的了,李清照如是,谢道韫却没有这份幸运。这或许也是她传世精品不多、有句无篇的原因之一吧。

---

❶
《内闱——宋代妇女的婚姻与生活》,[美]伊佩霞著;胡志宏译,江苏人民出版社,2010年7月版,第141页。

磨砺·升华

真正的才华，需要启蒙与培养，需要共鸣与撞击，更需要磨砺和升华。没有经过磨砺的才华，终究是浮光掠影、昙花一现，沉淀不下来；没有升华的才华，只能算小才小技。谢道韫的远见卓识、林下风气就是经历磨炼、升华的才华展现，正所谓"风流蕴藉更才华"。

封建时代的家庭主妇，没有机会走向社会显山露水，走上朝堂献言献策，只能囿于自家庭院相夫教子，但这丝毫不影响有志向、有抱负的才女磨炼自己的心性和胆识。

公元1127年，北宋发生历史上著名的"靖康之变"，金兵不仅掳走北宋徽宗、钦宗两位皇帝，还将铁蹄踏向建立在南方的南宋土地，李清照就是在这样的背景下逃到南方的。兵荒马乱中，丈夫赵明诚病死，没有生育子女的李清照孤苦一人，颠沛流离，经历了旁人难以想象的艰难困苦。这些生活磨砺促使她的诗词呈现出磅礴大气的铿锵气息，如"生当作人杰，死亦为鬼雄。至今思项羽，不肯过江东"。在讽刺南宋朝廷偏安一隅，不愿北伐收复失地时说："南渡衣冠少王导，北来消息欠刘琨。"这些诗词显示出诗人已经从卿卿我我的女性小天地走出来，开始走向社会，关注现实，关注个人和民族的命运。自然，她的才华已升华到与时代同呼吸共命运的境界。

谢道韫亦是如此。只是，她的才华并未完全集中在诗词创作上，更重要的是，家庭的变故、家族的衰落、时代的风云突变增加了她的见识和胆力，磨炼了她志存高远的气韵和风度。

孙恩之乱爆发，身为会稽内史的王凝之被杀害，朝廷于是派谢琰来担任会稽内史一职，后来也被孙恩设计杀害了，其两个儿子谢肇、谢峻一同遇难。彼时，谢安、谢玄都已去世，其他的谢氏子弟几乎被孙恩赶尽杀绝，女子谢道韫以自己的气势和勇气取胜，得以苟活。

王凝之一家男丁荡然无存，谢氏子弟也星流云散，曾经的高门大族——陈郡谢氏和琅琊王氏，家族式微，身处其中的谢道韫，自然对此有切肤之痛。但这些都不能使她低到尘埃里，反而使她更坚定地培养自己的志向和情操。所以才会在晚年遇到太守刘柳时，依旧傲然如山松，节操如风霜。正所谓"大雪压青松，青松挺且直。要知松高洁，待到雪化时"（陈毅诗）。

结语

"当时咏雪句，谁能出其右。雅人有深致，锦心而绣口。此事难效颦，画虎恐类狗。"宋代诗人的一首《咏史八首·谢道韫》，高度概括谢道韫的才华，可谓"咏絮才"最好的人生注脚。

虽然江山代有才人出，各领风骚数百年，但谢道韫的际遇是不可模仿、独一无二的。同时代的妇女大多规规矩矩、按部就班地相夫教子，终埋没于历史浩渺尘烟中，不留一毫痕迹，不起一丝涟漪。独有她气质美如兰，亭亭玉立，光芒绽放。

无他，是才华成就了谢道韫。

传统社会中女子想在历史占有一席之地，发出自己的声音，极难，难于上青天。除非驰骋沙场，建功立业，如秦良玉；除非出将入相，建言献策，如上官婉儿；除非高居庙堂，一言九鼎，如武则天；除非道德高标，贤良淑德，如历代列女。幸而，上天还赐予女子兰心蕙性之才华。

生活不止眼前的苟且，还有诗和远方。儒家以"立德""立功""立言"为"三不朽"。"立言"，即为才女的诗和远方。

才华是件宝，是女子活出自我所倚靠的参天大树，其文字功夫，其性情境界，需要用心启蒙、精心培育；需要爱心共鸣、诚心激荡；需要耐心磨砺、痴心升华。需要有缘之人，慢慢等待，等待它抽芽、开花、结果，直至长成参天大树，木秀于林。

150

拥有才华的女子,当珍惜你的天赋。海阔凭鱼跃,天高任鸟飞。才华,是你通往精神自由之门的钥匙,一把金钥匙。这自由,或许出身给不了你,婚姻给不了你,礼法给不了你,但才华可以。

若说容貌是女子的第一张脸,才华则为女子的第二张脸。有人说:"你的容貌就是一张地图,它记录着你读过的书、走过的路、爱过的人。"才华亦如是,所谓"才华馥比仙,气质美如兰"。好好珍惜并保护你的第二张脸。第一张脸只会越来越苍老,第二张脸却仿如佳酿,愈久愈醇。

尾声

秀丽东山，1600百年前的谢家雪天赋诗，余音袅袅。

"白雪纷纷何所似？"谢安高兴地问道。

"撒盐空中差可拟。"侄儿谢朗抢先回答。

"未若柳絮因风起。"侄女谢道韫悠然吟出。

大约100年后，一位南朝诗人诞生，他的山水诗抒情清新自然，风格清俊秀丽，惊艳了唐代诗仙李白，遂，李白"一生低首谢宣城❶"。

雪天赋诗过后约60年，南朝刘宋的永嘉（今浙江温州）境内，永嘉太守一边喝着酒，一边自夸道："若说天下的文才共有一石❷，其中曹子建独占八斗，我占一斗，自古至今的其他人合分剩余的一斗。"成语"才高八斗"即来源于此。这位口出狂言的太守，不是别人，正是山水诗鼻祖谢灵运，人称"大谢"。他，是谢玄的孙子，谢道韫的亲侄孙。

"自古及今共分一斗。"这一斗文才里，留给女子的，不知又有几何？

——本篇完——

---

❶

谢宣城，即谢朓，人称"小谢"。公元499年，他卷入南齐的政治斗争，遭人诬陷，死于狱中。他，是"撒盐空中"的谢朗的族内重孙。

❷

一石等于十斗。

152

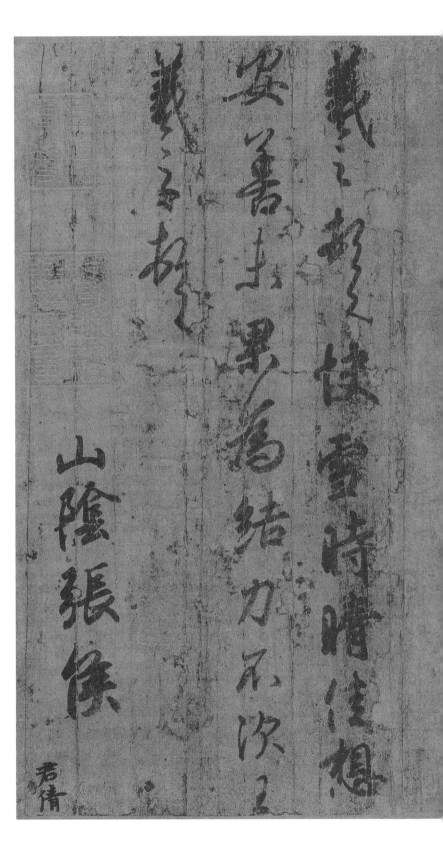

晋　王羲之　《快雪时晴帖》（局部）

让梦想照进现实

文明冯太后：

引子

"北乔峰，南慕容"是金庸的武侠小说《天龙八部》的主要人物。"南慕容"一出场，即惊艳四方："段誉顺着她目光看去，但见那人二十八九岁年纪，身穿淡黄衫，腰悬长剑，飘然而来，面目清俊，潇洒娴雅。段誉一见之下，身上冷了半截，眼圈一红，险些便要流下泪来，心道：'人道慕容公子是人中龙凤，果然名不虚传。王姑娘对他如此倾慕，也真难怪。唉……'"

人中龙凤的慕容公子，就是慕容复。慕容是姓，单名"复"。金庸先生郑重其事地解释了慕容复的家族渊源："慕容复的祖宗慕容氏，乃鲜卑族人。当年五胡乱华之世，鲜卑慕容氏入侵中原，大振威风，曾建立前燕、后燕、南燕、西燕等好几个朝代，其后慕容氏为北魏所灭，子孙四散，但祖传孙、父传子，世世代代，始终存着中兴复

国的念头。"

金庸的武侠小说，大多将杜撰的人物置于真实的历史场景中，虚虚实实，真真假假，让人似信非信。《天龙八部》里关于慕容家族的描述，确是符合历史真实的。譬如，慕容复的玉树临风，源自遗传基因。史书记载，鲜卑族慕容部落的人，大多身材高大，皮肤白皙，容貌俊美，有"白胡"的美誉。当时少数民族，乃至号称华夏文明正统的东晋王朝，各国君主纷纷将慕容女子纳入后宫。而鲜卑族的另一部落，拓跋部的部众，就没有那么光彩照人，相反，还相当丑陋。拓跋，是"秃发"的音译，同时，拓跋部落的人还有梳辫子的，被称为"索虏"或"索头"，从上面几个名词即可看出，这个部落的人形象不佳，与慕容部落的"白胡"站起一起，简直是判若云泥。

同属鲜卑族的这两大部落，一丑一美，互不相容，彼此打得不可开交。《天龙八部》所说的"其后慕容氏为北魏所灭"，即是指历史上著名的具有决定性的参合陂❶之战。这一战改变了慕

❶

参合陂在今天的内蒙古凉城东北一带，也有说在今天的山西省阳高县一带。

156

容家族的命运，奠定了拓跋家族建立的北魏政权扩张的基础，同时，也与近半个世纪后的一个女人——冯太后的命运有着千丝万缕的联系。

前文述及，美姿容、善风仪的慕容家族，于少数民族南下时期，在北方相继建立了前燕、后燕、西燕、南燕四个国家。公元395年，建立后燕的慕容垂在参合陂和北魏的拓跋珪展开决战。据史料记载，拓跋珪就出生在参合陂北边，出生时"其夜复有光明"，参合陂，可谓拓跋珪的龙兴之地。但此之蜜糖，彼之砒霜，对于对手慕容垂来说，此处可不是什么幸运之地。面对北魏的强势进攻，后燕军队一败涂地，慕容垂口吐鲜血，就此病倒，并在退兵途中去世。一代战神慕容垂就此谢幕。后燕走向衰亡。

参合陂之战后，后燕一分为二，变成后燕和南燕，国家逐渐衰落，慕容家族的政权也开始落入旁人之手，终于在公元409年，汉人冯跋取代慕容家族，建立北燕，自称皇帝。后燕至此从历史上彻底消失。

北燕是当时所有燕国里唯一由汉人建立的政权。北燕开国皇帝冯跋死后，其弟弟冯弘篡夺了本应由太子继承的皇位。可惜，冯弘并不能守住自己靠阴谋诡计得来的皇位和国家。公元436年，拓跋珪的孙子、北魏皇帝拓跋焘率军灭掉北燕。冯弘甚至主动提出，将自己的小女儿送进拓跋焘的后宫做妃子，但也没能挽回北燕的亡国命运。之后，冯弘逃到高句丽，被处死。他的儿子冯朗向北魏投降，并在北魏做官。后来冯朗卷入一场谋反案，被杀，儿子逃亡，女儿被送进宫中做奴婢。这个女儿，就是历史上赫赫有名的文明冯太后。

参合陂一役，后燕元气大伤，以至于后来被冯太后的伯祖父冯跋篡位亡国。慕容家族以此为耻，故而《天龙八部》里慕容复心心念念要复国，他的名字就是复国志向的体现；故而慕容复居住的地方是燕子坞的参合庄；故而慕容家族的祖传武功名唤"参合指"。

在参合陂，北魏拓跋珪的军队大获全胜，之后继续高歌猛进。参合陂之战两年后，公元397年，北魏攻占了后燕的都城；公元398年，拓跋珪将都城迁往平城（今天的山西大同），

157

拓跋珪登上皇帝宝座。自此，北魏越发强大，逐渐称霸并统一北方。北魏拓跋氏经过历代皇帝的南征北战，到第五代皇帝拓跋珪之时，国力已不容小觑，史称"北朝"。拓跋珪即为冯太后的皇帝丈夫。

一场战争，就此改变了慕容家族、冯氏家族、拓跋家族的命运。1000多年后的清朝，纳兰性德感叹道："今古河山无定据，画角声中，牧马频来去。满目荒凉谁可语？西风吹老丹枫树。从来幽怨应无数，铁马金戈，青冢黄昏路。一往情深深几许？深山夕照深秋雨。"

好一个"今古河山无定据"。历史的车轮滚滚向前不停留，经过半个多世纪的风雨飘摇，当年征服者的后代——拓跋氏建立的北魏，蒸蒸日上；被征服者的后代——慕容氏只能活在武侠小说的虚幻复国称帝梦中；另一被征服者的后代——冯氏，开始走进征服者的权力中枢，甚至站在北魏的殿堂上发号施令。更令人震惊的是，这个被征服者的后代——文明冯太后，并没有因为北魏拓跋氏践踏了她的皇族，消灭了她的国家而发誓报仇，或

者借助手中权力来做复国称帝的千秋美梦，而是选择顺应历史潮流，对积弊已久的北魏政治进行大刀阔斧的改革，使之脱胎换骨为傲视北方的一头雄狮。

一直以来，北魏的皇帝们都有一个伟大的梦想，那就是，不但要建立统一的北方王国，还要建立统一的中华帝国；相应的，皇帝们，不满足于仅做北朝的鲜卑族的皇帝，还要占领汉地，做中华皇帝。这一梦想在北魏前六位皇帝在位期间都没能实现，在第七任皇帝孝文帝拓跋宏在位时，这一梦想终于有了突破，接近实现。

将这一梦想照进现实的推手，乃北魏的文明冯太后。是她，一手策划，一手推动；一手实践，一手培养接班人，对北魏这个少数民族政权进行改革，使之国富民强、社会繁荣，为孝文帝的迁都洛阳、深化改革和逐步靠近中华皇帝梦打下坚实的基础。

可以说，文明冯太后是个心怀梦想、敢于实践、坚持改革的出色的女政治家。没有她的改革，北魏不可能强大；没有她的实践和培养，北魏孝文帝能否成为一代雄主还是个未知数；

158　没有她的梦想,北魏或许仅仅是个成功的北方少数民族国家,保守、拘谨、野蛮、落后、短命,如同湮灭于历史长河中的其他少数民族政权,昙花一现。

那么,文明冯太后的梦想是什么?身为北燕皇族后裔,一个罪臣之女,在仇敌的宫廷和朝堂上,她是怎样实现绝大多数男性皇帝都无法实现的改革梦想的呢?

也其所求者不可不許○之而反不必可與求之
而不許勢必自絕許而不與其曲在己里語
日何以罰與以奪何以怒許不與思省而示報
權踴曲折得宜神聖之慮非今臣下所能及
有增益昔與文若奉事先帝事有毀者
有似於此粗表二事以為今者事勢尚當有
所依違顛君恩省若以在所慮可不須復與
節度唯君恩不可采故不自拜表

魏　钟繇《宣示表》

尚書宣示孫權所求詔令所報所以博示

逮于卿佐必冀良方出於阿是芝意之

言可擇郎廟況繇始以疏賤得為前恩橫

所蒙睨公私見異愛同骨肉殊遇厚寵以至

今日再世榮名同國休感敢不自量竊致愚

慮仍日達晨坐以待旦退思鄙淺聖意所

棄則又割意不敢獻聞深念天下今為已平

權之委質外震神武度其拳拳無有二計高

尚自高只夫見言人佳次戉次之見言賢裏

小女人，大梦想

春种一粒粟

　　台湾作家柏杨说："中国史书有个毛病，往往只写名，不写姓，好像他姓啥已天下皆知。贵阁下看过《汉书》乎，上面的'臣瓒曰'，那个名'瓒'的朋友，到底姓啥，考据学考据了1000多年，都没有考据出一致同意的结论，当初如果索性连名带姓一齐出笼，岂不清清楚楚。"❶他举的例子是男性，于女性而言，恰好相反，史书中的女子大多只写姓，很少写名。即便贵为皇后、太后，也不是每个女人都能在史书中留下自己的大名。尊贵的冯太后也不例外，史书中并未记载她的名字，只以"冯氏"或其身份"后"指代，后世姑且以"冯太后"称呼她。

　　冯太后是汉人，本是皇族后裔，她的祖父是北燕的皇帝冯弘。她的母亲是乐浪王氏，乐浪即现在的朝鲜平壤附近，早在冯太后出生前100多年的公元313年，乐浪就被高句丽占领。彼时，高句丽还是中国领土的一部分，因此乐浪王氏可以与北燕皇族通婚。

　　冯太后的父亲冯朗，原是北燕皇帝冯弘的儿子，身为皇子的他，本来生活优哉游哉，谁知北魏的铁骑纷至沓来，他的父亲冯弘一溜烟跑到高句丽去申请政治避难。国破了，家亡了，别无选择的冯朗只好投降敌人——北魏。北魏皇帝拓跋焘对他还算不错，让他担任秦州、雍州两州的刺史。这是一段平静安稳的日子，哥哥冯熙和妹妹冯氏，就这样在长安出生了。史书记载，冯氏出生时，天降神光以示祥

❶
《皇后之死》，柏杨著，人民文学出版社，2006年5月版，第25页。

瑞。这道神光，似乎预示着这个小女孩即将开启丰富多彩、恢宏壮丽的一生。

谁知好景不长，父亲冯朗因为被牵扯进朝廷的一桩大案而被下狱，后被处死。哥哥冯熙趁机逃走，不知流浪到何方，年幼的冯氏孤苦无依。按照当时的规定，身为罪臣之女的她，被送进宫廷，罚做奴婢。从皇族后裔沦落为宫中奴婢，身份反差何其大矣。可以说，幼年的冯氏，没有梦想，只有生存。彼时的她，甚至连平静的生活都谈不上，唯有生存。

生活不总是风和日丽，亦有暴风骤雨。同理，命运不总是穷途末路，亦有柳暗花明的时刻。年幼的冯氏经历常人难以承受的丧父亡家做女婢之痛，这是她的不幸，但幸运的是，她在北魏后宫中并不孤独，她遇到了生命中的两位贵人。

一位贵人是她的姑姑冯昭仪。前文述及，在北燕亡国之前，面对拓跋焘的大军压境，北燕皇帝冯弘曾经主动将自己的小女儿送给拓跋焘做妃子，试图阻止拓跋焘的进攻，所谓以女儿换和平。谁知拓跋焘根本不吃这一套，人照收，仗照打。冯弘可谓赔了女儿又折兵，不过，犹如丧家之犬的他素来重男轻女，兼之匆匆逃往高句丽，已经顾不上尚在北魏后宫的小女儿。这个被送往北魏的小女儿，被拓跋焘封为昭仪，人称冯昭仪。从辈分上说，她，是冯氏的姑姑，是冯氏在冰冷皇宫中最亲的亲人；从地位上说，她是老皇帝的妃子，可以给侄女更好的照顾。

另一位贵人是常太后。她是冯氏的丈夫文成帝拓跋濬的保姆，慈和履顺，有勤劳保护之功，文成帝拓跋濬称帝后，将自己的这位保姆封为保太后，也叫常太后。常太后久居宫中，地位较高，大约与冯昭仪关系不错，兼之她也

高宗乳母常氏，本辽西人。太延中，以事入宫，世祖选乳高宗。慈和履顺，有勤劳保护之功。高宗即位，尊为保太后，寻为皇太后，谒于郊庙。和平元年崩，诏天下大临三日，谥曰昭，葬于广宁磨笄山，俗谓之鸣鸡山，太后遗志也。依惠太后故事，别立寝庙，置守陵二百家，树碑颂德。（《魏书·列传第一》）

是因为家族犯事被充入宫中，看到幼年的冯氏，未免有同病相怜之感，因此她对冯氏亦疼爱有加，照顾周全。

有了姑姑冯昭仪和常太后的关心和保护，幼年冯氏灰暗阴冷的宫中奴婢生活才有了那么一丝温暖的色彩。姑姑冯昭仪出生于皇族，娴静优雅，本着天然的亲近感和责任感，她对待冯氏犹如亲生母亲一般，不仅在生活上照顾这个境遇可怜的小女孩，还教会冯氏识字，学习一些基本的文化知识，这是颇有远见、非常明智的一种做法。《晋书》有云："太后性聪达，自入宫掖，粗学书计。及登尊极，省决万机。"彼时宫中妇女，大多忙于梳妆打扮，便于在皇帝面前争宠，或钩心斗角于八卦中，主动学习文化的女子很少。而冯昭仪能做到这一点，显现出她高远的眼界，她为侄女规划的路更宽阔、更长远。后来的事实亦证明，冯太后能在北魏政坛翻云覆雨，两次临朝称制，批阅奏章，处理公文，与她"粗学书计"的能力是分不开的。多年后冯太后在教育孝文帝时，甚至还亲自写就300余章的《劝诫歌》，以及18篇《皇诰》。没有金刚钻，是不敢揽瓷器活的。教育的作用，即在于此。

幼年冯太后的幸运，除了接受姑姑的教育和教诲，常太后的关心和保护，还在于她从这两位宫中老年妇女口中接收到的梦想的种子。

冯太后生于公元441年，北魏太武帝拓跋焘死于公元452年，也就是说，拓跋焘去世时，冯太后才12岁。彼时，她正在宫中做奴婢，但并不妨碍她从姑姑和常太后口中常常听到这位具备雄才大略的皇帝的英雄事迹。同时听到的，还有北魏开国皇帝拓跋珪的建国理想。

北魏开国皇帝拓跋珪，一生武功赫赫。幼年的他胸怀

文成文明皇后冯氏，长乐信都人也。父朗，秦、雍二州刺史、西城郡公，母乐浪王氏。后生于长安，有神光之异。朗坐事诛，后遂入宫。世祖左昭仪，后之姑也，雅有母德，抚养教训。年十四，高宗践极，以选为贵人，后立为皇后。
（《魏书·列传第一》）

大志，史书记载"帝有高天下之志"。果然，在其短短的39年的人生中，拓跋珪带领族人南征北战，收编了周围众多部落，对不顺从他的部族，他则给予毫不留情的打击。

在立国之初，他就有意识地效仿中原文明设置百官，划分行署，制定各类典章制度、礼仪等。除此之外，他还大力发展文化教育，设置五经博士。显然，拓跋珪虽然是鲜卑族，但他的建国思想却不完全少数民族化，而是有意识地借鉴汉族的文明和文化。他很清楚如果还是按照原来的部落首领制度来建国，只能使北魏成为一个松散的没有凝聚力的少数民族政权，如此，国家解散是迟早的事。因此，建国伊始，他就有个梦想：解散各部落，部落首领成为国家的地方官员，便于加强中央集权。彼时，拓跋部落的生产力水平也达到封建国家的水平，客观上支持了拓跋珪的建国思想。正如历史学家唐长孺总结的："（拓跋部落）他们从原始公社通过家长奴役制而径直飞跃到封建社会……拓跋部落在猗卢统治时期开始形成国家，而完成于拓跋珪亦即道武帝的统治时。""从拓跋部落本身来说，当他们的氏族解体，开始建立国家时，他们自己的生产力水平已达到一个游牧封建国家的水平。"❶

不可否认，这是一个伟大的开端，也是一个伟大的梦想。

这是北魏拓跋氏的第一次改革，是从落后的原始社会和奴隶制部落向中央集权制的封建王国进化的改革。既然是改革，就要触动某些人的利益，即保守派的利益。于是，这些既得利益集团联合太子拓跋绍，将拓跋珪杀害。一代

❶《魏晋南北朝史论丛》，唐长孺著，商务印书馆，2010年12月版，第240、242页。

英杰，出师未捷身先死，他留下的加强帝权、王权，改革落后制度的梦想，就此搁置。

太武帝拓跋焘是拓跋珪的孙子，北魏在他的手上达到了军事上的鼎盛。拓跋焘有着高超的军事指挥才能，在他的领导下，北魏的铁骑踏遍西夏、西秦、北燕和北凉，终于在公元439年，拓跋焘完成了统一中国北方的宏伟事业，结束了长达100多年的北方割据混战局面。北方的柔然一直以来都是北魏的心腹大患，几乎年年侵犯北魏的边境。著名的北朝民歌《木兰辞》描述的就是柔然与北魏的对抗。"昨夜见军帖，可汗大点兵。"拓跋焘对此忍无可忍，终于马踏柔然，"万里赴戎机，关山度若飞。朔气传金柝，寒光照铁衣。将军百战死，壮士十年归。"一番鏖战后，曾经强大的柔然一蹶不振，北魏边境随后较为安宁。

完成北方统一大业的拓跋焘，野心勃勃，他打起了中原正统王朝刘宋政权的主意。元嘉二十七年（公元450年），他进攻南朝，甚至一度将军队驻扎到长江北岸，与南朝刘宋的都城建康隔江而望。《魏书·帝纪第四》记载，"车驾临江，起行宫于瓜步山（在今天南京六合区东南）""所过城邑，莫不望尘奔溃，其降者不可胜数"。可怜刘宋王朝，经过刘裕、刘义隆两代皇帝励精图治，方有国富民强的"元嘉之治"，经过拓跋焘这次"饮马长江"之举，淮南地区被战乱破坏严重。"元嘉之治"毁于一旦，刘宋国力逐渐衰落。

拓跋焘北上攻柔然，南下伐刘宋，立下赫赫战功。他所有的战争威慑，都是为着一个梦想：建中华帝国，做中华皇帝。实现这一梦想的前提，就是打破北魏的少数民族与汉族对立堡垒。为此，他招揽汉人贤才为他出谋划策，发布诏书说："我有好爵，吾与尔靡之。"意思是，我有美酒，愿与你共享其乐。在他的礼贤下士之举召唤下，汉族的杰出人士崔浩、高允等都投奔他而去。

然而，少数民族开明君主拓跋焘与汉人优秀谋士崔浩，如此强强联合，最终仍未能实现拓跋焘的梦想。原因就在于，建立中华帝国，这是一个少数民族开明君主的梦想，却也是需要改革，需要彻底打破少数民族和汉族对立才能实现的。崔浩曾经做过类似的努力，最终失败被杀。改革，必然涉及社会资源和权力的再分配，必然会触犯既得利益集团的利益。于是，在少数民族人专政思想主导下，试图用汉族文明改革北魏制度的崔浩必须死。曾经梦想做中华皇帝的拓跋焘，亦不能幸免于难。公元452年，一代雄主拓跋焘被太监宗爱杀害，年仅44岁。

同他的祖父拓跋珪一样，梦想夭折，改革搁浅。

北魏历代君主政治梦想的实现、改革的实施，还需要再等待25年，等待一个女人，来重新开启它的神秘大门。这个女人，就是冯太后。

不过，此时的冯氏，还处于学习本领的蛰伏期。拓跋焘去世时，她才12岁，正处于听常太后和冯姑姑讲述历代皇帝辉煌事迹的懵懂年龄。此时的她，或许未能意识到，帮助北魏皇帝进行汉化改革、实现强国富民的愿望种子，已在她稚嫩的心灵中悄然埋下。

现在能做的，只有等待，静静地等待，耐心地等待。等待一个合适的机会，浇灌雨水，阳光普照，让梦想的种子生根、发芽，乃至茁壮成长。

机会，终于来了。

那一年，冯氏14岁，因为常太后的支持，她嫁给了皇帝——文成帝，被封为贵人；两年后，知书达理、聪明灵敏的她被立为皇后。从一介女奴成长为母仪天下的皇后，这一系列幸运的背后，既有常太后的鼎力协助，也有姑姑冯昭仪长期培养教育的功劳。

机遇，总是偏爱有准备的人。

前日萌芽小于粟

若说14岁之前的冯氏，还是一个悲惨的小婢女，整日活得战战兢兢、担惊受怕，那么，14岁之后的冯氏，简直像人生开了挂，从贵人到皇后，从太后到太皇太后，一路步步高升。可以说，自公元455年起，命运之神将她安置在皇帝身边，直到公元490年她49岁时去世，冯太后都未曾离开过宫廷和权力的中心——皇帝。

这一切的幸运，要从她第一次遇见皇帝开始。

文成帝拓跋濬是冯氏在宫中真正接触的第一个皇帝，也是她的丈夫。拓跋濬"静以镇之，养威布德"，具有"君子之度"（《魏书·帝纪第五》）。这个评价虽然不及他的祖父拓跋焘的"聪明雄断，威灵杰立，廓定四表，混一戎华"显得更猛烈，但也不低。

实际上，拓跋濬是一位不以武功著称，而以文治见称的皇帝。他登上皇位之时，北魏经过拓跋珪、拓跋嗣、拓跋焘几代君主的南征北战和励精图治，已经具备强大的经济实力，不然拓跋焘也不会悠然地饮马长江，在刘宋都城

夏五月壬戌，（拓跋濬）诏曰："朕即阼至今，屡下宽大之旨，蠲除烦苛，去诸不急，欲令物获其所，人安其业。而牧守百里，不能宣扬恩意，求欲无厌，断截官物以入于己，使课调悬少；而深文极墨，委罪于民。苟求免咎，曾不改惧。国家之制，赋役乃轻，比年已来，杂调减省，而所在州郡，咸有逋悬，非在职之官绥导失所，贪秽过度，谁使之致？自今常调不充，民不安业，宰民之徒，加以死罪。申告天下，称朕意焉。"（《魏书·帝纪第五》）

九月戊辰，（拓跋濬）诏曰："夫褒赏必于有功，刑罚审于有罪，此古今之所同，由来之常式。牧守莅民，侵食百姓，以营家业，王赋不充，虽岁满去职，应计前逋，正其刑罪。而主者失于督察，不加弹正，使有罪者优游获免，无罪者妄受其辜，是启奸邪之路，长贪暴之心，岂所谓原情处罪，以正天下？自今诸迁代者，仰列在职殿最，案制治罪。克举者加之爵宠，有愆者肆之刑戮，使能否殊贯，刑赏不差。主者明为条制，以为常楷。"（《魏书·帝纪第五》）

二年春正月乙酉，（拓跋濬）诏曰："刺史牧民，为万里之表。自顷每因发调，逼民假贷，大商富贾，要射时利，旬日之间，增赢十倍。上下通同，分以润屋。故编户之家，困于冻馁；豪富之门，日有兼积。为政之弊，莫过于此。其一切禁绝，犯者十匹以上皆死。布告天下，咸令知禁。"八月丙寅，（拓跋濬）遂畋于河西。诏曰："朕顺时畋猎，而从官杀获过度，既殚禽兽，乖不合围之义。其敕从官及典围将校，自今已后，不听滥杀。其畋获皮肉，别自颁赉。"壬申，诏曰："前以民遭饥寒，不自存济，有卖鬻男女者，尽仰还其家。或因缘势力，或私行请托，共相通容，不时检校，令良家子息仍为奴婢。今仰精究，不听取赎，有犯加罪。若仍不检还，听其父兄上诉，以掠人论。"（《魏书·帝纪第五》）

对面建立行宫。尽管，遗传了祖辈的血气方刚，拓跋濬也尚武有力，在巡幸西苑时，曾"亲射虎三头"，但在治理国家方面，他更多的是把精力放在制度管理上。

梦想总是要有的，对皇帝来说，肩负国家和皇族的命运，更是如此。简单来说，文成帝拓跋濬的梦想是为积弊已久的北魏改革弊政。通观史书，拓跋濬在位时颁发诏书颇多，几乎全是涉及为政之弊的。

有指责地方官员贪污行径的。

有担忧地方官员侵占百姓利益，致使国家赋税减少，要求即便官员离任，也要追究其罪责的。

有谴责豪强地主对百姓的盘剥，豪门愈来愈富，百姓愈来愈穷困。经济发展不起来，国家也深受其害。

有担忧国家的生产力——人口问题的。豪门大族占有大量奴婢，这些奴婢附属于其宗主，劳动产出归属于宗主，他们不向朝廷缴纳赋税，也不服徭役。这是对朝廷整体利益的损害。

贪秽过度、王赋不充、为政之弊、仍为奴婢，这些都是身为皇帝的拓跋濬深深担忧的。冰冻三尺非一日之寒，他深知这些弊政有着极其深刻的历史和现实原因，有着盘根错节的利益纠葛，想要雷厉风行地去除弊政，非一日之功。身为皇帝的他尽管明晓国家的弊政所在，但欲行改革又阻碍重重，只能通过不断下诏，以作警示。终其一生，文成帝拓跋濬都未能实现他的政治梦想——改革弊政。和他的祖辈拓跋珪、拓跋焘一样，壮志未酬三尺剑，出师未捷身先死，公元465年，拓跋濬去世，时年仅26岁。此时的冯氏，也才25岁，年纪轻轻，转眼间即成为名副其实的冯太后。

此情可待成追忆，只是当时已惘然。回想起在皇帝丈夫身边的日子，文成帝对她宠爱有加，冯氏应是幸福的。从14岁时嫁给文成帝，16岁时当上皇后，再到25岁时夫妻阴阳两隔，这长达11年的岁月，给冯氏留下满满的幸福回忆，以及无尽的光荣和梦想。

在生活上，冯氏和文成帝婚后恩恩爱爱、相知相伴，她不仅因为手铸金人成功而顺利登上皇后宝座，还成为皇帝的贤内助，将后宫管理得井井有条。文成帝对她宠信有加。

在国家治理上，虽然皇帝丈夫并未让她参与朝政实际事务的处理，但冯氏自幼聪明伶俐，姑母冯昭仪对她培养得当，她自己也有心勤奋学习，遂成为有文化、有见解、有思想、能决断的一位特立独行的皇后。因此文成帝在遇到改革阻力，忧心忡忡地回到后宫后，冯氏陪伴其左右，并为他纾解郁闷。或许，冯氏曾经睿智地给皇帝出过主意；或许，冯氏曾经为此努力钻研政事，以便帮助丈夫脱离困境。无论如何，这是一段成长的路程。在相知相随相爱相敬如宾的皇后生涯中，冯氏逐渐了解到皇帝的苦闷、难题、朝政、利益、关系、权力、资源、手段，以及他那光荣的梦想。这是冯氏第一次如此接近国家事务，第一次如此理解政治生活，第一次如此近距离地靠近权力中枢，也是第一次，她将这个国家的改革梦想融入自己的生活，让它萌芽，长出枝叶。

岁月悠悠千古事，人海茫茫万种情。从小经历家破人亡、人情冷暖、世事沧桑的冯氏，极其注重情感，她在文成帝这里获得尊敬和爱护，她爱文成帝并为之奉献生命也在所不惜。于是，便有了历史上著名的"烧三殉情"事件。

26岁的文成帝拓跋濬因病撒手人寰，这对年纪轻轻的冯氏来说，不啻晴天霹雳。前一天，还是蜜里调油的恩爱夫妻，后一天，即成为阴阳相隔两世人；前一天，还胸怀凌云壮志筹谋划策解国难，后一天，即壮志未酬身先死，魂归故里；前一天，还为着梦想奋斗不已，后一天，即抛妻弃子葬祖陵。这巨大的人生变故横亘眼前，令冯氏痛不欲生。好不容易品尝到人生快乐滋味的她，对以后的生活亦不抱任何希望，还有什么能比得上和文成帝在一起的日子呢？冯氏生无可恋。

按照北魏的传统，皇宫在文成帝去世三天后举行仪式，将皇帝生前所用的衣服、器具等都烧毁，俗称"烧三"，这个习俗至今在中国北方的某些地区还流行。在皇宫举行这一仪式的当天，文武百官、后宫嫔妃皆在一旁痛哭凭吊。谁也没想到，哀声一片中，一身缟素的冯氏忽然站起身来，用手帕将眼泪擦干净，大叫一声，随即快步奔向正在熊熊燃烧的火堆。瞬时，火苗就将她瘦弱的身躯吞没了。直到这时，旁边的侍卫才反应过来，大家七手八脚地从火堆中将冯太后救出来，此时的她，已然昏迷，昔日的花容月貌不见了，皮肤被烧坏好几处。所幸，性命无碍。

愿得一心人，白首不相离。于重伤在床的冯氏来说，在皇帝丈夫身边的这11年，有幸运，那就是得遇知音，琴瑟和鸣，夫唱妇随，共度时艰；不幸的是，这一切幸福，随着文成帝的驾崩而化为肥皂泡般的幻影。一心人难得，白首不相离，更不可求。接下来的岁月，对重情重义、身单力薄的冯氏而言是何等难熬，可想而知。心灵的痛、身体的伤，亦将她磨炼得越来越坚强。

虽然仍独居在深宫养伤，命运之手却已将另一副更加沉重的担子压在她的肩头。因为彼时，她已是太后，25岁的年轻太后。

万紫千红总是春

古时的女子，自小便被灌输三从四德的观念。贵为皇后、太后的女子也不例外。文成帝死后，由其年幼的长子拓跋弘继位，这就是北魏献文帝。冯氏被尊为皇太后，从此，开始了和儿子献文帝一起生活共事的日子。只是，这日子并不平静，一波三折，波诡云谲。

不平静日子的根源，在于冯太后和献文帝不是亲生母子关系，即献文帝并非冯太后所生。冯太后一生无儿无女，因此待皇帝丈夫其他嫔妃所生的儿女视如己出。从某种意义上说，冯太后没有生育孩子，尤其是没有生儿子，对她反倒是一种保护和加持，反倒成为她一路步步高升，乃至坐上皇后、太后宝座的支撑。这一奇葩现象的产生，要从五百多年前久远的汉朝说起。

公元前87年，西汉的一代雄主汉武帝在册立年幼的刘弗陵为太子后，命令侍卫将太子的母亲钩弋夫人处死，理由是，太子年纪小，即位后不能马上治理国家，太子母亲还年轻，有的是精力和手段插手朝政，这样一来，外戚干政，朝政紊乱，国家就陷入危险的境地。因此，为保险起见，册立太子后，就将太子母亲处死。

后来，这一案例被北魏的君主借鉴，成为北魏宫廷的一项硬性规定，即"子贵母死"的祖制。譬如，太武帝拓跋焘在被立为太子后，其生母杜氏即被处死；文成帝拓跋濬在被立为太子后，其生母郁久闾氏很快被处死；后来的孝文帝拓跋宏被立为太子后，其生母李氏也被冯太后下令处死。

172

文成元皇后李氏,梁国蒙县人,顿丘王峻之妹也。后之生也,有异于常,父方叔恒言此女当大贵。及长,姿质美丽。世祖南征,永昌王仁出寿春,军至后宅,因得后。及仁镇长安,遇事诛,后与其家人送平城宫。高宗登白楼望见,美之,谓左右曰:"此妇人佳乎?"左右咸曰:"然"。乃下台,后得幸于斋库中,遂有娠。常太后后问后,后云:"为帝所幸,仍有娠。"时守库者亦私书壁记之,别加验问,皆相符同。及生显祖,拜贵人。太安二年,太后令依故事,令后具条记在南兄弟及引所结宗兄洪之,悉以付托。临诀,每一称兄弟,辄拊胸恸泣,遂薨。后谥曰元皇后,葬金陵,配飨太庙。(《魏书·列传第一》)

献文帝拓跋弘的生母李氏,亦不能逃脱这个祖制的绳索。她资质美丽,从小就被预言有大贵之命。果然在生下拓跋弘后,被拜为贵人。史书记载,当时皇帝文成帝的保姆太后——常太后依照祖制,命令赐死李氏时,年轻漂亮的李氏痛哭流涕,拉着诸位亲人的手一一话别,久久不愿松开,凄惨情状令人潸然泪下。

故,冯太后没有生儿子,才避免被处死的命运,活着,意味着一切,意味着胜利,于是,她荣登皇后宝座。

故,拓跋弘成为没妈的孩子,冯太后得以挑起母亲的重担,将其抚养长大。

故,冯太后和拓跋弘,这一对孤儿寡母,可以感情深厚,一起面对朝廷的风云变幻,如果不算后面的宫闱之变的话。此为后话。

公元465年,献文帝拓跋弘继位时,才12岁,对治理国家毫无经验;冯太后虽然在文成帝活着的时候帮他出主意,粗略懂些朝政,但也没实际面对过。这一对孤儿寡母,如同初次远航的舵手,共同面对北魏政坛的狂风大浪,直至公元476年,献文帝23岁时去世。在这11年中,献文帝和冯太后,既情同母子,并肩作战,又形同陌路,互相打击;既有过亲密无间,完美配合,又有过互生嫌隙,谋权害命。这11年的北魏宫廷乃至政坛风云,给了献文帝一个充分发挥治国能力的舞台,也害他最终丢掉自己的性命;同时,给了冯太后,这一介女流,一方展现其政治天赋、小试牛刀、让梦想开花的天地,最终也把她推到北魏政坛乃至历史的前台。

无论是孤儿寡母、情同母子的同舟共济阶段,还是貌合神离、反目成仇的夺权暗杀时刻,冯太后在献文帝身边的这

11年的风风雨雨，能够诉说的，或许就是三件大事：乙浑谋反、李奕事件、宫闱之变。这三件事，每一件大事发生，都伴随着一颗尊贵的人头落地，鲜血淋漓，血雨腥风。

乙浑是鲜卑人，北魏的朝廷重臣。早在文成帝在位时，乙浑就被封为太原王，位高权重。公元465年，文成帝去世，年仅12岁的拓跋弘继位。乙浑看到皇帝年幼，当时的皇太后——冯太后在"烧三殉情"中受伤，在后宫养伤，便有了谋权篡位的想法。他排除异己，先后诛杀了几位朝廷的大臣，甚至对先皇文成帝最敬重的老臣陆丽也毫不犹豫地举起屠刀，将其残忍地杀害。不久，乙浑被任命为丞相，位在诸王之上，朝政事务，无论大小，都由乙浑来决定。彼时的他已成为"无冕之王"，完全不把北魏皇帝和冯太后放在眼里。北魏皇室地位岌岌可危。

在此危难之际，带着一身伤痕的冯太后，勇敢地站了出来，她要保住儿子拓跋弘的皇位，更要保住北魏拓跋氏南征北战、开疆拓土得来不易的政权。于是，她秘密召集一些朝廷上效忠拓跋氏的大臣，果断地布置了平叛之策，先发制人，迅速逮捕乙浑及其党羽，将其一网打尽。北魏动荡的政局得以暂时稳定。

这是年轻的太后第一次在政治事件中露相，干脆、果断、智慧、漂亮，一剑封喉，出手不凡。彼时，距离献文帝继位刚刚过去9个月。鉴于献文帝年幼，为防心怀不轨的大臣再次谋逆，太后"遂临朝听政"。

25岁的年轻寡妇冯太后，终于走进北魏的权力中心。

作为北燕的皇族后裔，冯太后似乎有着极高的政治禀赋。虽然知晓北魏历代伟大君主的宏伟蓝图，但毕竟北魏是个少数民族政权，社会积弊重重，立时将汉化改革的梦

174

显祖即位,(冯氏)尊为皇太后。丞相乙浑谋逆,显祖年十二,居于谅暗,太后密定大策,诛浑,遂临朝听政。及高祖生,太后躬亲抚养。是后罢令,不听政事。(《魏书·列传第一》)

想提上日程,是极其不现实的。于是,聪慧的她,选择难度最小的教育来打开北魏封闭的大门。公元466年,在处理完乙浑谋反集团后,冯太后下令"初立乡学,郡置博士二人,助教二人,学生六十人"(《魏书·帝纪第六》)。为此,她还请出身高门世族的汉族儒士高允来为北魏的文化教育事业出谋划策。这样的政策,在北魏属于首创。用汉族先进的文化、文明改造北魏落后、野蛮风气,是冯太后改革北魏社会的初步设想。将教育文化事业的发展作为改革梦想的排头兵,其良苦用心,可见一斑。

冯太后凭借敏锐的政治嗅觉,小试牛刀,就取得了一定的效果。在她的倡导下,北魏乡学、郡学发展迅速,这些都为十年后冯太后大刀阔斧进行的"太和改制"储备了优秀人才。

冯太后的第一次临朝听政,时间很短,只坚持了18个月,因为献文帝已经14岁,日渐成熟,可以亲政了;更重要的原因是,此时献文帝已经成婚,并且有了自己的第一个孩子,名叫拓跋宏。冯太后一生无儿女,出于母性,她愿意再次承担起抚养的工作。为专心陪伴、教育孙子拓跋宏,冯太后宣布不再参与朝政,退回深宫。

有人的地方就有江湖,有江湖的地方就有风波。江湖多风波,舟楫恐失坠。高居庙堂的君主后宫,更是如此。献文帝亲政后,治理国家得心应手,处理后宫家事,却是束手无策,尤其是对冯太后的私事,处理轻率,以致酿成李奕事件。这一次事件直接引发了冯太后强硬的报复行动,最终导致献文帝让出皇位,提前退休,成为太上皇。

因为,漂亮的青年李奕,人头落地了。

因为,李奕是冯太后在皇宫中的情人。

因为，皇帝的家事处理不当，就可能引起国本动荡。

李奕是太武帝拓跋焘时期的重臣李顺的儿子，字景世，美容貌，有才艺，早历显职，散骑常侍，宿卫监，都官尚书，安平侯。宿卫监，是在皇宫担任警卫的人员。冯太后年纪轻轻就没了丈夫的陪伴，她自风情万种而情感寂寞，因此对美容貌的警卫李奕产生感情，发展他成为情人。冯太后在深宫虽然尽心尽力地抚养孙子，但她与李奕之事在皇宫传得沸沸扬扬，几乎人尽皆知。当然，这股妖风也就传到献文帝的耳朵里。

年轻气盛的皇帝怎么也想不到，受人尊敬的冯太后有秘密情人，实在是有辱皇室脸面。但他生性善良，不愿意亲自找冯太后当面质问，也不敢明目张胆地赶走李奕。献文帝苦思冥想，最后想到一个计策，即找个由头将李奕诛杀，永绝后患。于是，冯太后美貌的小情人李奕，无辜被牵连到一起贪污事件中，人头落地。

诛杀李奕，是献文帝的一石二鸟之策。一来，可以杜绝冯太后偷养情夫的念头；二来，可以狠狠打击冯太后在朝中的势力和气焰。如此可知，皇帝与太后，当初情同母子的关系已然出现裂缝，这裂缝只会越来越大，直到变成深渊吞没双方。

首先被吞没的，是年轻稚嫩的献文帝。很快，雷厉风行的冯太后就组织起反击。她利用自己在朝廷中的势力，逼迫刚刚亲政4年的献文帝交出皇位。献文帝没有办法，只得将皇位禅让给自己年仅5岁的儿子拓跋宏，自己做了太上皇。这个太上皇，才18岁。这大概是历史上最年轻的太上皇。

献文帝不仅是历史上最年轻的太上皇，还是历史上第一个被称为"太上皇"的人。太上皇，是在世的、不用处理朝政的退位皇帝；太上皇帝则不同，虽然是名义上的退休皇帝，他仍然亲自处理朝政，"国之大事咸以闻"，甚至亲自带兵打仗，保家卫国。

可想而知，这样勤勉干政的太上皇帝，是冯太后最看不惯，也是最为忌惮的。李奕被杀的怨恨尚未完全释怀，对朝政大权的争夺，又成为献文帝和冯太后之间明争暗斗的角力游戏。于是，冯太后对献文帝萌生加害之心。北魏历史上有名的"宫闱之变"发生了。

公元476年，年仅23岁的献文帝去世，死因不详。有说是被一杯毒酒害死的，有说是被幽禁后自杀的，总之，曾经驰骋大漠的英武青年——献文帝在深宫中一命呜呼。虽然献文帝本性恬淡，喜欢佛教，但从其退居二线后仍然有大展宏图之举来看，他不像是主动选择自杀之人，况且他才23岁，正是年轻有为建功立业之时。唯一的解释，只能是受人逼迫而为之。

所谓的宫闱之变，当是冯太后杀死献文帝的委婉说法。

这一次，丢掉性命的是献文帝。

这一次，深渊吞没的，不仅是23岁的献文帝，还有36岁的冯太后。尽管没有血缘关系，但母子相处一场，看着自己一手带大的孩子离开人世，任谁都不免会心有戚戚焉。人非草木，孰能无情。无情的只能是政治游戏规则。

这一次，政治游戏中，冯太后赢了，赢在心狠手辣，赢在心中梦想的召唤。她，将迎来属于自己的真正的舞台——改革的试验场。

从乙浑谋反到李奕事件，再到宫闱之变，献文帝的时代结束了。站在献文帝身后，与之或支持、或憎恨、或决裂的冯太后是不幸的，心爱的人李奕被杀，原本情深的母子反目，落得个你死我活的下场。但她也有收获，那就是第一次施展自己的政治才能，以雷霆之击剿灭乙浑集团；第一次临朝听政，凭借出色的治理才能，迅速稳定了北魏动荡的政局；第一次距离权力中枢那么近，有机会实施自己梦寐以求的改革方案。

让梦想开出灿烂的花朵，何其幸哉！

绿叶成荫子满枝

公元471年，献文帝被迫将皇位禅让给儿子拓跋宏时，拓跋宏才5岁。5年后，献文帝死于非命，后来被称为孝文帝的拓跋宏才10岁。同他的父亲献文帝一样，10岁的小皇帝显然不能承担起治理国家的重任。于是，冯太后再一次宣布"临朝听政"，这是她第二次在北魏大权独揽，当然，也是最后一次。

这一年，冯太后36岁，孝文帝继位后，她被尊为太皇太后。身份、地位、荣耀抵达人生巅峰。同时抵达巅峰的，还有她的权力。年幼的皇帝是冯太后的孙子，按照祖制，被立为太子后，其生母也被处死，因此拓跋宏也是由冯太后亲手抚养长大的。10岁的孙子皇帝对36岁的祖母太后言听计从，家事如此，国事更是如此。

公元477年是太和元年，从这一年开始，北魏进入历史上著名的改革时期，史称"太和新制"，也叫"太和改制"。

彼时，孝文帝是名义上的皇帝，所有诏书和政策都是以他的名义下发，故而人们也将历史上的这次改革称为"孝文帝改革"，实际上，从太和元年（公元477年），到公元490年，也就是冯太后去世那一年，这14年北魏朝政仍由冯太后掌控，可以说，是冯太后实施了"孝文帝改革"的前半部分。故，"太和改制"的前14年，亦可称冯太后时代。

冯太后时代，政治舞台交由这一柔弱女性尽情施展才华。一个历史上著名的女改革家，携着敏锐的政治天赋、多年的政治经验、积累的政治人才，以及历代皇帝的伟大梦想，姗姗来迟，隆重登场。

"燕雀戏藩柴，安识鸿鹄游。"冯太后的鸿鹄游即在政治舞台上大显身手，改革之初，出手即不凡。在北魏宫廷生活大半辈子的她，经历太武帝拓跋焘、文成帝拓跋濬、献文帝拓跋弘、孝文帝拓跋宏四个朝代，清楚地知晓这个政权、这个社会的病根在哪里，因此她精准地为北魏政治和经济把好脉，开好药方。

第一个药方，就是改革北魏官员的俸禄制度。北魏的建立者是鲜卑族的拓跋氏，在游牧民族主导的政权里，北魏的各级官吏从立国以来就没有俸禄，也就是固定工资，他们的收入来源，一直靠的是烧杀抢掠得来的财物、人口，以及朝廷的封赏。这种野蛮落后的做法，不仅侵害了广大百姓的利益，使得百姓的生命财产安全毫无保障，也助长了各级官吏的贪婪气焰，他们的掠夺成性甚至危害到国家的稳定和财政收入。

北魏历代皇帝深知这种靠掠夺来获得收入的做法，不是正常的文明国家应有的，譬如，太武帝拓跋焘就意识到这一点，但因为国家处在扩张时期，开疆扩土需要各级官吏的支持和拥戴，对此只能深以为恨；譬如，文成帝拓跋濬在诏书中多次谴责各级官吏的贪污成风、掠夺成性，影响朝廷恩德在百姓中播散，但他也无力撼动保守势力。

历史车轮滚滚向前，落后野蛮、不合时宜的事物必遭碾轧和淘汰。公元484年，中书监❶高闾提出俸禄制的构想，即做官的，朝廷发给其固定的俸禄，官员生活有了基本保证，靠抢掠获得生活来源的人就会减少。冯太后召集群臣讨论后，决定采用这个可行的方案。向老百姓征收一定的赋税，来给各级官员发放固定的工资，这样虽然有暂时的征税和核定的麻烦，但长远来看，对国家的秩序化管理终是大有益处的。实行俸禄制后，各级官员再有贪污的，赃物超过一匹者死。新法实行初期，有些北魏权贵颇为轻视冯太后这一介女流的治理能力，知法犯法。冯太后也毫不客气，运用铁腕手段处死一些顶风作案者，以儆效尤，被下令处死者中甚至有孝文帝的亲舅舅。

实行俸禄制，是对北魏传统官僚体制进行的改革。它既阻止了官僚对百姓无止境的掠夺，又维护了北魏社会秩序的稳定。虽然俸禄制在中原汉族政权中已是司空见惯，但在北魏这个少数民族建立的国家中，尚属首次，因此具备改革的意味。同时，遏制各级官员贪污掠夺成风的恶习，本是孝文帝之前历代皇帝想做而未能做到的，更是冯太后的丈夫文成帝拓跋濬终其一生追求的梦想。夫君未能完成的遗愿，冯太后将其作为改革攻坚战的第一役，一炮打响。其心当可慰。

北魏积弊重重，锐意改革的女政治家冯太后开出的第

六月丁卯，诏曰："置官班禄，行之尚矣。《周礼》有食禄之典，二汉著受俸之秩。逮于魏晋，莫不聿稽往宪，以经纶治道。自中原丧乱，兹制中绝，先朝因循，未遑厘改。朕永鉴四方，求民之瘼，夙兴昧旦，至于忧勤。故宪章旧典，始班俸禄。罢诸商人，以简民事。户增调三匹、二斛九斗谷，以为官司之禄。均预调为二匹之赋，即兼商用。虽有一时之烦，终克永逸之益。禄行之后，赃满一匹者死。变法改度，宜为更始，其大赦天下，与之惟新。"（《魏书·帝纪第七》）

❶

古代官职，受皇帝信任，为事实上的宰相。

二个药方，即改革北魏的土地制度，实行均田制。公元485年，给事中❶李安世针对北魏豪族大量侵占土地，造成农民流离失所，提出均田制的设想。自东汉末年，社会动荡，战乱频仍，百姓争相逃命，导致大量土地荒芜，一些富裕的豪门世族就趁机霸占了农民的土地，并将无地的农民变成豪族的依附者，这样导致的后果是，因为没有土地，农民不能自由租种，不能向国家缴纳赋税，国家收入减少，而国家不能完全掌控子民的户数、徭役、赋税，实在是一大弊病，因此北魏历代的皇帝对此都忧心忡忡。

李安世提出的均田制，实际上是国家与豪强争夺农户的制度。均田制规定，国家对年满15岁的成年男子分配40亩田地，女子则为20亩，同时还分配桑田、麻田，使他们从事种植和绢麻生产，并对之收取赋税，税率比之前农民交给豪强的要少很多。成年男子死后，或者年满70岁，可以将田地还给国家，桑田和麻田不用交还，可以永世使用。所谓"成丁授田，老死还公"。

显而易见，均田制有利于增加朝廷的收入，便于国家管理百姓，但它触动了朝中贵族和豪强的利益。在经过一番激烈的讨论后，冯太后顶住压力，站在改革派这一边，坚定地支持新法实行。均田制实行后，极大地调动了农民的生产积极性，促进了北魏经济的发展，也为之后孝文帝大举迁都洛阳，创造新的中华文明奠定了雄厚的经济基础。

官员有俸禄了，国家富强了，农民安心生产了，但国家人口问题仍未解决。于是，冯太后开出了她的第三个药方：对北魏的基层政权进行改革。北魏的政权是由少数民

❶
古代官职，相当于皇帝的顾问和智囊。

族——鲜卑族建立的，其传统的部落体制以及中国北方自十六国以来连年的战乱，形成了很多以豪强地主为主的"宗主"，这些宗主对依附自己的人口实行"宗主督户制"管理，遇到国家征收赋税时，常常瞒报或隐匿人口，如此，国家的赋税征收和征徭役、兵役就很困难。正如历史学家唐长孺所总结的："魏晋户口下降的原因虽有多方面，但根本的原因在于魏晋时期封建大土地所有制的发展，使大量户口沦为私家的佃客。"❶

公元486年，给事中李冲提出"三长制"的策略。所谓的三长制，就是规定五家为一邻、五邻为一里、五里为一党，分别设置邻长、里长、党长，合称"三长"，由本乡能干守法、有德行的人来担任，三长负责管理户籍，征调赋税，征发兵役、徭役等。毫无疑问，三长制冲击了贵族和宗主的利益，使得他们无法再随便隐匿人口，因此这个制度引起朝中守旧势力的极力反对。可想而知，此项改革阻力重重，但冯太后仍能力排众议，毫不犹豫地支持李冲的做法。故，公元486年，北魏宣布废除"宗主督户制"，实行三长制。三长制推行后，国家赋税增长，农民负担减轻，北魏的国力得到进一步增强。

在长达14年的冯太后临朝听政时代，她还推行了其他有利于国计民生的政策，这些政策大多是废除鲜卑族的落后制度，实施一些汉化措施和制度，譬如改革税收制度的租调制，推崇儒家、贵族子弟接受汉文化教育等。冯太后在人生最后的14年中，锐意进取，对北魏社会进行大刀阔

❶

《中华的崩溃与扩大：魏晋南北朝》，[日]川本芳昭著，余晓潮译，广西师范大学出版社，2014年1月版，序言。

十四年，（冯太后）崩于太和殿，时年四十九。其日，有雄雉集于太华殿。高祖酌饮不入口五日，毁慕过礼。谥曰文明太皇太后，葬于永固陵。日中而反，虞于鉴玄殿。（《魏书·列传第一》）

斧的改革，硕果累累，意义重大。

俸禄制，制约了贪官污吏，规范和发展了北魏官僚体制，开了北魏历史的先河。均田制，限制了豪强、宗主兼并土地和人口，劝课农桑，鼓励生产，既调动了农民积极性，又增加了国家税收。均田制，遂成为后世沿用了几百年的农业生产制度，其积极意义不容小觑。三长制，打击了宗主的势力，加强了人口户籍管理，还成为后世北齐、隋唐基层组织构建的基础，其邻长、里长、党长，颇有类似现在农村的队长、村主任、乡长的意味。

若说历史上赫赫有名的孝文帝迁都洛阳后实行的改革，是全面汉化之举，偏重社会习俗等改革，那么，冯太后时代所进行的改革，则侧重于政治体制和经济体制的改革。政治改革，为北魏革除陈旧落后的行政体系，走向文明进步指明了方向；经济改革，使北魏国力日益壮大，为孝文帝的迁都洛阳和实施全面汉化提供了强大的经济基础。

被史书称为具备"经天纬地"之才的孝文帝，是幸运的，幸运在他有一位精明强干的改革家祖母保驾护航，冯太后能行大事，她用自己的身体力行，改革北魏旧的风俗制度，为皇孙孝文帝的大规模改制扫除了部分障碍；不幸的是，这位在北魏政坛叱咤风云的女强人，终有走完人生历程的那一刻。

公元490年，49岁的冯太后逝世。那一日，北魏皇宫的太华殿中，忽然闯进来一只光彩夺目的雄鸡，它昂首阔步、雄姿勃发，傲然之色似乎昭示着北魏冯太后作为一代雄主的不平凡一生，这不禁令人想起冯太后在长安出生时，天上曾经降下神光，预示着祥瑞。

神光也好，雄鸡也罢，似乎都在预示冯太后"大鹏一日同风起，扶摇直上九万里"的远大抱负和光荣梦想。心有多大，舞台就有多大；舞台有多大，梦想就有多大。作为国家这艘大船的实际掌舵者，强烈的责任感、使命感和荣誉感促使冯太后为实现国富民强，为北魏从落后封闭走向文明进步，为完成历代君主的伟大追求而兢兢业业、孜孜以求，最终使北魏汉化、繁荣昌盛的梦想照进现实成为可能。

冯太后死后，谥号曰"文明"，史称"文明太后"。

纵观冯太后的一生，可知，出身汉族皇族的她心中对政治和权力有着天然的敏感与禀赋，涉足权力中枢后她为实现自己的政治梦想而锐意改革，自是必然。梦想就像一个金光闪闪的苹果，要收获它，需经过播种、抽芽、开花，才能得到累累硕果。冯太后一生经历了奴婢、皇后、太后、太皇太后这四个身份跨越时段，这也正是她的梦想从无到有、从播种到收获的阶段。

梦想是内心藏着的巨龙

未逢黄石书谁授,不坠青云志自强

题元魏冯太后永固陵

云中北顾是方山,
永固名陵闭玉颜。
艳骨已消黄壤下,
荒坟犹在翠微间。
春深岩畔花争放,
秋尽祠前草自斑。
欲吊孤魂何处问?
古碑零落水潺湲。

冯太后死后,被葬在首都平城(今山西大同)的方山,她的陵墓被称作永固陵。伟大如女政治家冯太后,平凡如贩夫走卒,在时间面前均是平等的。

人生在世,如白驹过隙,最长不过三万多天,与悠久的历史长河相比,个人的一生确实短暂,仿若蜉蝣。但即便短暂,即便轻飘,也是一个有灵性的生命因为有缘才能来这天地之间,怎样才算不辜负这倏忽即逝的生命与时间?"理想是指路明灯。没有理想,就没有坚定的方向;没有方向,就没有生活。"俄罗斯大文豪托尔斯泰如是说。

理想,或者说梦想,即为我们生活的一盏指路明灯。毕竟,人,不单是为吃米而活着的。故,梦想还是要有的,万一实现了呢?实现梦想的途径有千万条,但大多都离不开自身力量、外部协助和机缘凑巧的完美组合。所谓内因、外因、机遇,乃是实现梦想的三大关键力量。要实现梦想,自身的素质和能力是永远排在第一位的。所谓打铁还需自身硬。

锻造过硬的能力,首先需要的是天赋和激情。大千世界,异彩纷呈。每个人都有自己的梦想,或大或小,或显或隐,或高尚或卑微,每一个梦想即使再微小,也值得尊敬和敬仰,因为每个人的天赋和家族教育不同。文明冯太后作为北燕皇族的后裔,天然地拥有政治敏锐性和判断力,这里既有基因遗传,亦是家族教育的功劳。她的父亲冯朗,早年间在北魏官至秦、雍二州刺史,家里官宦气息浓厚;她的姑母冯昭仪,于深宫中就教育冯太后知书达理,宫中礼仪、皇家传说、国家大事乃至斗争手段,对年幼的冯太后亦有潜移默化的熏陶；以及嫁给文成帝，陪伴丈夫纾解苦闷；辅佐两代年幼的皇帝临朝听政，这一切，既极大地激发和磨炼了冯太后敏锐而宏远的政治天赋，又为她日后走向朝堂展示政治才能奠定了基础。可以说，冯太后有成为政治家、改革家的天赋和环境。

梦想的力量是致命的，因为追求梦想的人，大多激情满怀，为了心中的信念，奋不顾身、向死而生的情况绝不少见。冯太后因为和丈夫情深义重而选择"烧三殉情"，历史上在和平时期还没有哪个皇后在丈夫死后，愿意主动烧死来殉情的，冯太后这惊世骇俗的殉情方式，既是对夫妻情分的深深眷恋，更是她充满激情，愿意为一切值得奉献的事物献身的积极态度的体现。所以，才有了往后岁月里她孜孜以求的改革热情，与天子共同忧国忧民的仁慈情怀。

胸怀梦想的人，谁也惹不起，他的激情可以点燃别人，更能燃烧乃至吞噬自己。所谓春蚕到死丝方尽，蜡炬成灰泪始干。正因为如此，他们离梦想的距离，会近些，再近些，更近些。若说天赋和激情是锻造自身过硬能力的一个引爆点，奉献和奋斗则是燃烧的过程，是实际的行动，是毅力的体现。梦想是光，是星辰，是大海，既然选择了远方，就要风雨兼程。

《魏书·列传第一》记载，冯太后"性俭素，不好华饰""多智略，猜忍"。这种乐于奉献的精神和隐忍坚韧的性格，在她的为人处世中表现得淋漓尽致，对她日后能行大事，乃至青史留名，大有裨益。譬如，她抚养献文帝和孝文帝两代皇帝，不辞辛劳，尽心尽力，尽量做到亲生母亲所能做到的一切。在与献文帝恩断义绝之后，她更加注重对孝文帝的素养教育，除了时常考查皇帝的学习，还亲自写出长达三百余章的《劝诫歌》和十八篇《皇诰》，以教育年幼的孝文帝如何做事做人。冯太后的无私奉献得到了完美的回报，她一手教育出来的孝文帝被后人评价"有舜、文王之姿"。

冯太后本性隐忍坚韧，丈夫死后，献文帝年幼登基，太原王乙浑欺负他们孤儿寡母可怜无靠，遂有谋逆篡位之心。彼时，尚在养伤，同时也在积蓄力量的冯太后只能选择隐忍，耐心等待时机成熟时给对手一记猛击。果然，机会来了，在乙浑将朝野上下搅得鸡犬不宁时，冯太后联合朝中忠于拓跋氏的大臣，密定大计，迅速出手，将尚未反应过来的叛党集团一举拿下，并诛灭他们的三族。手段不可谓不快、不准、不狠。这，便是隐忍的力量。

反观献文帝，自14岁亲政后便显露出自己的桀骜不驯，不仅诛杀冯太后的情人李奕，还在朝廷上削弱她的政治势力，最终激怒这位女强人。冯太后不仅迫使献文帝让出皇位，还果断地以一杯毒酒提前结束了献文帝年轻的生命。于成大事者而言，隐忍，绝对是一种高贵的品格。

从一个懵懂的小婢女，成长为"及登尊极，省决万机"的太皇太后，冯太后非常清楚，幸福和梦想都要靠自己的奋斗得来。为梦想而奋斗过程中，有跌倒和挫折，也有希望与成功，正如她在每次的人生关头所体会到的，幸运与不幸总是相伴而来。

14岁之前的童年时期，她的不幸是父亲惨死，兄长逃亡，自己被罚做苦役，生活可谓苦胆煮黄连——苦不堪言。幸运的是，得遇姑母冯昭仪的悉心抚养教育和常太后的帮助。很难说，这不是冯太后聪明伶俐、惯于察言观色的结果。小小年纪的她，已然懂得寻求姑母和常太后这两棵大树的庇护，在宫中是最安全、最稳妥的。

14岁到25岁，在皇帝丈夫身边的日子，她的不幸在于"结发为夫妻，恩爱两不疑"的伴侣骤然离世，留给她的是"此恨绵绵无绝期"。幸运的是，她身为皇后，知书达理，聪明颖悟，不仅能做到为丈夫出谋划策，还让自己增长了见识，锻炼了政治智慧。这源于她积极向上的生活态度，更得益于她时刻不忘学习，有着胸怀大志的有心人的高远追求。于是，稳坐皇后宝座，并赢得朝野上下一片赞誉的是她，而不是别的嫔妃。

　　25岁到36岁，在儿子献文帝身边的日子，她的不幸在于母子反目为仇，以致不得不发动宫闱之变。幸运的是，她密定大计诛杀乙浑，成熟的政治手腕已露端倪，并且抓住第一次临朝听政的机遇，兴办儒学，为之后的汉化改革铺平道路。这不仅是简单的小试牛刀，更是她一步一步靠奋斗和抗争获得的梦想之花。

　　36岁到49岁，在孙子孝文帝身边的日子，她的不幸在于未曾生育一儿半女，费尽心机将哥哥冯熙的四个女儿全送到孝文帝的后宫，两个被封为皇后，两个被封为昭仪，但侄女们也不曾生育，冯家在皇宫后继无人，日渐衰落。幸运的是，她得遇事业最辉煌的鼎盛时期，站在为梦想奋斗的前沿阵地，大刀阔斧、披荆斩棘地进行了北魏历史乃至中国历史上赫赫有名的"太和改制"。公元483年，实行俸禄制；公元485年，实行均田制；公元486年，实行三长制。几乎是每隔两年就有一个大变革。在这三板斧的激励作用下，北魏国力蒸蒸日上，遂使孝文帝产生迁都洛阳、建中华帝国、做中华皇帝的念头。当改革结出硕果，梦想成真时，可曾有人想过，冯太后以柔弱的身躯，为这盛世在背后付出多少心血，扛住多少压力。毕竟，改革是吐故纳新、推陈出新，是改造一个旧世界，融入一个新世界。更重要的是，改革是权力和社会资源的重新分配，保守派、顽固派等既得利益者是坚决反对的，其派系斗争的激烈程度，相信1500多年后进行"戊戌变法"却铩羽而归的光绪帝对此深有感触。

北宋文学家苏轼说："古之立大事者，不惟有超世之才，亦必有坚忍不拔之志。"说的就是奋斗的艰辛、毅力的难得。为幸福而坚持，为梦想而奋斗，一步一个脚印，一步一个小目标，最终抵达梦想的桃源仙境。尽管曲折而孤独，尽管风雨如晦且荆棘遍布，但冯太后做到了。所以，她流芳百世、名垂青史，为孝文帝以及后世的男性皇帝所敬仰。她，被称为"千古第一后"。

上下同欲者胜，风雨共舟者兴

春秋时期著名军事家孙武在其《孙子兵法》中指出五种情况下战争能取得胜利，其中有一条即"上下同欲者胜"，即上下有共同的愿望，共同努力，齐心协力，才能取得胜利。在追逐梦想的旅程中，除了自身拥有过硬的素质和能力，外部的因素、团队的力量，同样非常重要。

团队的力量中，既有知音，也有帮手，还有继承者。这些都可以成为个人梦想实现的助燃器，其强大的助推作用，不容小觑。

追梦，有时难的不是怎样抵达遥远的彼岸，而是无人理解、无人帮助的苦闷。所幸，冯太后没有如此烦恼。她的追求和梦想，皆是为北魏革除弊政，逐渐打破少数民族和汉族的壁垒，让北魏汉化程度更深，离文明和强大更近。这些也是历代皇帝所孜孜以求的，因此她不缺乏知音，她和丈夫文成帝心心相印，共度时艰，互相鼓励，彼此扶持；她也不缺乏继承者，儿子献文帝尽管不孝，与她争权夺利，却也在积极开疆拓土，北伐柔然。

最让冯太后欣慰的，当数她的改革事业的继承者——孝文帝拓跋宏。把持朝政长达14年的冯太后死后，孝文帝才亲政，这个冯太后一手养育和调教出来的皇帝，虽然亲政时间只有9年，但他完成了两项壮举，一是在公元493年将都城从平城迁到洛阳，意欲一统海内；二是继续完成冯太后未竟的改革事业，对北魏进行了全盘汉化的社会改革。改革和迁都几乎同时进行，要求鲜卑贵族全盘汉化的内容包括：说汉语，着汉服，改为汉姓，与汉族通婚，使用汉族的度量衡，死后葬在洛阳的邙山。可以说，一个人从出生开始学说话，到结婚生子，直至死后安葬，都得遵照汉族礼制。这是对北魏这个鲜卑族人建立的少数民族政权的全面改革，具有民族大融合的意味，因为在整个社会的汉化过程中，作为少数民族的鲜卑族像盐一样融化在汉民族的水中。历史学家易中天说："拓跋宏成功了。他其实已是中华皇帝，虽然也只有半壁江山。但他开创了一种可能性，那就是由胡汉混血的北方来统一中国，从而创建新的中华文明。这就是鲜卑人的历史功绩。"❶所谓"新竹高于旧竹枝，全凭老干为扶持"，这样的历史功绩，冯太后亦应有份。

❶《南朝，北朝》，易中天著，浙江文艺出版社，2016年3月版，第80页。

俗话说，一个篱笆三个桩，一个好汉三个帮。成就一番大事业的人，单打独斗不可行，往往落得个事业未成身先死的下场。阅尽历史人物的史学家吕思勉得出结论："尤其做一番大事业的人，必有与之相辅之士。"

无论冯太后，还是孝文帝，他们能不避忌讳、不计前嫌地始终如一对待有功之臣李冲以及其他汉族能臣，是因为作为国之掌舵者，他们深深明白一个道理：单丝不成线，独木不成林，要想成就不世之伟业，上下同欲者胜，风雨共舟者兴。与伟大的强国梦想相比，一些个人作风污点，一些个人感情恩怨，或可不计。

好风凭借力,送我上青云

机遇就像气球，飘到你的头顶，若不赶紧抓住它，瞬间它就会飘到其他地方。聪敏的、做好内外各种准备的人，一旦发现气球的苗头，即刻就伸手抓住；迟钝的，只会埋头苦干，不肯抬头看路，累死团队和自己的人，只能望球兴叹，眼看着机遇越飘越远。"君子藏器于身，待时而动"，说的就是这个道理。这个"时"，既指大时代，也指小时代，还可以是"我时代"。

众所周知，自东汉末年，爆发黄巾军起义，群雄争霸，到隋朝的杨坚统一全国，建立隋朝，这中间的三国魏晋南北朝时期是中国历史上分裂时间最长的时代，故被称为乱世。在这300多年的乱世中，政权更迭频繁，社会动荡不安。整个魏晋南北朝，除了东晋和北魏存在的时间超过100年外，其余的王朝寿命都不长。南方的宋、齐、梁、陈四代，最长的刘宋立国有60年，最短的萧齐才23年。这，就是冯太后所处的乱世大时代。

幸运的是，冯太后恰好生活在北魏这个有着100多年历史的北方王朝。彼时，北魏经过道武帝拓跋珪、明元帝拓跋嗣、太武帝拓跋焘等几任皇帝的前赴后继，开疆扩土，励精图治，已经成为一个疆域广阔、国力强大、政权稳定的国家。冯太后在历史上甫一出场，面对的不是国家分裂动荡的局面，而是秩序井然、朝政平稳、人心安定的较为和平的时代。尽管在北魏边境还有柔然的屡次侵扰，但显然已撼动不了北魏的国本。因此，冯太后可以不必过于担忧军事上冲锋陷阵、攻城略地之事，而是将精力集中在北魏的经济和政治改革事项上。每个人都应做自己擅长的事，以物尽其用、人尽其才。于是，在北魏的改革试验田里，冯太后长袖善舞，左提右挈，既充分施展了自己的政治天赋与才华，又顺应历史潮流，实现了自我和国家的光荣与梦想。

与幸运的冯太后相比，南朝的那些皇帝就相对逊色得多。南朝的刘宋，宋文帝刘义隆，在位30年，治理得当，政权稳定，社会繁荣，开创了历史上有名的"元嘉之治"。然而，拓跋焘的鲜卑铁骑挥师南下，饮马长江，没用多长时间，就将富庶繁华的刘宋国土践踏得一塌糊涂，元嘉之治的盛世瞬间便灰飞烟灭。

宋文帝死后，刘宋皇室开始了无休止的内斗，国家陷于混乱状态。宋孝武帝刘骏，在位11年，本应奋发图强，努力复兴刘宋王朝的辉煌，但他大杀宗室成员，导致刘宋渐渐走向衰落。刘骏死后，他的儿子刘子业继位，这就是历史上有名的荒淫皇帝——前废帝；之后，"猪王"刘彧杀了刘子业，成为宋明帝；宋明帝刘彧死后，他的儿子刘昱继位，因太过荒淫、残暴无道，在一个中秋月圆夜被身边人杀死。公元479年，老奸巨猾、功高震主的萧道成，废黜了刘宋的最后一位娃娃皇帝刘凖，登上皇位，建立齐国，史称"萧齐"。

自刘义隆去世的公元453年，到萧道成称帝的公元479年，南朝这边的26年时光，都浪费在宫廷斗争和改朝换代的政局动荡中。而在这26年，北朝的冯太后，经历了文成帝、献文帝两个朝代，政权平稳，社会安定，通过第一次临朝听政，已将自己的政治抱负逐渐付诸实施。

及至萧齐政权建立，齐高帝萧道成在位仅4年就驾崩了。他的儿子萧赜继位，史称齐武帝。齐武帝是一位明智的皇帝，他在位11年，多办学校，提倡节俭，整顿吏治，发展经济，遂使萧齐出现盛世"永明之治"。更重要的是，他还和北魏通好，双方的边境比较安定。这一有利条件，对北魏的冯太后来说，更是难得的发展机遇。自萧齐建立的公元479年，到齐武帝去世的公元493年，正是北魏进行大刀阔斧改革的关键时期，彼时，冯太后的"太和改制"正在北魏如火如荼地进行着。

在内部安定，邻国内乱时，第一次临朝听政，登上政治舞台；在内外互通友好、中外宁和时，第二次临朝听政，实施各种伤筋动骨的经济和政治改革措施。这是北魏的幸运，更是冯太后的幸运。

幸运的，不仅是大时代，还有小时代。北魏朝廷现状就是冯太后的小时代。彼时，丈夫文成帝英年早逝，继位的献文帝才12岁，年幼的皇帝只能仰仗成熟睿智的冯太后，遂给了她进入权力中枢的机会；及至不听话的献文帝被一杯毒酒解决掉性命后，继位的孝文帝才5岁，更是幼稚无知，这时的冯太后老谋深算、运筹帷幄，她不会让母子失和的悲剧重演，也就不会将权力下放给孝文帝，只能自己紧握权杖，架空皇帝，直到生命最后一刻。可以说，正是北魏历史上的两位幼主继位了，导致出现权力真空，才给了冯太后这个深宫女人一次又一次掌权改革的机会，正所谓"时势造英雄"。女人，亦有英雄的梦想。

时代选择了冯太后，北魏选择了冯太后，聪明的冯太后自己更是嗅觉敏锐地抓住这些历史赋予她的机遇，打造出了属于女政治家、女改革家的"我时代"。

在"我时代"，多年的政治生涯告诉她，改革和发展才是硬道理。若想北魏国力强大，没有经济实力，是不可能的，因此，她实施均田制、租调制，增加国家赋税收入。若想使北魏摆脱少数民族落后、封闭的制度，达到汉民族的文明程度，不进行汉化是不可行的，因此，她改革官吏体制，改革基层政权。她提倡儒学，让鲜卑贵族子弟和皇室成员从小接受儒学教育，因为这些人将来都是管理国家的栋梁，先进文明的儒学教育要从娃娃抓起。可以说，冯太后具备女政治家的睿智和前瞻性，也有着女改革家的魄力和手段，无怪乎她能以汉族女子的身份在一个少数民族政权里开创出独属于冯氏的"我时代"。

好风凭借力，送我上青云。正是在各种历史风潮的机缘巧合下，早已练就一身真本领的冯太后，犹如栖息在梧桐树上的凤凰，在汉族能臣、知音、继承者等人共同辅佐下，一飞冲天，一鸣惊人，成就不世伟业。谁能想到，多年前，她还是一只流离失所、苦苦哀鸣的"麻雀"呢。

梦想不受限：革故鼎新乎？妇人之道乎？

革故鼎新，在男性的领地横冲直撞

在历史的长河中，掀起惊涛骇浪、引领时代潮流的大多为男性，他们果敢坚毅、足智多谋，往往成为王朝的奠基者、毁坏者和社会的中流砥柱。但不可否认的是，有那么一些女性，像北魏文明冯太后一样，她们不甘心成为男人背后的无名女人，不满足于闺房和院落内狭窄天地的井底之蛙生活，越过高高的围墙和古老的成见，她们将眼光和视野投入更为广阔的寰宇，那是男性的固有领地，她们尝试着在这崭新的天地间纵横驰骋、独领风骚，实现属于杰出女性的事业和梦想。这梦想，关乎军事，如"娘子军"领袖平阳公主；关乎政治，如至尊红颜武则天；关乎文学，如"千古第一才女"李清照；亦关乎革命，如革命家秋瑾。

当改朝换代风起云涌之际，平阳公主没有依靠丈夫的保护和父兄的救济，自建娘子军，威震隋唐，以娇滴滴的千金之身引领女将军风潮。

当14岁的武则天将踏入皇宫时，母亲杨氏担心女儿不适应皇宫森严的游戏规则因而哭哭啼啼，武则天反而安慰母亲，杨氏遂不哭。史实证明，武则天的梦想岂止是见天子，她还要取而代之成为一代女皇，前不见古人，后不见来者。

"乃知词别是一家，知之者少"，李清照在《词论》一文中如是说。她在词这个领域里取得如此优异的成就，以至于一些男性词人都赶不上；她基于丰富的学习和创作实践提出精到的文学理论，于女作家中实乃翘楚。

"拼将十万头颅血，须把乾坤力挽回。"秋瑾的诗句总能见刀见血，同她为之奔波的革命实践活动相互呼应。她的事业是推动中国妇女解放，她的梦想是推翻腐朽落后的清政府，可惜出师未捷身先死，长使英雄泪满襟。

煌煌5000年历史，在各自领域有所建树、做出突出贡献的事业型女性尚有许多，以上4位仅为其代表。此管中窥豹，已可见女性可为之终生奋斗的梦想除了家庭与婚姻、丈夫和孩子，尚有更为辽阔的领域可供驰骋、可供发挥。突破传统，大胆实践，开启先锋，她们皆为女子不走寻常路的榜样，正可谓"休言女子非英物，夜夜龙泉壁上鸣"。

值得一提的是，历史长河中还有众多的历代贤后和普通女子，她们或许不曾建立丰功伟业，但做个孝顺的女儿、忠贞的妻子、尽职的儿媳、自我牺牲的母亲，必要的时候，还可为丈夫分忧解难，或替他承担起维护家族运转的重任，这些皆可为她们的人生梦想。这样的梦想，天下女子守护、实践了两千多年，至今还在坚守；这样的梦想，淳朴简单，平凡庸常，但不代表它们可被贬低、鄙夷。梦想本无高低贵贱之分。普通如你我的她们，名字或许不入彤管之书、不沾青史之笔，小小的人生梦想却是真实存在过的。

这个女人不寻常：千秋功过，任人评说

毋庸置疑，北魏冯太后是位传奇女性，她生于贵族之家，身为北燕皇族后裔却在一夜之间成为仇敌北魏宫廷的

高宗崩，故事：国有大丧，三日之后，御服器物一以烧焚，百官及中宫皆号泣而临之。后悲叫自投火中，左右救之，良久乃苏。（《魏书·列传第一》）

一名掖庭婢女；而后，凭借顽强的毅力和聪明才智，她从女奴奋斗到贵人、皇后、皇太后，乃至成为掌管北魏国脉和命运的唯一女主，登上权力的巅峰。她的身上既有普通女子恪守妇人之道的平凡梦想，也有在权力旋涡里与男性一较高下的建功立业的梦想。这个女人不走寻常路，因而她的功过是非也显得颇为复杂。

冯太后本是贤妻，她与文成帝拓跋濬惺惺相惜，患难与共，本可恩爱一生，白头偕老，谁知拓跋濬英年早逝，留下冯太后在后宫形单影只。多情而倔强的冯太后便如天下忠贞刚烈的列女一般，在丈夫的葬礼上试图殉情。

实则，丈夫死后，妻子自残乃至殉情是传统社会古老的表明忠贞意愿的一种陋习，二十五史的列女传中屡有记载。例如，巨鹿魏溥的妻子房氏。她是慕容垂统治时贵乡太守常山房湛的女儿，幼有烈操。她16岁时，丈夫魏溥就病死，即将收殓，房氏突然拿起刀割掉自己的左耳，扔到丈夫的棺材中，说："鬼神有知，九泉之下见。"她血流满面，神情坚毅，旁观者无不为之哀惧。婆婆刘氏也不哭了，问她："媳妇你为何要这样？"房氏回答道："媳妇我还年轻，不幸早寡，实在是担心父母不体谅我对丈夫的用情至深（逼我改嫁），此举乃是我表明自己的志愿。"闻听者莫不感慨悲怆。房氏活到65岁去世。后来，北魏献文帝时期的光禄大夫高闾对房氏此举评价道："爱及处士（魏溥），遭疾凤凋，忼俪秉志，识茂行高，残形显操，誓敦久要。"（事见《北史·列女传》）但不同的是，冯太后"烧三殉情"是出于真心真情。后来在临朝执政时期发展李奕、王叡、李冲三位美男子做自己的情人，亦是史实。

太后行不正，内宠李奕，显祖因事诛之，太后不得意。显祖暴崩，时言太后为之也……王叡出入卧内，数年便为宰辅，赏赐财帛以千万亿计，金书铁券，许以不死之诏。李冲虽以器能受任，亦由见宠帷幄，密加锡赉，不可胜数。（《魏书·列传第一》）

冯太后本想做个良母，却对儿孙们每每皆下狠手乃至置之死地。献文帝的母亲李氏被赐死后，她亲自抚养献文帝，把他扶上皇位，后来却因权力争斗和一己私欲而将献文帝毒死；孙儿孝文帝出生后，冯太后躬亲抚养，却对这个聪明的孩子抱有戒心，一度试图饿死他。

冯太后有时对身边人仁慈宽厚。她身体抱恙时，掌管膳食的侍从稀里糊涂地端来一碗粥，没想到里面却有一条小虫子，冯太后毫不介意，把虫子挑开就喝了。在一旁侍奉的孝文帝不满意，大发雷霆，欲将侍从治罪，太后笑着阻止了他。但有时，冯太后待侍从和官员却苛刻至极，左右之人稍有差错即被鞭打数百下，少的也有数十下。

在北魏历史上，冯太后两度临朝听政，选取良臣（相继任命高允、李冲等为中书令），任用武将（提拔刘尼、源贺等），扎扎实实地为国家办实事：经济上，实行均田制、租调制，增强北魏国力；政治上，下达"班俸禄"诏书，整顿吏治；文化上，大兴教育，提倡儒学，实行一系列汉化措施，废除鲜卑族的一些落后制度，加速了北魏的文明进程。与此同时，冯太后在政坛这块男性传统领地上锐意改革、奋力拼杀、实现梦想的间隙，也没忘记壮大冯家在朝廷和后宫的实力。前文述及，因家道中落，冯太后与哥哥冯熙自幼失散，她当上皇后之后便派人寻访哥哥，找到后许他高官厚禄，使冯熙在朝中权势显赫。不仅在前朝，在后宫也要培养冯家的势力，在她的运作下，孝文帝先后娶了冯熙的三个女儿，其中两个还被封为皇后。

值得一提的是，1920年于洛阳出土的一方墓志，其墓志铭曰《魏故乐安王妃冯氏墓志铭》，中有"父熙，和平四年蒙授冠军将军肥如侯……妃讳季华，长乐郡信都人也。太宰之孙。太师之第八女"字样，可知，此墓志的主人乐

太后外礼民望元丕、游明根等，颁赐金帛舆马，每至褒美叡等，皆引丕等参之，以示无私。又自以过失，惧人议己，小有疑忌，便见诛戮。迄后之崩，高祖不知所生。至如李䜣、李惠之徒，猜嫌覆灭者十余家，死者数百人，率多枉滥，天下冤之。（《魏书·列传第一》）

198

（冯太后）使人外访，知熙所在，征赴京师，拜冠军将军，赐爵肥如侯。尚恭宗女博陵长公主，拜驸马都尉。出为定州刺史，进爵昌黎王。显祖即位，为太傅，累拜内都大官。高祖即位，文明太后临朝，王公贵人登进者众。高祖乃承旨皇太后，以熙为侍中、太师、中书监、领秘书事。……高祖前后纳熙三女，二为后，一为左昭仪。由是冯氏宠贵益隆，赏赐累巨万。（《魏书·列传第七十一》）

安王妃冯氏是冯熙的第八女冯季华。这份墓志铭还详细介绍了冯季华的七个姐姐的婚配情况，"长姊南平王妃。第二第三姊并为孝文皇帝后。第四第五姊并为孝文皇帝昭仪。第六姊安丰王妃。第七姊任城王妃"。由此可知，冯熙的四个女儿都被纳入北魏孝文帝的后宫，其中二女、三女为皇后，四女、五女为昭仪。这与《魏书·列传第七十一》的记载"高祖前后纳熙三女，二为后，一为左昭仪"有出入。一般来说，墓志铭在称赞墓主品德方面或有溢美之词，但其陈述的家庭关系和婚恋情况乃事实，为当时的撰写者和亲人所熟悉，不会有误。故而可知，冯太后曾将4个侄女都送进孝文帝的后宫，抱着多多益善的心态来壮大冯家势力。

可惜，冯熙的女儿们缺乏姑母的魅力和才干，在后宫表现不佳：两个女儿早卒；一个女儿被自己的亲姐姐夺走恩宠，在佛寺出家，孤独终老；最后一个小冯氏被立为皇后，仗着自己得宠，在孝文帝南征期间，与中官高菩萨私通，遭人举报后被幽禁。孝文帝驾崩，留下遗诏赐死冯皇后。此时冯熙已死，冯太后早年苦心经营、试图光复冯家荣耀的关系网遂土崩瓦解。

综上可知，冯太后曾是忠贞的贤妻，却也私通三位美男子；曾是尽心的良母，却对儿孙一再下毒手；曾待人宽容仁慈，却也猜忌成性，酿成冤案；曾为北魏的文明进步做出巨大贡献，却也怀有私心大力扶植外戚势力。大约基于她早年的不幸遭遇和汉族教育背景，她和普天下平凡女性一样，本想做个贤妻良母，过着相夫教子的生活，谁知丈夫去世，局势不稳，国运堪忧，她被迫成长为心狠手辣、心机深沉的权谋家，又因缘际会，成为开启"太和改制"先风的杰出政治家。女改革家，最终成为她身上最为显著的标签，正所谓"横空出世，莽昆仑，阅尽人间春色。飞起玉龙三百万，搅得周天寒彻。夏日消溶，江河横溢，人或为鱼鳖。千秋功罪，谁人曾与评说？"（毛泽东《念奴娇·昆仑》）。

结语

　　如东方智者纪伯伦所说："我宁可做人类中有梦想和有完成梦想的愿望的、最渺小的人，而不愿做一个最伟大的、无梦想、无愿望的人。"梦想是伟大的、高尚的，不论她是革故鼎新的女英雄，还是恪守妇人之道的贤妻良母，有梦想的每个人都了不起。

　　长风破浪会有时，直挂云帆济沧海。梦想需要培育、实践，踏踏实实完成每个小目标，方能收获累累硕果。人生最精彩的不是实现梦想的一瞬间，而是坚持梦想的过程。

　　如西方文豪雨果所说："让自己的内心藏着一条巨龙，既是一种苦刑，也是一种乐趣。"有梦想的女人，不忍虚度流年，不愿意浪费生命。这是她的初心。不忘初心的人，既可以忍受内心巨龙的挣扎和折腾，也有坚持不懈、直至彼岸的决心和行动。这是人活着的意义、梦想家的使命。

　　有梦想的女人，不会陷于家长里短、宫斗内斗窝里斗，不会纠结于眼前短暂的福祸得失，不会迷失于日常琐事小事的纠缠，她必定目光远大，胸有蓝图；她必定神情坚定，行为隐忍；她必定审时度势，猛抓机遇；她必定内心充实，鹏程万里。她的梦想是火，是灯塔，是巨龙，深邃而有价值，值得追求。

　　梦想是火，点燃人类所有的激情，照亮黑暗中风雪夜归人奔波的路。要想获得火种，就得像普罗米修斯一样，有勇气、有毅力、有奉献精神地忍受每天心脏被啄食又长出的煎熬，奋斗吃苦在前，享受游乐在后。

梦想是灯塔，指导人类前进的方向，吸引在茫茫大海中航行之人向它奋进，船上，有她的亲人、同伴、知音，更多的是她的帮手。

梦想是巨龙，在等待合适的机会，时机成熟，终有冲破束缚，猛啸出水的风姿。潜龙在渊，是苦刑；飞龙在天，方喜乐。

尾声

柔肩担江山，裙钗争风流。

公元528年，鲜卑族人建立的北魏，黄河岸边，阴风怒号。一位太后，被权臣尔朱荣抛入黄河淹死。太后生前享尽荣华富贵，生下儿子，皇帝破格为她废除了"立子杀母"的祖制，她成为北魏第一个未被处死的太子之母。儿子年幼，她临朝听政，过了一把当皇帝的瘾，她成为历史上第一个自称"朕"的女人。再度临朝听政后，她淫乱后宫，毒死亲生儿子，拿一个女婴冒充皇子即位。种种倒行逆施终于为北魏招来灭顶之灾，她本人亦被滚滚黄河水吞没；死后，尸骨无人收留，她的妹妹只能将其安置在寺庙。她，就是北魏的胡灵太后。

公元986年，契丹族人建立的辽国，太行山下的陈家谷，《杨家将》里的杨业被俘，他坚持不投降，绝食三日而死。极力主张劝降他的是辽国的太后。18年后，这位太后促成了和宋真宗的谈判，两国达成澶渊之盟，之后，宋辽之间出现和平共处局面。这位太后从小就聪明伶俐，小时父亲让她们姐妹几个打扫屋子，其他姐妹都草草了事，唯有她认真仔细地将屋子打扫得干干净净，大有"一屋不扫何以扫天下"之志。儿子年幼，她以太后身份临朝称制，对少数民族政权辽国进行改革，辽国国力因此大增。这位太后，就是辽国的萧绰，赫赫有名的萧太后。

公元1908年，满族人建立的清朝，在故宫中南海的瀛台，主张"戊戌变法"的光绪皇帝一命呜呼；一天后，故宫仪鸾殿中，阻止变法的一位太后亦驾鹤西游。2008年，人们用现代高科技手段检测了光绪皇帝的衣物、骨头和头发，得出结论：他死于砒霜中毒，且毒药剂量相当大。至此，一直甚嚣尘上的太后害死光绪皇帝的传说似乎尘埃落定。这位太后，不仅阻拦变法，幽禁皇帝，还一次次挪用军费为自己修建园林和祝寿，因此她的每一次祝寿，都与割地赔款有关：50岁生日，先丢琉球，中法战争中又丢了交趾；60岁大寿，甲午战争爆发，割了台湾；70岁寿辰，日俄战争，东北三省处境危险。这位太后，就是清朝的慈禧太后。

据说，《敕勒歌》最初是用鲜卑语传唱的："敕勒川，阴山下。天似穹庐，笼盖四野。天苍苍，野茫茫。风吹草低见牛羊。"

好一个，风吹、草低、现、牛、羊！

——本篇完——

李祖娥：

向左走，向右走

引子

公元439年春季的一天，北魏都城平城的皇宫里，一场激烈的辩论正在紧张地进行着。辩论的双方均为汉族高官，一方为出身名门望族清河崔氏的崔浩，一方为出身高门世族赵郡李氏的李顺。裁判官，则是当朝国君、鲜卑族的一代雄主太武帝拓跋焘。辩论的焦点在于是否该征讨北凉。

太武帝对李顺非常信任，派遣他出使凉州（北凉）总共12次，"顺凡使凉州十有二返，世祖称其能"。因此他对北凉情况最清楚，只听他字斟句酌地说："皇上，依臣多年的观察，凉州地界地势险恶，兼之缺少水草，不利于我军大规模地征讨。"闻听此言，一心想征服北凉、统一北方的拓跋焘失望地低下头，沉思不语。片刻之后，他似乎不死心，转向一旁的崔浩问道："你怎么看？"

崔浩，历仕北魏拓跋珪、拓跋嗣、拓跋焘三任皇帝，被称为北魏第一谋臣。同为汉族高官，他却一向与李顺面和心不和。只听他高声反驳道："臣看到《汉书·地理志》中讲到，凉州的畜产，天下最为富饶。如果那边缺少水草，凉州的百姓怎样生存呢？"

"你胡说，你又没有去过凉州，怎么敢如此口吐狂言？别忘了，我可是出使凉州12次的人。"李顺愤怒地驳斥道。

"你不愿意让我大魏军队征讨凉州，是因为你收受了凉州国王的贿赂，你以为这样就能蒙蔽我们吗？"崔浩反唇相讥道。

于是，你一言我一语，两人在朝堂上争吵起来。战还是不战？拓跋焘面临两难选择，他为难地看着两个平日里稳重老练的大臣，此刻都变成了好斗的公鸡，争得面红耳赤。正在这时，只见一个宦官急匆匆跑过来，启奏道："皇上，武威公主病危，派人来求救。"

"怎么回事？公主不是一直好好的吗，怎么突然病危了？"朝中大臣议论纷纷。拓跋焘更是焦急万分，武威公主是他的亲妹妹，两年前，为了拉拢北凉，他做主将公主嫁给北凉的国王沮渠牧犍。为此，沮渠牧犍还特地派人送来黄金100斤、良马500匹，以示感谢。谁承想，两年未见的妹妹竟然要与自己阴阳

208

两隔了。拓跋焘下令追查此事。

原来,北凉国王沮渠牧犍迎娶武威公主后,起初两人还相敬如宾,恩恩爱爱,时间长了,新鲜劲儿过去后,沮渠牧犍就不把武威公主放在眼里了,开始贪恋别的女人。过分的是,他勾搭的这个女人李氏,竟然是他的嫂子。沮渠牧犍本是匈奴人,对汉族"叔嫂不通问"的儒家伦理不大看重,也算正常。更过分的是,这个美艳的嫂子李氏,不仅和沮渠牧犍勾搭成奸,还和他的两个弟弟沮渠无讳、沮渠安周打得火热,成为这兄弟三人共同的情妇。

俗话说,色字头上一把刀。淫乱从来都与图财、害命如影随形。淫荡的李氏,为了能和沮渠牧犍兄弟三人长久地鬼混在一起,早就看武威公主不顺眼,一直在找机会除掉这个眼中钉。不久,机会来了。公元439年的一天,李氏趁人不备,将毒药悄悄地撒在武威公主的饭菜里。武威公主吃完饭后,突然痛得满地打滚,身边伺候的宫女吓坏了,赶紧向国王沮渠牧犍报告。谁知沮渠牧犍早就对北魏压制着北凉的现状心怀不满,他查明此事是自己的情妇李氏所为,为能和李氏长相厮

守,他随即狠下心来,对身为王后的武威公主不闻不问,也不派人给她医治,随她死去活来。

可怜的武威公主,只得派遣身边可靠的随从翻山越岭向自己的娘家——北魏求救。北魏国君拓跋焘闻听此事,怒不可遏,他接受崔浩的建议:讨伐北凉。他一方面派遣北魏医术最好的大夫赶赴北凉拯救妹妹,一方面紧锣密鼓地进行战争准备。或许是李氏第一次做投毒杀人之事,过于紧张,将毒药放少了;或许是拓跋焘拯救及时,最终,武威公主身体康复,得救了。

尊贵的武威公主得救了,李氏和沮渠牧犍却要遭殃了。冲冠一怒为妹妹的拓跋焘,给沮渠牧犍两个选择:要么交出罪犯李氏,要么交出北凉国土。很快,北凉国王沮渠牧犍就做出了他的选择:爱江山更爱美人。他选择将李氏隐藏到酒泉来对抗为妹复仇的拓跋焘。

一代雄主拓跋焘怒了。他亲自率领北魏大军来到北凉的都城姑臧(今甘肃武威),沿途所见,水草甚为丰美,他不禁感叹地对崔浩说:"你的话是对的。"因此,对当初说谎的李顺就生出怨恨之气。

太武帝拓跋焘很生气，后果很严重。

公元439年，磨刀霍霍的拓跋焘攻下北凉都城姑臧，沮渠牧犍投降，北凉实际上已经灭亡。后来，拓跋焘找了个借口，以谋反罪将沮渠牧犍赐死。拓跋焘终于完成了他统一北方的伟大壮举。

李顺，之前接受北凉历任国王的贿赂被拓跋焘发现，加之崔浩在皇帝旁边推波助澜，李顺在公元442年被拓跋焘下令处死。

古今多少事，都付笑谈中。

谁能想到，一件普通的叔嫂通奸丑事，竟然导致一个国家被强敌灭亡。纵然有历史学家，譬如吕思勉先生认为，拓跋焘对北凉觊觎已久，武威公主是他安插在北凉的间谍。中毒事件或许是拓跋焘为自己征伐北凉寻找的一个合理借口，但若没有李氏的个人私欲比王后人命重要的选择，若没有沮渠牧犍的美人比江山重要的选择，北凉的结局或许会改变一些，至少覆亡得不这么快。

世界，处处充满选择。历史的转折点也一样。就像拓跋焘听从了崔浩的建议去征讨北凉，由此奠定了北魏统一中国北方的宏大伟业，由此使中国历史出现了转折期：结束十六国的纷乱，走进南北朝的对峙。

人生，无时无刻不处于选择中。拓跋焘时代的李顺，没想到自己选择收受贿赂，以致丧命。更没有想到的是，他的儿子李奕，"美容貌，有才艺"，被北魏女政治家冯太后看中，成为冯太后的男宠。李奕选择成为男宠，也就给了冯太后的儿子兼对手献文帝一个借口，献文帝诛杀了李奕。

最让李顺想不到的是，120多年后，他的第四代后人中，也出现了和北凉李氏一样的女人：美貌，且与兄弟三人都有纠葛，叔嫂私通的结局，都很凄凉。

这个女人，就是李顺的玄孙女李祖娥，同时，她还是北齐的开国皇后。她的一生，一直处在向左走、向右走的矛盾中……

美女与野兽：相识于微时，相守于经年

后三国的乱世佳人

北魏在经过冯太后和孝文帝长达23年的改革后，国力强大，社会逐渐从以鲜卑族权贵主导的政权走向少数民族和汉族融合统一的多民族国家，这与北魏孝文帝的全盘汉化改革分不开，尤其是他将都城从平城迁到洛阳之后，北魏俨然成为一个国家综合实力完全压倒南朝的中华政权。

然而，月满则亏，水满则溢。就在北魏孝文帝统治下的盛世帝国，已然埋藏着足以给这个国家以毁灭性打击的不安因素，那就是遗留在北方边境的鲜卑族守旧势力。正是被迁都洛阳的北魏政权忽视的这股北方守旧势力，日后在北魏历史，甚至是中国历史上掀起了滔天巨浪。这巨浪，摧毁了冯太后和孝文帝辛苦改革形成的繁荣景象，更使得风雨飘摇的北魏陷入分崩离析的状态，最终走向衰落，以致亡国。

这股巨浪，就是北魏末年的六镇起义。六镇指的是北魏在阴山山脉南边一带设置的六座军镇，分别是沃野镇、怀朔镇、武川镇、抚冥镇、柔玄镇、怀荒镇。这六镇的居民大多是鲜卑族人，他们常年镇守在荒凉落后的北方，生活困苦，地位低下，对洛阳权贵们的不满也日益增加。于是，公元523年，六镇一起发动叛乱，很快，这起叛乱就波及北魏的很多领土，甚至叛乱还从北部边境蔓延到北魏的心脏地带。彼时，当朝皇帝是孝文帝拓跋宏的孙子孝明帝。

接下来，皇帝下诏让各地有能力的英雄镇压叛乱。

接下来，平定叛乱的英雄逐渐显露出来，譬如于公元

528年平定叛乱的尔朱荣，譬如尔朱荣的得力助手高欢、宇文泰等。

接下来，这些英雄看到皇帝这么软弱，朝廷这么好欺负，就纷纷发展自己的力量，等待时机，来实现自己的篡位野心。命运不济的，如尔朱荣，于公元530年被皇帝设计杀死，其他打着勤王旗号的各路英雄，则巧妙地操纵着北魏王朝。

接下来，在这些军阀的不间断折腾和斗争中，北魏王朝被瓦解，公元534年，北魏分裂，高欢在邺城扶持东魏政权；一年后，宇文泰在长安扶植西魏政权。两个魏国，两个傀儡皇帝，高欢和宇文泰均"挟天子以令诸侯"。

接下来，高欢的儿子高洋不满足于给傀儡皇帝打工，只做丞相、齐王太没意思，他要做皇帝，公元550年，他建立的北齐，取代了东魏。七年后的公元557年，西魏也被宇文泰建立的北周所取代。

接下来，世间再无大魏国，南朝萧衍建立的梁国也被高欢昔日的部下侯景捣毁殆尽，以致灭亡，陈霸先建立的陈国赫然屹立。于是北齐、北周、陈国形成奇妙的"后三国时代"。

这，就是美貌的北齐开国皇后李祖娥生活的时代：混乱、动荡，皇帝可以轮流做，国家随时可以被灭掉。个人命运，自然也就被这股历史洪流裹挟着飘摇。既然是开国皇后，意味着北齐开国皇帝高洋与李祖娥，有着非同一般的关系，两人之间剪不断、理还乱的起起伏伏，可以用"美女与野兽"的怪异组合来形容。

李祖娥，汉族人，本是上党太守李希宗的女儿，同北魏拓跋焘时代的李顺一样，出身于著名的高门大族"赵郡李氏"。两晋南北朝时期，没有跟随晋朝王室南渡的、滞留在北方的崔、卢、李、郑、王，被列为第一等的高门大族。李，即指赵郡（今河北平棘）李氏和陇西李氏。陇西李氏中佼佼者，有冯太后"太和改制"中的顶梁柱李冲。赵郡李氏，当指李顺这一宗族。

"容德甚美"，是《北齐书·列传第一》对李祖娥容貌美丽、品行高雅的传神概括。若非有这"容德甚美"，彼时一人之下万人之上的东魏丞相高欢，也不会看中李祖娥且慕名而来，为儿子高洋定下这门亲事，将"娉娉袅袅十三余，豆蔻枝头二月初"的李祖娥隆重地迎进家门。若非有这"容德甚美"，高欢的三个儿子——高澄、高洋、高湛，就不会齐齐拜倒在李祖娥的石榴裙下，以致酿出北齐皇室的一桩桩叔嫂通奸的丑闻。或许，若非有这"容德甚美"，李祖娥的人生之路就会是另外一番模样，相夫教子，平安一生。

美貌，于女子而言，有时是蜜糖，有时是砒霜。

容颜无法选择，婚姻更无法自主，至少对古代女子而言，是如此。对少女李祖娥来说，更是如此。同天下所有懵懂女子一样，拥有花容月貌、出身高贵双重优势的李祖娥，在父母之命、媒妁之言下，穿戴凤冠霞帔走向命中注定的花轿。对于决定自己后半生命运的另一半，是人，是兽，抑或是魔鬼，她无从知晓。她只知道：没有选择，只有接受；她只知道，她要嫁的是丞相之子，是太原公高洋。

"桃之夭夭，灼灼其华。之子于归，宜其室家。"于是，一顶红花轿，一路吹吹打打，李祖娥也完成了从妙龄少女到太原公夫人的转变。

从汉家女到太原公夫人

　　侯门一入深似海。善良单纯的李祖娥，万万没有想到，做太原公夫人的日子，非但没有想象中的安逸尊贵，相反，却充满了侮辱与伤害。彼时，她嫁的是东魏丞相高欢的高家，英武神勇的高欢一生共有15个儿子，其中结发妻子娄昭君就给他生了6个，这6个儿子不仅整天在父亲面前争风吃醋、玩弄心机，其中势力强大、如狼似虎的3个，还对如花似玉的新嫁娘李祖娥垂涎欲滴。这些饥饿的目光，让李祖娥如芒在背，嫁入高家后时时如坐针毡。所谓夫贵妻荣，彼时，她急切地需要得到丈夫高洋的帮助。

　　然而，可悲的是，她的丈夫高洋，恰似一头野兽，他不仅相貌丑陋，还是一个残疾人。《北齐书·帝纪第四》说他"及长，黑色，大颊兑下，鳞身重踝"，意即他长得黑黢黢，颧骨很高，有很严重的皮肤病，脚部有残疾。更可悲的是，因为丑陋和残疾，兼之从小很自卑，不喜欢与人交流，就连高洋的亲兄弟们都看不起他，常常耻笑他。譬如高欢的长子，也就是高洋的亲大哥高澄，每次见到自己这个邋遢猥琐的弟弟，都掩饰不住恶心地说："这个人要是富贵了，那看相的人就闹出笑话了。"又如高欢的第三个儿子，也就是高洋的同父异母弟弟高浚，有一次和高洋一起去见高澄，半路上见到高洋鼻涕流出来挂在鼻子下面，他嫌弃地捂住嘴，故意挤兑高洋，对高洋的侍从说："你们为什么不帮我二哥把鼻涕擦一下呢？"

　　美女与野兽，美女被人觊觎，野兽遭受欺负，所谓贫贱夫妻百事哀，身处豪门，太原公夫妇两人生活上虽然不

文宣性雌懦，每参文襄，有时洟出。浚常责帝左右，何因不为二兄拭鼻，由是见衔。
（《北齐书·列传第二》）

至于贫苦，但源自心底的卑贱和悲哀，却时时刻刻缠绕在他们身边。《史记·吕太后本纪》说："吕太后者，高祖微时妃也。"微时指微弱、卑贱之时。若说高洋与李祖娥真有微时，那便是此时；若说吕雉是汉高祖刘邦的微时妃，那李祖娥就是后来成为北齐文宣皇帝的高洋的微时妃。

微时，在那段遭人鄙视、受人侮辱的日子里，面对高家兄弟们虎视眈眈的目光，面对丈夫唯唯诺诺、如痴似呆的神态，善良的、有着良好家教的李祖娥，没有逃离、躲避，而是选择和丈夫风雨同舟、相依为命。在命运的困厄面前，美女选择了善良和陪伴。

微时，在那些风雨如晦、强敌环伺的环境中，面对兄弟们的恶毒挑衅，面对结发妻子可怜楚楚的泪目，深沉又大度、内虽明敏、貌若不足的高洋，没有选择放弃和盲目挑战，而是选择隐忍和磨炼，就像一条暂时跌落浅滩遭虾戏的游龙，就像一头温柔的野兽。这温柔，只对默默陪伴在自己身边的妻子李祖娥。

丞相府中，有一天，阴雨绵绵，李祖娥正呆坐在窗前，暗自神伤，突然听见"咚"的一声，门被打开了，高洋像只野蛮的大猩猩，一瘸一拐地走进来，手里拿着一件晶莹剔透的琉璃挂坠。"这玩意儿可好了，送给你吧。"高洋大大咧咧地说，丝毫没注意到妻子忧郁的表情。果然，李祖娥并没有像他想象的那样雀跃地跑过来接住，只是投来幽幽的一瞥："再好的玩意儿，我也不要。上次你送我的珍珠香囊，我戴在身上被大哥看见了，他非逼着要我那个珍珠香囊。他的样子很凶，我一害怕就立即送给他了。这个再让他看见了，肯定又保不住。"高洋一愣，沉默半晌，忽然笑着说："那有什么。不就是一些小玩意儿吗？大

216

哥喜欢，送给他就是了。"李祖娥没想到丈夫这么懦弱，不甘心地反驳道："可是，大哥他也太欺负人了，你不知道他还对我……"话一出口，她就意识到自己不该这么在背后嚼舌头，况且那件丑事也是说不出口的。屋子里突然安静了下来。高洋愣了一会儿，一把将妻子搂在怀里，温柔地说："没关系。只要你还在我身边就好。"说罢，他跳开去，一蹦三尺高，竟然在屋里跳起鲜卑族舞蹈来。只是，他一摇一摆的样子太过滑稽，李祖娥忍俊不禁，一扫愁容，"扑哧"一声笑了。一时间，偌大的丞相府，仿佛只有这小小的乐土才能安放这一对"贫贱"夫妻的卑微的灵魂。

窗外，斜风细雨，淅淅沥沥；屋内，美女与野兽，苦中作乐，相濡以沫。彼时，面对生活的逆境，除了选择隐忍，还能做什么？

夫妻本是同林鸟，大难来临各自飞，说的只是婚姻状况之一种。微时的李祖娥和高洋显然不是这样的。困厄时，他们的选择是相互陪伴、不离不弃，尽管男方丑陋无比、前途渺茫；尽管女方被人歧视乃至遭遇勒索，美貌被觊觎乃至发生了那样一件不愿启齿的丑事。

李祖娥欲言又止的那件丑事，当指她在那时被丈夫高洋的大哥高澄强奸之事。据史书记载，高澄死后，高洋成为北齐皇帝，他曾恶狠狠地说："我大哥当年曾经奸污我妻子，我今天必须报仇。"他所谓的报仇，就是以牙还牙，强奸了自己的嫂子，也就是高澄的妻子元氏。这样的一报还一报，尽显高氏兄弟的禽兽本性。后来的北齐武成帝高湛，是高洋的弟弟，他不仅抢夺了哥哥留下的皇帝宝座，还霸占了哥哥的女人——李祖娥。这也算是对高洋盗嫂遗风的继承，真真讽刺至极。此为后话。

及天保六年，文宣渐致昏狂，乃移居于高阳之宅，而取其府库，曰："吾兄昔奸我妇，我今须报。"乃淫于后。（《北齐书·列传第一》）

北齐皇室里高氏兄弟的禽兽本性，在历史上赫赫有名，臭名昭著的名。其肇因则在大哥高澄身上。

高澄是高欢的大儿子，他12岁时就娶了东魏孝静帝的妹妹冯翊长公主，彼时，他"神情俊朗，便若成人"，因此颇得高欢的喜爱。公元547年，高欢病逝，高澄便继承了父亲的丞相之职。同父亲高欢在位时一样，东魏皇帝孝静帝在高澄眼里，亦同傀儡一般。有一次，皇帝在都城邺城的华林园宴请高澄等人。高澄斟满一大杯酒，很不礼貌地逼着皇帝喝，皇帝气愤于他这样的冒犯，拉长着脸说："自古以来没有不亡之国，朕这辈子也没有什么办法了。"意思是高澄你要篡夺我的位子，就早点说，不用这么一遍遍地侮辱我。高澄一听，火暴脾气就上来了，他不管三七二十一，破口骂道："朕，朕，狗脚朕。"意思是你还好意思自称朕，也就是一个人模狗样的朕。骂完还不解恨，他让身边的亲信上去打了皇帝三拳头才罢休，然后就拂袖而去。由此，"狗脚朕"成为中国历史上著名的咒骂皇帝之金句。

自然，敢骂皇帝为"狗脚朕"，并且殴打皇帝三拳的人，不是善茬，更不是有勇无谋之辈。高澄阴谋夺取东魏皇帝宝座的筹划，正在紧锣密鼓地筹备当中。公元549年7月的一天夜里，他召集手下信得过的几位谋士来到邺城郊区的东柏堂，共同商议篡位大事。郊区别墅内，烛光摇曳，私语窃窃，一派诡异的气氛中，突然，从门外走进来一个人，高澄定睛一看，原来是他的膳奴（厨师）兰京。兰京本是南朝梁国人，被高澄掠夺到北方做了自己的膳奴。兰京的父亲几次提出掏钱赎回儿子，高澄都没答应，扬言若再提赎回兰京之事，就要杀掉他。此时，兰京是进来请他们吃饭的。高澄一见他，猛然想起了什么，他笑着对左右

壬申，东魏主与王猎于邺东，驰逐如飞。监卫都督乌那罗受工伐从后呼曰："天子莫走马，大将军怒。"王尝侍饮，举大觞曰："臣澄劝陛下酒。"东魏主不悦曰："自古无不亡之国，朕亦何用如此生！"王怒曰："朕！朕！狗脚朕！"使崔季舒殴之三拳，奋衣而出。（《北齐书·帝纪第三》）

说:"昨天晚上我做梦,梦见这个膳奴拿刀子砍我。醒来后我还在想,今天一定要把这个奴才给杀掉,不要他来给我做饭了。"兰京一听,吓得汗流浃背,哆哆嗦嗦地退出房门。高澄对此不再理会,继续和幕僚议事。不一会儿,"吱"的一声,房门又被打开了,高澄一看,又是兰京,他端着一盘食物走了进来。高澄顿时大怒:"不是说不让你进来吗?"兰京一反往常的战栗,大吼一声:"我来是要杀你。"说时迟那时快,只见他迅速从餐盘底下抽出一把刀,饿虎扑食般向高澄冲将过去。顿时,房间里乱作一团。几个幕僚,死的死,伤的伤,跑得快的,早就逃之夭夭。可惜,兰京的目标是高澄,在他精益求精的熟练的用刀技术威逼下,高澄终于被砍死在床底下,偌大的一张床,也没能阻挡他奔赴死亡的幽冥路,时年29岁。

(高澄)将欲受禅,与陈元康、崔季舒等屏斥左右,署拟百官。京将进食,王却,谓诸人曰:"昨夜梦此奴斫我,宜杀却。"京闻之,置刀于盘,冒言进食。王怒曰:"我未索食,尔何据来!"京挥刀曰:"来将杀汝!"王自投伤足,入于床下,贼党去床,因而见杀。(《北齐书·帝纪第三》)

小不忍则乱大谋。在谋大事——篡位这等人生及历史如此重要的时刻,一人之下万人之上的高澄,没有选择"宰相肚里能撑船""得饶人处且饶人",而是偏偏要与区区一介膳奴针锋相对,以眼还眼,以牙还牙,以致马失前蹄,阴沟里翻了船。人死如灯灭,高澄,这位上打皇帝,下揍奴仆,曾经最有希望登上皇帝之位的人,最终还是以权臣身份遗憾地离去。所谓前人栽树,后人乘凉,他谋划、觊觎已久的皇帝宝座,则由他生前最看不起的、隐忍功夫可谓一流的弟弟高洋来坐。

高澄死之后,作为高欢的第二个嫡子、高澄的亲弟弟,高洋继承了高澄的丞相之位。这位一直默默无闻躲藏在幕后的人物,终于走上前台,开启了属于他的风云时代。当然,胸怀壮志的他要继续完成哥哥未竟的篡位遗愿。在高澄去世仅一年后的公元550年,他逼迫东魏皇帝将皇位禅让给他。东魏灭亡，北齐建立。高洋，成为北齐的开国皇帝，是为文宣帝。

高澄死后，曾被他侮辱与损害过的太原公夫人李祖娥，终于可以长长地舒一口气。自此，她再也不用经受这位好色且暴戾的大哥的威逼利诱，再也不用和丈夫过着担惊受怕、苦闷忧愁的封闭生活了。

谁无暴风劲雨时，守得云开见月明。随着丈夫高洋成为北齐的开国皇帝，李祖娥的生活也来了个一百八十度的大转变。她，即将成为北齐的开国皇后。

皇后时代

李白曾感叹道："荣华东流水，万事皆波澜。"识于微时、用心甚笃的李祖娥，本以为苦尽甘来，自己是高洋明媒正娶的正牌夫人，高洋登基做皇帝后，理应封她为皇后。可她万万没想到，在戴上皇后凤冠的征途上，半路杀出个程咬金来。这个程咬金不是别人，正是和她一起伺候过高洋的段昭仪。

段昭仪，是大臣段韶的妹妹。《北齐书·列传第一》记载她"才色兼美，礼遇殆同正嫡"，可见她无论容貌还是才华，都与李祖娥不分伯仲，更重要的是，她出身勋贵之家，哥哥段韶在朝中实力雄厚。于是在立谁为皇后的问题上，朝中大臣各持己见，争论不休。

220

公元550年的一天,北齐皇宫内,文宣帝高洋召集群臣讨论皇后的确定事宜。话题刚一抛出,群臣就炸开了锅。大臣高隆之、高德政都是汉族人,但他们鲜卑化已很深,他们提出,李祖娥是汉族妇女,在北齐这个鲜卑化色彩浓厚的国家,不适合做母仪天下的皇后。同为汉族的大臣杨愔提出反对意见,他慷慨激昂地说:"当今的皇位是前朝皇帝禅让而来,意味着这是个合乎礼法的国家,依照汉朝、魏国的旧例,皇后理应是皇上的正妃。"听闻此话,高洋频频点头,内心里,他也期望同他共患难的李祖娥能与他分享这一胜利的荣耀。不料此时,不死心的高德政又提出一个难题:恳请皇帝废掉李祖娥,而立段昭仪为皇后,理由是段昭仪的母亲是太后娄昭君的大姐,出身更显贵。还没等高德政说完,杨愔就高声抗议:"难道你想让皇上抛弃结发妻子,置皇上于不义之地吗?你这么做,无非是要巴结朝中权贵而已。"一番话噎得高德政半天说不出话来。大家都眼巴巴地看向皇帝,等着他的最终裁判。只见高洋稳坐钓鱼台,慢悠悠地说:"就依杨遵彦(杨愔,字遵彦)的意见吧。"

一场立后风波瞬间尘埃落定。李祖娥顺利登上皇后宝座。表面上看,这是李祖娥和杨愔一派的胜利,实际上,人生之路漫长,很难说谁是最终的胜利者。段昭仪没能当上皇后,但礼遇同正嫡一样,高洋死后,她一直生活在深宫,直到北齐后主高纬当皇帝时,她才改嫁给录尚书事❶唐邕,也算是寿终正寝,走完平凡但平安的一生。相反,李祖娥在高洋死后,经历了儿子成为皇帝又被废被杀,自己

❶ 古代官名,代表对尚书台一切事务的总领,相当于宰相之职。

被高洋的弟弟高湛霸占，受裸鞭之刑后又被抛弃阴沟的悲惨遭遇。杨愔，则在十年后的宫廷政变中被挖去一眼，死于非命。世事无常，孰胜孰败，难以一概而论。

人生艰难，世事无常，个人的结局若抛弃时运的因素，其余则在于自己的选择。一念之间，可以选择作恶；一念之间，可以选择善良，如李祖娥，不因丈夫丑陋而抛弃他，不因丈夫不受重用而轻视他，她的默默陪伴，终于换来今日之荣耀。或许那段困厄的日子里夫妻携手相行留下的真情，过于美好，过于真实，过于宝贵，终其一生，高洋都对妻子李祖娥敬重有加，史书有载："帝好捶挞嫔御，乃至有杀戮者，唯后独蒙礼敬。"

欲戴王冠，必承其重。力排众议，终于戴上皇后凤冠的李祖娥，其位居中宫的生活过得并不容易，因为她的丈夫是皇帝，那三宫六院七十二嫔妃，就够皇帝一人忙乎的了，何况北齐建国不久，政事、军事一大堆都等着高洋这个皇帝去处理。故而夫妻之间缺少了之前苦中作乐时的耳鬓厮磨，李祖娥和高洋一共生育两个儿子（高殷和高绍德）、一个女儿（长乐公主高宝德），其中两个儿子都是在李祖娥还是太原公夫人时所生，可见她当皇后期间，与皇帝丈夫只是相敬如宾而已。

"寂寞空庭春欲晚，梨花满地不开门。"孤独幽闭的深宫生活，使得本性恬淡的李祖娥性情越发宁静淡泊，她将全身心的精力投入到养育两个儿子身上。然而，树欲静而风不止。在李祖娥两耳不闻窗外事，一心只做贤妻良母之时，她的皇帝丈夫高洋，却从有道明君转变为邪恶残酷的暴君，向着地狱的深渊越滑越远。

"十年藏锋不出声，一朝出鞘动鬼神。"高洋能成为北

222

帝少有大度，志识沉敏，外柔内刚，果敢能断。雅好吏事，测始知终，理剧处繁，终日不倦。初践大位，留心政术，以法驭下，公道为先。或有违犯宪章，虽密戚旧勋，必无容舍，内外清靖，莫不祗肃。至于军国几策，独决怀抱，规模宏远，有人君大略。（《北齐书·帝纪第四》）

（高洋）以功业自矜，遂留连耽湎，肆行淫暴。或躬自鼓舞，歌讴不息，从旦通宵，以夜继昼。或袒露形体，涂傅粉黛，散发胡服，杂衣锦彩。拔刀张弓，游于市肆，勋戚之第，朝夕临幸。时乘駃騠牛驴，不施鞍勒，盛暑炎赫，隆冬酷寒，或日中暴身，去衣驰骋，从者不堪，帝居之自若。（《北齐书·帝纪第四》）

223

齐的开国皇帝，自有他的一番本领在手。即位之初，他对内依法治国，任用能臣，喜好处理政事，善于推测事情发展的趋势，处理紧急烦琐的事务，终日不倦；对外，他则独自决断，规模宏远，甚至亲自征伐四方，威震海内，展现了杰出帝王的雄才大略。

北齐王朝的奠基者是东魏的丞相高欢。高欢虽然是汉族人，但他从小生活在北方少数民族地区，身上的鲜卑化气息颇为浓重，遂成为鲜卑化的汉人。高欢的结发妻子娄昭君，是个鲜卑族女子。与娄昭君所生的6个儿子，也都相应地具备鲜卑族血统。在北齐朝廷里，鲜卑族贵族和汉人官僚同时存在，高洋很有技巧地利用汉人的治国智慧和鲜卑人的作战勇猛，因此使得北齐国力日盛，几乎达到治世的高度。彼时，"后三国时代"中，北齐的国力最强大，这些都与高洋的聪慧过人是分不开的。

哲人说，从真理到谬误，或许只有一步之遥。同理，从明君到暴君的路，也不会那么遥远，或许只有一步之遥。人，都是有惰性乃至恶性的。这惰性和恶性若不加以控制，即成为灾难，譬如北齐皇帝高洋。在执政六七年后，高洋以功业自傲，于是流连沉湎于享乐，开始肆意妄为、荒淫暴虐。

身为堂堂天子，他有时竟赤身裸体，在脸上涂脂抹粉，同时披散着头发，手中拿着弓箭，在大街上到处游荡。路边一个良家妇女看不下去，随口嘟囔一句："这哪像个天子啊。"高洋手起刀落，将这妇女一下子就砍死了。游荡得高兴了，有时他又会在烈日下脱光衣服，赤裸着身体骑在马上纵横驰骋，随从的人员都觉得难堪，羞愧地低头走路，唯独皇帝泰然自若。

高洋不仅是个骨灰级裸体爱好者，还是个行为主义者，只不过这个行为是杀人。他的杀人，不问理由，不论何人，只要是他有这个意愿，就可随时随地实施杀人行为。譬如，他的后宫里有两个美丽可人的嫔妃，是薛氏姐妹。平日里，这两个美人经常陪伴高洋寻欢作乐，有一天薛姐姐向高洋提出，是否可以封她们的父亲为司徒，意思是想为老父亲谋个官职，同时也能抬高薛氏姐妹的身份。谁知，高洋一听竟勃然大怒，说："司徒岂是你的父亲可以做的？"然后不由分说，将薛姐姐用锯子锯为两半。可怜前一刻还活色生香的大美人，瞬间即化为锯子下一缕幽幽冤魂。锯死姐姐后，高洋还不解恨，想继续锯死薛妹妹，只因她尚有身孕，便多活了几日，待薛妹妹生产之后，尚在月子里的她便被高洋残忍地杀死了。不仅如此，变态的高洋还在大宴群臣之时，将薛妹妹的头冷不丁地拿出来放在盘子里，让大家观赏。在座的大臣无不吓得魂飞魄散，冷汗淋漓。高洋见此，觉得好玩，他索性将宠妃薛氏的遗体搬上餐桌，顺手拿起刀就肢解起尸体来，拿薛氏的大腿骨做了一把琵琶。他一边弹奏着人骨琵琶，一边喝酒，口中还唱着："佳人难再得啊。"唱着唱着，他居然还伤心地哭起来。一时间，恶臭盈鼻，场面诡异，大臣和随从都已惊得目瞪口呆，半天说不出话来，唯有高洋在自得其乐地表演着他的行为艺术。

天保是高洋在位时的年号，可以说，在天保后期，北齐朝廷人人自危。高洋杀人如麻，不仅大臣们早上上朝不晓得晚上能否平安回家，宫中嫔妃也被薛氏姐妹的悲惨遭遇吓破了胆，战战兢兢，躲避高洋唯恐不及。就连高洋的亲生母亲娄昭君太后，本来安稳地坐在小床上被酒醉的高

所幸薛嫔，甚被宠爱。忽意其经与高岳私通，无故斩首，藏之于怀。于东山宴，劝酬始合，忽探出头，投于柈上。支解其尸，弄其髀为琵琶。一座惊怖，莫不丧胆。帝方收取，对之流泪云："佳人难再得，甚可惜也。"载尸以出，被发步哭而随之。（《北史·齐本纪中第七》）

224

太后尝在北宫,坐一小榻。帝时已醉,手自举床,后便坠落,颇有伤损。醒悟之后,大怀惭恨。遂令多聚柴火,将入其中。太后惊惧,亲自持挽。又设地席,令平秦王高归彦执杖,口自责疏,脱背就罚。敕归彦:"杖不出血,当即斩汝。"太后涕泣,前自抱之。帝流涕苦请,不肯受于太后。太后听许,方舍背杖,笞脚五十,莫不至到。衣冠拜谢,悲不自胜,因此戒酒。一句,还复如初。自是耽湎转剧。遂幸李后家,以鸣镝射后母崔,正中其颊。因骂曰:"吾醉时尚不识太后,老婢何事!"马鞭乱打一百有余。(《北史·齐本纪第七》)

洋抱起来却把床抬起来以致她摔倒在地,卧床好些天。高洋发起疯来,连自己最尊敬的李祖娥的母亲崔氏都不放在眼里,他张弓搭箭,对准崔氏就射了一箭,可怜的老太太疼得滚倒在地,高洋却冷冷地说了一句:"我喝醉了连太后都敢打,何况是你?"竟扬长而去。

野兽,毕竟是野兽,在困厄时,他可以是温柔的、行动迟缓的、人畜无害的;但当他实力强大到足以蔑视天下苍生,视百姓为刍狗时,他的野心会膨胀,他的兽性会爆发,成为暴虐成性的真正的野兽。人在做,天在看,彼时,仿佛只有借助上天的命运之手,才能终结野兽的肆意横行。天保十年(公元559年),高洋死于酒精中毒,时年31岁。

野兽已走,美女尚存。李祖娥,这位"眼梢眉角藏秀气,声音笑貌露温柔"的北齐第一美女,在高洋这头暴躁的野兽横行人间之时,只是安静地待在属于她的天地——深宫。史书未曾记载她这10年的皇后生涯是怎么度过的,但可以料想的是,她这沉寂的10年,终究不会是死水一潭,因为宫中嫔妃惨烈的被肢解情形,她应该听说过;她的婆婆娄太后被儿子高洋酒醉后摔伤,事故的原因她当然心知肚明;她的母亲崔氏被高洋无缘无故地射了一箭,作为女儿,她应该也曾心疼甚至哭泣过。至于高洋在皇宫中聚众淫乱,在朝堂上当众杀人,她都应该有所目睹、有所耳闻。但是,她能做什么呢?

或许当初也曾以妻子身份劝解过丈夫,但九五之尊的高洋,不比微时的太原公,岂能听从一妇人之语?或许疯癫成魔的高洋,甚至曾经威胁过结发妻子李祖娥,不要再多说一句话,否则薛氏姐妹的今日就是她的明天。凡此种种,使得李祖娥这位北齐开国皇后,这10年的皇后生涯,在历史上竟成为一片空白。这片空白，便是李祖娥的人生选择：沉默。

高洋是北齐的一头猛兽，猛兽远遁之后，李祖娥的生活方不至于每日笼罩在血雨腥风和担惊受怕中；同时作为丈夫，高洋还是妻子李祖娥的一棵大树，大树倒了，没有任何遮蔽的天空固然清亮，但也让她暴露在炎炎烈日下，周围觊觎她儿子的皇帝宝座的、觊觎她的美貌的，大有人在，且不少，且都环伺在他们母子身边。

十年一觉皇后梦，梦醒后，李祖娥走向了人生的第二个转折点。

魔镜啊魔镜，谁是这世界上最有权力的女人？

高殷其人

　　高殷，是北齐文宣帝高洋的大儿子，母亲为李祖娥。天保元年（公元550年），高洋即位为皇帝，6岁的高殷被立为太子。公元559年，高洋暴亡于晋阳宫德阳堂。同年，太子高殷顺理成章地即位。尽管《北齐书》记载高殷"性敏慧""有人君之度"，事实上，高殷却是个彻头彻尾的悲剧人物。他的悲剧，根源俱在其母亲李祖娥身上。

　　因受母亲李祖娥汉族背景的影响，高殷的太子之位差点都保不住。混世魔王高洋在世时，忙于政务和享乐，将养育儿子的任务放心地交给皇后李祖娥。李祖娥出身汉人世家大族"赵郡李氏"，自小深受儒家文化的浸染，在教育儿子的时候，也多灌输儒家的仁义礼智信、温良恭俭让观念，因此太子高殷一出场便是文质彬彬儒雅有礼的形象。这让拥有一半鲜卑族血统、具备彪悍气息的高洋非常不满。有一次，为了考验太子的胆量，他让随从自牢狱中提出几个囚犯来，让太子当面用刀将囚犯杀死。谁知，太子战战兢兢地拿着刀子，始终不敢刺向对面的囚犯，在高洋的一再呵斥下，他才勉勉强强地拿刀砍向囚犯的脖子，却因为胆小害怕不敢用劲，怎么也砍不断囚犯的脑袋，《北齐书》称"太子恻然有难色，再三，不断其首"。脾气本就暴躁的高洋怒了，他扬起马鞭，毫不犹豫地挥向儿子，口中大骂着："汉家奴！废物！"秉性本就柔弱的高殷，在父亲狂躁的马鞭声中，又惊又怕，又羞又怒，眼前一黑，便晕厥过去。醒来后，就有了口吃和间歇性精神病的后遗症。

　　天可怜见，一个本来风度翩翩的聪慧少年，竟成为

"气悸语吃，精神时复昏扰"的软弱可怜虫。高洋见此，更嫌弃太子，常常对人说这个孩子身上的汉家气质太浓，不像是我的儿子，真想废掉他的太子之位，改立另一个儿子太原王高绍德。或许是遵循着立嫡长子的传统，终其一生，高洋都未能改立太子。高殷的太子之位保住了，却因"汉家气质"搞得自己的精神几近崩溃。

此时的他尚不知道，父亲遗留给他的不仅有北齐广袤富饶的江山，还有口吃和精神病等隐疾。正是这口吃和精神有时会发昏，最终导致他又失去了父亲给予他的遗产——江山。

此时的他还不知道，母亲遗传给他的汉家气质，以及母亲的汉族人身份，已经使他们母子成为北齐宗室中鲜卑族权贵的眼中钉、肉中刺。他们不仅要篡夺他的皇位，还要索取他的性命，以及母亲李祖娥的后半生。

不久的将来，实则不远，就是高殷继承皇位的第二年，公元560年。

北齐宗室中的鲜卑族权贵，实则不是别人，正是高殷的两个亲叔叔：常山王高演、长广王高湛。若要全面些，还可以加上高殷的奶奶、高欢的原配夫人娄昭君，彼时，因孙儿高殷是皇帝，她被称为太皇太后。

高殷的母亲、汉人李祖娥，被尊称为皇太后。

最关键的一步，还是走错了

李祖娥第一次以皇太后的身份在历史舞台上亮相，是在影响北齐历史进程的一场宫廷政变中。这场政变，以汉族官僚杨愔等人发起，以汉族皇太后李祖娥的泄密而功败垂成，最终以鲜卑族权贵的全盘胜利而告终。

可以说，李祖娥在这场政变中，既是一言九鼎的尊贵的皇太后，又是嘴大漏风、可悲的泄密者；既是宫廷夺权政变的受害者，也是惹火烧身的祸事的始作俑者。所谓成也妇人败也妇人。

公元560年的一天，彼时，高殷坐上皇帝之位尚不到半年。大臣杨愔进宫面见皇上，说有要事禀奏。

杨愔，出身弘农（今河南三门峡）杨氏，弘农杨氏乃当时的高门大族。他幼时有口吃的毛病，但他风度深敏，出入门闾，别人也不敢戏弄他。长大后，他能清言，美音制，风神俊悟，容止可观，当时的人见了，都说他必定前程远大。后来，他成为东魏丞相高欢的谋士，高欢的文檄教令，大多出自杨愔之手。高洋在登基称帝之前，对东魏局势的控制没有十足把握，犹豫不决之时，是杨愔帮他出谋划策，高洋才顺利地建立北齐。东魏孝静帝将皇位禅让给高洋之后，并没有得善终，他被高洋御赐的一杯毒酒夺取了性命，他的皇后，即高欢的女儿太原长公主，遂成寡妇。彼时，高洋为报答杨愔在北齐建国之事上的功劳，不仅让他担任宰相一职，还将寡居的太原长公主改嫁给杨愔。由此，杨愔成为太后娄昭君的女婿、皇帝高洋的国舅，名副其实的皇亲国戚，很是得意了一番。

杨愔，字遵彦，小名秦王，弘农华阴人。父津，魏时累为司空侍中。愔儿童时，口若不能言，而风度深敏，出入门闾，未尝戏弄。六岁学史书，十一受《诗》、《易》，好《左氏春秋》。……及长，能清言，美音制，风神俊悟，容止可观。人士见之，莫不敬异，有识者多以远大许之。……自尚公主后，衣紫罗袍，金缕大带。遇李庶，颇以为耻，谓曰："我此衣服，都是内裁，既见子将，不能无愧。"（《北齐书·列传第二十六》）

杨愔很得高洋的信任，高洋在当皇帝的后期，暴虐无道，惹得天怒人怨，多亏朝政有杨愔等一干忠诚的大臣成为顶梁柱，方使得北齐的国运不受皇帝个人作风影响而得以延续，于高洋来说，杨愔无异于是他生命中的福星，因此，弥留之际，高洋将杨愔、高归彦等几人列为辅政大臣，期待他们能忠心辅佐年幼的皇帝高殷。

受人之托，忠人之事。杨愔本就是重义轻财之士，史书记载，太保、平原王高隆之和杨愔是邻居，杨愔每次下朝回来，看见高隆之家门外总有几个胡人富商在进进出出，似乎平原王高隆之交结的都是做生意的人，杨愔对此很不屑，扭头对左右说："幸好我家门前没有这种东西。"《北齐书·列传第二十六》评价他"轻货财，重仁义"。本着这个秉性，杨愔在接受高洋的临终嘱托后，亦对高殷忠心耿耿，尽心尽力。高殷对他也言听计从，从无反驳，"任遇益隆"。一时间，君臣二人同心协力，合作无间。

唯一让杨愔放心不下的，是高殷的两位叔叔：高演和高湛。高演是高欢的第六个儿子，被封为常山王，担任太傅❶一职；高湛是高欢的第九个儿子，被封为长广王，担任太尉❷一职。这两位叔叔位高权重，对高殷的帝位构成严重的威胁。杨愔，作为历经高欢、高澄、高洋、高殷四个时代的老臣，久经风霜，也颇有政治眼光，他一眼便看出年幼的皇帝面临的巨大危险，因此他提议：两位叔叔威权既重，宜速去之。这便是前文中提到的，杨愔一大早，急匆

----

❶
古代官职，是皇帝的辅佐大臣和老师。
❷
古代官职，是掌管军事的最高官员。

匆赶往皇宫向皇帝禀报的要事。

谁知，皇帝高殷性格仁慈，不忍对叔叔们下手，一反常态地不接受杨愔的建议。见状，杨愔忙提出第二条建议：不除掉两位王爷也行，但可以让他们降职担任刺史。皇帝对此不置可否。

杨愔急了，情急之下他想到了皇太后李祖娥。皇帝年幼，不知道政治斗争的险恶，皇太后是过来人，应能明白皇帝目前处境的危险性。于是，杨愔当即写了一封密奏，将事情的来龙去脉和应对建议原原本本、详详细细地记述在纸上，呈递给皇太后李祖娥。

事实证明，病急乱投医，是极其错误的，尤其是关涉朝廷权臣的任命上。

事实证明，政坛老手、阅人无数的杨愔，也会看走眼。他对自己不太了解的皇太后过于信任，以致把皇帝的性命、顾命大臣们的前途、国家的命运，所有的宝都押在皇太后李祖娥这样一个久居深宫的女人身上。

事实证明，路遥说得对，人生有很长的路要走，最关键的却只有那么几步。李祖娥，这位被忠臣杨愔寄予了全部的包括国家的、个人的希望的，很有权势的皇太后，竟然在人生的关键时刻走错了一步路。

这错误的一步路，在于她的机事不密。谨慎的杨愔，呈递给皇太后的，明明是密奏，而且里面的陈述也说明事情的严重性，严重到可以让许多人掉脑袋的程度。可，糊涂的李祖娥皇太后，或许是处于兴奋当中，或许是大事来临前的恐惧需要缓解，或许是仅仅出于好奇，她将这封密奏与人分享了。分享的人是宫人李昌仪。

李昌仪出身于赵郡李氏，和李祖娥乃同宗，本是叛变的将领高仲密的妻子，她美艳而聪慧，擅长书写，善于骑乘。当她还是高仲密的妻子时，就被高欢的儿子高澄看中，好色的高澄几次调戏她未曾得逞，等到高仲密叛逃到西魏后，作为叛将妻子的李昌仪本应被处死，直到她答应做高澄的小妾，才得以保全性命。李祖娥成为北齐开国皇后、位居中宫后，看到李昌仪是与自己同宗的姑姑，颇为欢喜，遂与之甚为亲昵。因此，当李祖娥拿到杨愔的密奏后，心情又激动又战栗，环视整个后宫，第一个想到能与之分享这个秘密的人，就是自己的同宗姑姑李昌仪。彼时，李昌仪在宫中做宫人。

俗话说，知人知面不知心，画龙画虎难画骨。单纯的李祖娥万万没料到，李昌仪不仅是她的同宗姑姑，更是太皇太后娄昭君安插在李祖娥身边的眼线，或者说她表面上是李祖娥的知心密友，实则为监视李祖娥一举一动的潜伏者。这边心无城府的李祖娥给李昌仪展示了杨愔的密奏，她前脚刚离开李昌仪的房门，这位同宗姑姑后脚就一溜烟地跑到太皇太后的宫中去告密。

本来杨愔的计划是，以迅雷不及掩耳之势，先快速将两位危险系数极高的王爷叔叔贬为刺史，削夺权力，再将他们留在京城便于控制，这样，即便他们想造反，也不能出城调动军队。因为这两位王爷叔叔，本是太皇太后娄昭君的亲生儿子，触犯他们的利益，就等于削减娄昭君的羽翼，因此，杨愔没敢惊动太皇太后，只是密奏了皇太后李祖娥，因为她是高殷的母亲，和皇帝坐在同一条船上。

这本是一个计划严密、严丝合缝、快刀斩乱麻的完美计划，如果没有出现李祖娥泄密、李昌仪告密之事的话。

于是事情的发展，便逆转方向，急流而下。因为，北

232

齐历史上最著名的女强人、太皇太后娄昭君出现了。非但现身，她还有强烈的参与意识：她和她的两个儿子导演了一场好戏，专门演给皇帝高殷、皇太后李祖娥及杨愔等众大臣观看。

鸿门宴杨愔遇害，昭阳殿胡汉斗法

及二王拜职，于尚书省大会百僚，愔等并将同赴。子默止之，云："事不可量，不可轻脱。"愔云："吾等至诚体国，岂有常山拜职，有不赴之理，何为忽有此虑？"长广且伏家僮数十人于录尚书后室，仍与席上勋贵数人相知。并与诸勋胄约："行酒至愔等，我各劝双杯，彼必致辞。我一曰'捉酒'，二曰'捉酒'，三曰'何不捉'，尔辈即捉。"及宴如之。愔大言曰："诸王构逆，欲杀忠良邪！尊天子，削诸侯，赤心奉国，未应及此。"常山王欲缓之，长广王曰："不可。"于是愔及天和、钦道皆被拳杖乱殴击，头面血流，各十人持之。使薛孤延、康买执子默于尚药局。子默曰："不用智者言，以至于此，岂非命也。"（《北齐书·列传第二十六》）

好戏开演了。开场序幕中，首先出场的是被视为潜在威胁的两位王爷叔叔：常山王高演和长广王高湛。他们假意接受皇帝的任命，举行拜职宴会，邀请杨愔、燕子献、郑颐等一干主张削弱二王权力的汉族官僚赴宴。阴险的高湛本已在后堂安排好伏击的勇士，只等他发出约定的暗号即可动手捉拿杨愔等人。果然，宴会开始了，高湛连着喊了两声"捉酒"，意即拿酒来，接着他又喊了一声："何不捉？"意即为什么还不拿来，正当杨愔等人还在纳闷中，顷刻间埋伏的士兵一拥而上，很快就将杨愔等人绑了个结结实实。杨愔一边挣扎着，一边大喊："你们是想造反吗？我等是忠臣，何罪之有？"闻听此言，本性仁慈的常山王高演想暂时饶恕他们，谁知心狠手辣的长广王高湛却不同意，他命人狠狠地击打杨愔等人。几人顷刻间就血流满面，混乱中，杨愔的一只眼珠子被打掉了。其余人等也只好束手就擒。高湛、高演等人押着杨愔等人来到皇宫中的昭阳殿。在那里，将继续演绎这场好戏的高潮部分。

装饰华丽的昭阳殿中，气氛有些压抑。高高的皇帝御座上，端坐在正中间的是太皇太后娄昭君，她穿着隆重的朝服，表情严肃，脸上不动声色；站立在她两侧的则是她的孙子和儿媳：皇帝高殷和皇太后李祖娥。两人都低着头，神色惶恐，不时地瞥向太皇太后的眼神中，闪过一丝惧怕。

一阵喧哗声打破了这寂静得可怕的肃穆，娄昭君的两个儿子——高演和高湛押着杨愔等人闯了进来。高演抢先告状："我等与陛下是骨肉至亲，这些大臣不仅故意挑拨我们的关系，还独断专行，危害朝政。现在我等将这些奸臣抓起来，请陛下明察。"皇帝高殷沉默不语。娄昭君责问高殷："这些大臣图谋不轨，企图陷害我的两个儿子，接下来就该陷害我了。你为什么不制止他们？"高殷仍旧不发一言。娄昭君愤怒地侧头看了一眼李祖娥，高声喊道："怎么可能让我们母子受你这个汉人老妇的摆弄？"一旁的李祖娥吓得赶紧跪倒在地，磕头谢罪："臣妾不敢。"殿下正跪着的常山王高演，见状，赶忙又添了一把火，他叩头不已，口中自责道："我罪该万死，罪该万死。"不愧是高演，演得真逼真。寥寥几语，这一精彩的对手戏呼之欲出：皇帝高殷神情恍惚、口吃不能言；婆婆娄昭君怒斥汉家儿媳有野心；两位皇叔虽则哭泣，实为逼宫。

娄昭君绝不是省油的灯，她跟随高欢出生入死，经验丰富，对大场面中各人表现看得透透的。李祖娥拜倒称罪，高殷默然不语，高演叩头不止，台下几人都是儿子们的囊中之物，显然众人都在等着她，这个眼下北齐最有权力的女人的决断。她若再不开口决断，这场宫廷政变就无法收拾。此时，她可谓一言九鼎。只听她看似悠缓却威严无比地对高殷说道："还不快去安慰你叔叔！"这是在给高殷和

太皇太后怆然曰："杨郎何所能，留使不好耶！"乃让帝曰："此等怀逆，欲杀我二儿，次及我，尔何纵之？"帝犹不能言。太皇太后怒且悲，王公皆泣。太皇太后曰："岂可使我母子受汉老妪斟酌。"太后拜谢。常山王叩头不止。太皇太后谓帝："何不安慰尔叔。"帝乃曰："天子亦不敢与叔惜，岂敢惜此汉辈？但愿乞儿性命，儿自下殿去，此等任父处分。"遂皆斩之。（《北齐书·列传第二十六》）

高演找台阶下。果然，因为惊吓过度而口吃不能言语的高殷这才开口道："这些汉人，任凭王叔处置即可。"天子无戏言，于是，杨愔、燕子献、郑颐等大臣悉数被斩。

史书记载，杨愔死之前，社会上曾流传一首童谣："阿么姑祸也，道人姑父死也。"阿么姑，当指杨愔的妻子太原长公主，她曾做过尼姑，故曰"阿么姑"；道人，是皇帝高殷的小名，杨愔是他的姑父。杨愔死后，太皇太后娄昭君既心疼女儿太原长公主二次守寡，又可怜杨愔一代忠臣竟成为宫廷斗争的牺牲品，她用黄金打造一只假眼，亲手安放于杨愔眼中。

可惜，再名贵的假眼，也代替不了人眼。即便是人眼完好无损，精明如杨愔，不也没看清世事的真相吗？

杨愔没看清的是，北齐乃是鲜卑化的汉人高欢奠定基业的王朝，尽管高欢施展了高明的政治手腕，将汉人和鲜卑族人团结在一起干大事，但不可否认的是，在北齐朝廷，鲜卑权贵和汉族官僚的斗争一直都存在着。在鲜卑族出身的娄昭君和她的儿子们看来，这些汉人凭着自己拥有高度的文明和优秀的文化，一直在处心积虑地压制他们乃至想夺权，所以娄昭君才发出那响彻云霄的呐喊："岂可使我母子受汉老妪斟酌。"高演、高湛兄弟俩也就可以对汉族官僚大开杀戒。魏晋南北朝时期，少数民族与汉族的矛盾，一直以来都是北方政权中最大的矛盾。杨愔等人与其说是宫廷政变的受害者，不如说是这一矛盾的牺牲品。正如南宋史学家胡三省所说："杨愔受托孤之寄，不能尊主庇身者，鲜卑之势素盛，华人不足以制之也。"近代史学家陈寅恪对此亦有精彩总结："北齐是依靠六镇鲜卑化的变兵建立起来的，上层统治者反对汉人和汉化的胡人。高欢之

北齐　杨子华《北齐校书图》（宋摹本残卷）

妻娄氏曾骂高洋之妻李祖娥（赵郡李希宗之女）为'汉老
妪'。支持李祖娥的杨愔死的时候，废帝曾谓：'岂敢惜此
汉辈！'……这样排斥汉人，在少数民族中尚少见。"❶

　　杨愔更没看清的是，他所信任的合伙人李祖娥，竟是
个没有丝毫政治头脑和斗争经验的女人，尽管她是皇太后。
李祖娥虽然久经生活的磨难和考验，但直到她的丈夫高洋
去世之前，她一直生活在丈夫宽大的翅膀（皇权和尊敬）
庇护之下，有高洋在，她就可以独受礼敬，享受着荣华富
贵而不用面对皇宫之外的险恶。现在，保护伞走了，她在
政治斗争中甫一登场，就暴露出自己的妇人之仁：没有心

❶
《陈寅恪魏晋南北朝史讲演录》，陈寅恪著，万绳楠整理，天津人民出版社，2018年12
月版，第196页。

计，以致把绝密文件分享给间谍和卧底看；没有胆识，在婆婆娄昭君的质问下，只会跪地拜谢，丝毫不作辩解和反抗；没有备用方案，昭阳殿上事态的发展完全由着娄昭君和两位王爷控制，眼看着忠臣杨愔策划的政变就要失败，却也无可奈何，因为没有做失败的备用方案，以致成为任人宰割的羔羊。

人为刀俎，我为鱼肉。杨愔等人被杀后，失去依靠的李祖娥和高殷，自然沦为娄昭君和她的儿子们任意宰割的羔羊。自此，皇太后李祖娥才看清楚，在北齐的政治舞台上，谁才是最有权力的女人。

公元560年，太皇太后娄昭君下令，废黜高殷的帝位，将他贬为济南王。同时宣布，立常山王高演为皇帝，史称孝昭皇帝。废与立，易如反掌。

此时，距离高殷当上皇帝尚不足一年，历史上并没有他的皇帝庙号，被称为废帝或济南王。

此时，距离高殷的死期也不远了，第二年，即公元561年，已经被贬为济南王的他，被孝昭皇帝高演杀死，死时只有17岁。

可怜的少年皇帝，可悲的汉族母亲。高演成为北齐第三任皇帝后，李祖娥被降居昭信宫，人称昭信皇后。昙花一现的皇太后名号，如同硕大的肥皂泡，一碰即破，连同那场表面闹剧般、儿戏般的，实则充满阴谋与算计的宫廷政变，虚化得无影无踪，好似从未发生一般。就连专门记载后妃传记的《北齐书·列传第一》里对此一个字也未曾着墨。

纵然千秋功过，留于后人评说，但李祖娥在现实世界和北齐后宫的人生劫难，却远未结束。

与狼共舞：一失足成千古恨，再回头是百年人

公元560年，高欢的第六个儿子——高演即位于晋阳宣德殿，诏奉太皇太后娄昭君为皇太后，封妃子元氏为皇后，世子高百年为皇太子。

一年后的公元561年，高演病逝于晋阳宫，时年27岁。临终前，他留下了遗诏，让弟弟高湛继承帝位。于是，在公元561年，高欢的第九个儿子——高湛即皇帝位，史称武

成皇帝。

高湛自小便"仪表瑰杰"，在所有儿子中，高欢尤其喜欢他。他8岁时，高欢就为他娶了蠕蠕太子的女儿邻和公主，彼时，高湛冠服端严，神情闲远，无论是汉人还是少数民族人，对此都表示叹服。《北齐书·帝纪第七》评价他"风度高尚""有帝王之量矣"，但是，笔锋一转，既而又说："帷薄之间，淫佚过度，灭亡之兆，其在斯乎？"意即这位武成皇帝生活淫荡奢侈，北齐灭亡的兆头，从他在位时就开始了。

高湛的"淫佚过度"，当追根溯源到他对皇嫂李祖娥的霸占。

俗话说，落毛的凤凰不如鸡。自儿子帝位被夺、性命被害，自己又被降为皇后身份，贬居在昭信宫，李祖娥便日日以泪洗面，暗自神伤。幸而有佛法，她得以每天虔诚礼佛，在幽幽深宫默默地忏悔、疗伤。谁知，旧伤未愈，新伤又至。新任皇帝高湛找上门来，逼迫嫂子做自己的情妇。

原来，早在李祖娥尚是太原公夫人之时，每逢家族聚会，她就以"俏丽若三春之桃，清素若九秋之菊"的美貌和气质，艳压群芳，每每不仅惹得大哥高澄对她心猿意马，九弟高湛也常常怀有非分之想。如今，虽然她已过了"窈窕淑女，君子好逑"的妙龄，但其徐娘半老、风韵犹存的韵味，更使得高湛按捺不住，他甫一登基，就颠颠地跑过来求欢。

昭信宫内，李祖娥惊恐莫名。她没想到新任皇帝竟这样厚颜无耻，她是文宣帝高洋的妻子，之前被大哥高澄奸污过，这已成她终生难以洗净的耻辱，怎可再委身于高洋的弟弟，令自己陷于无法抽身的深渊？于是，她断然拒绝了高湛的荒唐要求。贵为天子的高湛，登时恼羞成怒，他恶狠狠地威胁道："今日你若不依我，我就把你的儿子高绍德杀死。"李祖娥愣住了，浑身发抖，自高殷被害死后，另一个儿子高绍德是她在这世上唯一的依靠。不能让高湛就此杀了她的儿子、她的希望。于是，她的希望保住了，她却沉沦了。

在武成皇帝高湛的威逼利诱下，性格软弱的李祖娥选择屈从他，从此，开始了她与狼共舞的生活。

春风几度，珠胎暗结。和高湛在一起不到一年，李祖娥就怀孕了。本来她和高湛的结合就有违礼节，不为人所齿，这件叔嫂私通的丑事，早已令她羞愧万分，如今又怀有高湛的孩子，她更郁闷，不敢与人言说，只好整日将自己关在屋内，大门不出，二门不迈。但纸终究是包不住火的。随着李祖娥的肚子越来越大，昭信宫外的风言风语也越发多起来。终于，太原王高绍德忍耐不住，跑过来准备向母亲问个究竟。

这是公元562年的一天，高绍德来到母亲居住的昭信宫门前，请求见母亲一面。但李祖娥拒绝见面，并且命令他不准踏进宫门一步。15岁的少年高绍德，已到懂事年纪，母亲的这一反常举动，似乎证实了外面不堪入耳的传言。他瞬间就发怒了，在宫门外高声喊道："儿子知道，母亲不愿意见我，是因为母亲的肚子大了。"说罢，气哼哼地走了。高绍德是高洋的第二个儿子，与哥哥高殷文雅懦弱的汉家气质不同，他的身上更多地体现了父亲高洋野蛮的少数民族作风，难怪当初高洋扬言要废黜高殷的太子之位，改立高绍德。

宫外，高贵的少年负气出走；宫内，卑微的母亲泪如雨下。年轻的儿子，哪里知道母亲为保住他的性命付出的一切？人说，女子本弱，为母则刚。为了儿子，她付出了常人难以想象的辛苦：名节，她不要；脸面，她不要；甚

武成践祚，逼后淫乱，云："若不许，我当杀尔儿。"后惧，从之。后有娠，太原王绍德至阁，不得见，愠曰："儿岂不知耶，姊姊腹大，故不见儿。"后闻之，大惭，由是生女不举。帝横刀诟曰："尔杀我女，我何不杀尔儿！"对后前筑杀绍德。后大哭，帝愈怒，裸后乱挝挞之，号天不已。盛以绢囊，流血淋漓，投诸渠水，良久乃苏，犊车载送妙胜尼寺。后性爱佛法，因此为尼。齐亡入关。隋时得还赵郡。（《北齐书·列传第一》）

至连性命，她都可以在所不惜。谁承想，儿子今天却要跑过来指责自己的不堪。李祖娥羞愧难当，一阵悔意涌上心头，她不由得痛恨起自己的大肚子。过了几日，李祖娥生下一女，令宫人们没想到的是，这个女婴刚生下来没多久，就被李祖娥掐死了。

听闻自己的亲生女儿被李祖娥亲手杀死，高湛怒不可遏，他手持佩刀赶到昭信宫，对李祖娥怒吼道："你敢杀我的女儿，我就敢杀你的儿子。"说着，就命人将太原王高绍德召进宫中，当着李祖娥的面，用刀把狠狠地击打高绍德的脑袋，只打得这个15岁少年血流满面，跪地求饶："阿叔饶我。"高湛却边打边骂："当初你父亲打我的时候，你怎么不帮我求情呢？"不一会儿，高绍德便气息奄奄，须臾气绝。

母子连心。李祖娥眼睁睁地看着儿子惨死在暴君高湛的手下，不禁大叫一声，伏在儿子身上放声痛哭。这痛彻肺腑的哀声，彻底激怒了尚在暴躁中的高湛，这头野狼越发愤怒，他命令宫女剥去了李祖娥的衣服，拿起鞭子，冲着赤身裸体的李祖娥就猛烈地抽打起来，只打得李祖娥血肉模糊、惨叫连连，不多时便瘫倒在地上一动不动了。盛怒的高湛终于放下鞭子，揉揉酸痛的手，吩咐宫女："把她包起来，扔到水沟里。若死了，就埋了；若没死，就送出宫去。"说毕，若无其事地自行离开了。

或许是应了天无绝人之路，鲜血淋漓的李祖娥被遗弃在水沟中，"良久乃苏"。醒来后，善良的宫女们帮她仔细擦拭身体，穿好衣服，然后用牛车把她送进妙胜尼寺。自此，这个曾经的北齐第一美女、开国皇后，削发修行，做了尼姑。十五年后，北齐被北周所灭，作为曾经的皇室成员，李祖娥被俘并被带往北周生活。直到隋朝取代北周的隋文帝时期，她才得以叶落归根，回到故乡赵郡。此后，史书上再也找寻不到她的丝毫信息。

一失足成千古恨，再回头是百年人。暮年的李祖娥，再次踏上故乡赵郡的土地，或许会感慨万千。她因美貌而被宠，又因美貌而被辱。从万千宠爱到色衰爱弛，从荣华富贵到当众裸刑，她的一生，可谓悲苦。然则，这悲苦，除却时代、环境和其他背景影响，大多也是她自己选择的结果。

李祖娥人生的每一项选择，都关乎她之后命运的走向。微贱时，高洋尚在韬光养晦、养精蓄锐，作为妻子，她的选择是善良而温柔的陪伴，故而才会守得云开见月明，高洋力排众议，让她当上北齐的开国皇后。显贵时，儿子皇帝之位不稳，作为皇太后，她本应谨慎睿智、果敢决断，但她的选择是口无遮拦、软弱无力，以致引火烧身，自己被贬被辱倒在其次，甚为严重的是，儿子不仅丢了江山，还赔上性命。幽居别宫时，高湛图谋不轨，作为开国皇帝的未亡人和嫂子，她本应严词拒绝，但她选择了忍辱负重。既然选择忍辱负重，就该等到自己和儿子实力强大时再复仇，她却头脑发热、意气用事，听到儿子的几句讥讽就受不了，任性地选择杀死女儿报复高湛，以致惹怒暴君，眼睁睁地看着唯一活着的儿子被残忍地杀死，自己贵为金枝玉叶、皇后之身，还要在众目睽睽之下遭受耻辱的裸鞭之刑。晚年的李祖娥在青灯古佛相伴的余生，只能"漫悔懊。此事何时坏了"。

人生不可重来，正所谓你的选择，就是你的命运。

至道无难，唯嫌选择

242

角色错位的人生戏

香港女作家亦舒曾在她的小说《圆舞》中写道："老觉每个人都是乞丐，自命运的冷饭菜汁盆中讨个生活，吃得饱嘛，已经算是幸运，冷饭中或混有烟头或味道甚差，只好装作木知木觉，有什么选择？乞丐没有选择。"人活一世，或许真如乞丐，吃多吃少，吃好吃坏，只能接受命运的安排，但这仅为局部世相，或者说只是一部分人的选择。更多的人，但凡有些微的骨气，就不愿意被命运扼住喉咙，尤其是困厄时，都得做一番斗争和反抗。如此努力地活着，当是人生的意义所在。

但或许人生最重要的，不是努力，不是奋斗，而是选择。升学、婚姻、职业、教育子女、理财规划、梦想实现，人生处处都是选择题。或许，一个正确的选择，即可达到"好风凭借力，送我上青云"的绝佳效果；一个错误的选择，则有可能落得个"一失足成千古恨，再回头已百年身"的遗憾下场。选择，看似一个简单的向左走、向右走的问题，实则涉及人生道路和方向。正如李白所感叹的："行路难，行路难，多歧路，今安在？"

至道无难，唯嫌选择。选择本身无所谓好坏，因人而异，因时而异，因地而异。就个人而言，面临人生道路和方向做选择时，人的角色定位、性格气质、内心追求和利益冲突等就成为至关重要的决定因素。

人常说：戏演人生，人生如戏。大千世界，每个人都有自己要扮演的角色。于女性而言，孩童时的天真，少女时的伶俐，青年时的蓬勃，中年时的成熟，老年时的稳重，当是人生各个阶段的自然形态，春夏秋冬，风采百变，各有千秋。若说女性在青少年时代是花旦，中年时是青衣，那么老年时则为老旦。在面临人生每个十字路口的选择时，若角色定位不准，则极易导致选择的错误，酿成命运的悲剧，就如北齐第一任皇后李祖娥。

芙蓉不及美人妆，水殿风来珠翠香。年轻时的名门闺秀李祖娥，在北齐上下艳冠一时，可谓北齐第一美女。以她"容德甚美"的资质，配得上高欢家族甚至是北齐任何权贵家丰神俊朗的公子，但命运捉弄人。风华正茂的李祖娥嫁给的偏偏是高欢的15个儿子中最丑陋、最不受人待见的鼻涕虫高洋，所谓美妻常伴拙夫眠。或许是本性恬静，李祖娥在陪伴装疯卖傻的高洋过着卧薪尝胆的日子时，缺乏这个年纪的花旦应有的活泼开朗和朝气蓬勃，而显现出韬光养晦的成熟稳重，即便被好色的大哥高澄趁机奸污，她也隐忍地保持缄默，此时她颇有青衣的睿智和老旦的稳重。因此赢得丈夫高洋一世的敬重有加。

及至李祖娥初登皇太后大位，儿子帝位不稳，身为母亲的她本应果敢决断、心有城府，为保住儿子的江山出谋划策，或者听从忠诚果敢的大臣杨愔等人的建议，及早敦促皇帝做出铲除两位皇叔的决定。可她没有，她天真地将密奏拿给对手的卧底看，等于将自己、儿子和诸位大臣的密谋示人。在儿子被迫向叔叔高演投降，授权高演诛杀杨愔等忠臣之时，身为母亲的她本应积极挽救这些大臣的性命，保住辅政大臣杨愔等人，就是保住自己儿子的皇位。可她没有，她在太皇太后的威慑下，除了唯唯诺诺、瑟瑟发抖，别无作为。在本应发挥青衣的成熟睿智、杀伐决断的特长之时，她不合时宜地扮演着天真无邪、楚楚可怜的花旦形象。杨愔选择角色错位的李祖娥来做这场宫廷政变的女主角,乃大错特错。

武成皇帝高湛本就荒淫凶残,迫于他的淫威,更为了儿子高绍德的性命着想,寡居的李祖娥只得含垢忍辱、委曲求全,做了小叔子高湛不见光的情妇。这样的选择,本是无奈之举,若她和儿子能互相理解包容,保不齐也会迎来柳暗花明又一村的那天,毕竟高绍德年轻有为,还是高洋的嫡子。谁知,她却任性地一时性起,杀死自己和高湛偷情得来的女儿来报复他对自己的霸占。结果却是:一怒之下踢石头,只有痛着脚指头。高绍德和她,一个被残杀,一个被裸鞭,阴阳两隔,同羞同辱。处于老旦这个角色的她,本应拥有稳重大气、老谋深算的心思和气质,她却意气用事如同率性的小姑娘,以牙还牙的方式近似在跟暴怒的野兽高湛赌气,丝毫不考虑如此带来的后果。

如此错位到离谱的角色扮演,她人生关头的每次历史性选择,岂非过于随性,乃至如可笑的儿戏?她的人生岂能不悲苦凄凉?

性格决定选择,选择决定命运

英国大文豪莎士比亚在他的《哈姆雷特》中写有两句经典台词,一句是著名的"生存还是毁灭,这是个问题";一句是"女人啊,你的名字叫脆弱"。前一句说明了生命的选择问题，后一句则显示出对女性的性格评价。在莎翁的剧中，哈姆雷特的母亲在丈夫去世后不到两个月就嫁给了自己的小叔子，因此引发了哈姆雷特强烈的不满，当他讥讽地说出"女人的名字叫脆弱"的时候，不曾想到母亲也曾面临着"生存还是毁灭"的问题。在生死面前，女性表现出的顺从，往往被归结为她们性格的软弱。

不可否认，人生某些选择的失败与成功，跟人的性格有关。李祖娥即是这样。她的人生充满悲剧色彩，与她性格中的软弱、轻信、犹豫有关。若不是因为软弱，她不会在面对宫廷政变骤然发生异动的情况下束手无策，以至于置杨愔等大臣的性命于不顾，只管跪在一言九鼎的太皇太后面前哭哭啼啼，跪地求饶。若不是因为轻信，她不会将宫人李昌仪引为知己，平日里丝毫不去查究这位号称同宗姑姑的底细，更不会将绝密文件与之分享，况且还在大战前夕，况且一切胜负未定。若不是因为犹豫，她不会在凌辱自己的小叔子高湛和亲生儿子高绍德之间摇摆不定，先是选择屈从高湛从而怀孕生女，后又选择照顾儿子的面子而掐死亲生女儿。当断不断，反受其乱。自保护伞高洋去世后，皇后李祖娥的人生选择永远是模棱两可、一错再错，想要什么都得到，反而什么都得不到，这是由她自身的性格弱点所决定的，所谓性格决定命运，此言不虚矣。

与李祖娥的成事不足败事有余的性格相比，同样身为女人且是入住北齐皇宫的女人，婆婆娄昭君的性格就显得更果敢、更强硬、更有主见。娄昭君是鲜卑族女子，自嫁给英雄高欢后，她便坚定不移地追随丈夫的脚步，为其创业立下汗马功劳。

作为妻子，娄昭君能帮助高欢的，仅限于为其提供稳定安全的后方保障。高欢创业之初要频繁地出去打仗,有一次正逢娄昭君在家生孩子,这是一男一女的双胞胎,左右随从担心出事,意欲追告高欢,不料满头大汗地挣扎在鬼门关的娄昭君却阻止道:"王出统大兵,何得以我故轻离军幕。死生命也,来复何为!"高欢闻之,嗟叹良久。

作为女人,娄昭君的果敢和有主见更是令高欢自愧不如。时任东魏丞相的高欢为与柔然交好,准备采取和亲的办法,柔然方面提出必须将公主正式婚配给高欢才可放心,但彼时高欢已有娄昭君这个正妻,不便再娶,因此犹豫不决。娄昭君听说后,反倒劝解高欢:"为了国家的大计,不妨依了他们,不用为此过度烦恼。"高欢沉思半晌,才说道:"如此,岂不是要委屈你了?"娄昭君爽朗地答道:"国事为大,家事为轻,我一人微不足道。"及至高欢将柔然公主迎娶回家,娄昭君更是主动将正妻的房间腾出来给柔然公主居住。高欢对此惭愧不已,对着娄昭君拜谢良久。

作为北齐江山的护航者,娄昭君在高欢死后,更是不遗余力地维护皇族的利益。前文所述汉臣杨愔等人试图利用皇帝和宫廷政变来铲除高演、高湛两位王爷,娄昭君接到卧底李昌仪的密告后,急忙奔赴昭阳殿主持大局。彼时,皇帝高殷已紧张到口吃病发作,不能言语;皇太后李祖娥则只有妇人之仁,除了跪谢,完全不知所措。唯有娄昭君,一眼就判明朝中局势,她一方面给皇帝施压,让他下诏斩杀诸位汉族官员;一方面又使出怀柔手段,促成皇帝和叔叔们达成和解。

在北齐的朝政逐渐稳定之际,太皇太后娄昭君即开始着手皇帝的废立大事,公元560年,她下诏废黜汉家气质过

尚书令杨愔等受遗诏辅政,疏忌诸王。太皇太后密与孝昭及诸大将定策诛之,下令废立。孝昭即位,复为皇太后。孝昭帝崩,太后又下诏立武成帝。

(《北齐书·列传第一》)

于浓郁的高殷的皇帝之位，另立第六子高演为帝；一年后，高演去世，娄昭君又下诏立第九子高湛为帝。一废一立，到再立，行事果断，布局稳妥，北齐朝政和社会的稳定未曾受到较大影响。

即便是大事降临前的犹豫，娄昭君的思考也显得比李祖娥更谨慎、更全面。高欢和高澄父子相继成为东魏权倾朝野的丞相，和曹操一样，挟天子以令诸侯，但他们终其一生都未能登上皇帝宝座。高洋在篡位当皇帝之前，先去试探政治经验丰富的老母亲的态度。令他颇感意外的是，娄昭君竟这样打击他："你的父亲像龙，你的大哥像虎，即便这样英武，他们尚且终身当臣子，你何德何能，敢于觊觎皇帝的天位呢？"一番话惊醒梦中人。知子莫若母，娄昭君的言语虽然含有鄙视之意，但于行事鲁莽的青年高洋来说，无异于一记警醒棒。高洋遂不敢轻举妄动，他知道，要让东魏末代皇帝主动禅让皇位给他，要走的路还很长，要做的准备也有很多。于是，在经过充分准备之后，高洋方小心翼翼地行受禅仪式，正式建立齐国，史称北齐。

娄昭君，这位北齐历史上最有权力的女人，性格果断，做派强硬，抉择明智。有婆婆性情强悍如此，只要她在世，难怪北齐历史上最漂亮的女人李祖娥，即使贵为皇太后，在生活上和政治上都要败下阵来。

文宣将受魏禅，后固执不许，帝所以中止。（《北齐书·列传第一》）

方向不明时,倾听内心的声音

东晋诗人陶渊明曾在诗中写道:"人生无根蒂,飘如陌上尘。分散逐风转,此已非常身。"的确,人生渺小且短暂,世事无常且虚妄,尤其是当走进人生的困境时,常会发出如此感叹。然则,越是生活困厄,越能显出选择的重要性,有时,一着不慎满盘皆输;有时,小不忍则乱大谋。生活的困厄,显得人生没有方向感,"飘如陌上尘"。而你的选择,则是你的生活方向。一旦确定某种生活方向,这种方向即为人们内心追求的外在反映。

《三字经》流传千年,起始句便是:人之初,性本善。哲人荀子却说,人性本恶。人性中,当善恶并存。激发出人性中善良与邪恶本性的,除了自身的道德修养,更重要的,当数外在利益的诱惑。外在利益诱惑过于强大,大到可以泯灭自己的良知,人们更容易选择恶;外在利益与自身道德追求相差无几时,人们更愿意选择善。故,一念之间,可以为善;一念之间,可以为恶。

外在利益与内心追求的斗争,即为选择的过程,故而人人皆称:需要做出选择。外在利益和内心追求经常会南辕北辙,故而人人皆称:选择真难。

人世几回伤往事,山形依旧枕寒流。当曾经的北齐皇后李祖娥在妙胜尼寺里青灯古佛的相伴下,午夜梦回时,想必曾回想过往事,或许,她会轻叹几声:若我当时不将密奏拿给李昌仪看就好了,若我当时拼着命保住杨愔等几位大臣就好了,若我当时不屈从高湛那匹饿狼就好了,若我跟儿子高绍德互相包容理解就好了,若我当时不害死刚出生的女儿就好了……然而，人生没有后悔药可吃。即便是时光倒流，相信以李祖娥的个性和处境，她依然会走自己的老路，做出同样的人生选择。她的选择，是她的内心追求和外在利益自主妥协的结果。

人，都是趋利避害的。当李祖娥拿着密奏兴冲冲地指给同宗姑姑李昌仪观看时，她的外在利益追求是虚荣、炫耀和兴奋，这些平日里很难享受到的高昂情绪，以及能够参政的喜悦，暂时性地压倒了她答应的对杨愔等人的保密的嘱托。她选择分享喜悦或分担恐惧，而舍弃了大事来临前的保密和警惕。于是，计划缜密的宫廷政变胎死腹中，儿子的江山稳固，抵不过李祖娥一时的虚荣和兴奋。说到底，除了毫无政治头脑，还有面子在作祟。

当李祖娥站在不怒自威的太皇太后身边时，昭阳宫已成为她和儿子高殷的囚笼，彼时她的外在利益是保命，保住自己和儿子的性命，至于杨愔等人对自己母子的照顾和鼎力协助，都可以统统不顾。毕竟大敌当前，她也是泥菩萨过河——自身难保。于是，强烈的求生欲望压倒了她内心对这几位汉家忠臣的愧疚，她选择跪倒在地，向太皇太后发誓自己绝无夺权的想法，乞求北齐鲜卑贵族饶过他们母子。此举，说得好听点，是识时务者为俊杰；说难听点，则是卖友求荣，踏着战友的尸体向敌人摇尾乞怜。无他，自私短见意识作祟。

温柔几许缘何散，爱恨声声怨。当李祖娥惊恐万分地倒在小叔子高湛的怀里时，她想到过名节吗？虽然，南北朝时期，战争频繁，人口消耗较大，朝廷提倡早婚早育，社会对于寡妇的再嫁和妇女的改嫁，也都较为宽容，譬如北魏孝文帝的妹妹陈留公主就嫁了两次，第二任丈夫死后，不少求婚者还不断上门来提亲。但在北齐皇宫里，毕竟李祖娥是从小接受儒家传统文化长大的，汉族忠贞不渝的婚姻理念在她的脑海里当是根深蒂固的。但彼时外在的利益——儿子的性命安全更重要，故而她压抑了自己内心的羞耻心，没有刚烈地赴死，没有反抗到底，而是艰难地选择逆来顺受。然而，当她亲手掐死自己新生的女儿时，她想到过惹怒高湛的后果吗？应该有，但彼时外在的利益——儿子的指责和讥讽更重要，故而她压抑了苟活的想法，没有审时度势，没有预想后果，而是选择恩断义绝、以卵击石。在该抗争时选择隐忍，在该隐忍时却选择反抗，李祖娥，这个可怜的女人，终究还是输在自己的贪欲上：既要保住儿子的命，也要保住自己的名声和面子。在北齐这个以淫乱和暴虐著称的北方皇宫里，哪里有这么好的事？

李祖娥的选择悲剧，让人不禁想起鲁迅的那段著名评论："女人的天性中有母性，有女儿性；无妻性。妻性是逼成的，只是母性和女儿性的混合。"与野兽高洋相依为命的日子里，李祖娥母性大发，包容一切丑恶、郁闷、不顺；与野狼高湛叔嫂通奸的生活中，李祖娥则一面是母性，小心翼翼地保护着儿子的安全；一面是女儿性，任性地随意掐死新生女儿，以此来报复高湛对自己的凌辱。这双面娇娃似的悲剧人物，似乎从未为自己而活，只是被生活的、历史的潮流裹挟着走向北齐、走向北周、走向隋朝，直至回到满目疮痍、物是人非的故乡赵郡，正是"山河破碎风飘絮，身世浮沉雨打萍"。

需要说明的是，李祖娥因个人选择不当导致命运走向悲剧化，是她个人性格和行事风格使然，但这悲剧的促成，也是当时民族矛盾激化的选择的结果。汉人和少数民族人的矛盾在北齐一朝始终存在，前文述及，如陈寅恪所说"（北齐）这样排斥汉人，在少数民族中尚少见"，在这样的文化和时代大背景下，李祖娥这个汉族出身的皇太后被排斥、被贬低，乃至被侮辱，自是必然。

同时，她周围的人的选择也影响到她的命运，譬如她的皇帝丈夫高洋。高洋选择具备汉家气质的高殷做继承人，又对自己家如狼似虎的两个弟弟不放心，故而选择杨愔等汉族人为辅政大臣。但终究，帝权和鲜卑族勋贵的斗争不能避免，正如日本学者所说："我们可以毫不夸张地说，正是巧妙地控制住以侯景为首的、在北镇之乱中历经百战磨炼的军人，高欢的势力才得以维持……当时的史书将这些军人当中登上高位的人称为'勋贵'。从帝权一方来看，这些人的存在构成了帝权完全伸张的阻碍。为此，帝权任用汉人官僚以压制勋贵的势力，而这种压制势必引起勋贵阶层的抵触。"❶如是，汉人官僚杨愔斗争失败，鲜卑勋贵阶层废掉了高殷。

民族矛盾激化、帝权斗争需求，重重压力下，李祖娥的悲剧已不可避免，更遑论她个人的选择一再出现失误。

文宣大渐，以常山、长广二王位地亲逼，深以后事为念。愔与尚书左仆射平秦王归彦、侍中燕子献、黄门侍郎郑子默受遗诏辅政，并以二王威望先重，咸有猜忌之心。（《北齐书·列传第二十六》）

---

❶

《中华的崩溃与扩大：魏晋南北朝》，[日]川本芳昭著，余晓潮译，广西师范大学出版社，2014年1月版，第258页。

覆巢之下:她们的困境与抉择

综观二十五史中的《列女传》,历代史家对列女这一种奇女子事迹的记载,多着重于她们面临的困境和选择,唯其困境越大,方显其选择的艰难与刚烈。她们中有人与李祖娥遭遇的困境相差无几,但选择却截然不同,譬如北魏宦官苻承祖的姨母杨氏和清朝田绪宗的妻子张氏。

苻承祖的姨母杨氏。北魏孝文帝统治时期,有一姚姓人家的媳妇杨氏,是宦官苻承祖的姨母,家境贫寒。苻承祖是北魏文明冯太后最宠信的宦官,被魏孝文帝赐爵略阳公、安南将军等,一时间权势熏天,亲戚朋友都来巴结他,以求得利益,唯独杨氏从不登门求这个外甥办事。不但如此,她还经常对自己的姐姐、苻承祖的母亲说:"姐姐虽然有一时的荣耀,但不如妹妹我的无忧之乐。"姐姐每次要送给杨氏衣服,杨氏都不接受,姐姐强行塞到她手上,她就说:"我夫家世代贫寒,这些华衣美服穿上让人觉得心不安。"姐姐又要送她奴婢,杨氏说:"我们家粮食不多,没法供养这些奴婢。"终究不肯接受。杨氏平日里常穿着破衣烂衫,自己亲自劳作。有时姐姐家给些衣服,她推托不掉,接受后却不穿,反而把这些衣服秘密地埋掉。即便偶尔穿上姐姐家送的衣服,她必定要将衣服先弄脏了再穿。

外甥苻承祖每次看到姨母杨氏这样寒酸微贱,都颇为遗憾,还以为是家人没给姨母送过好东西,于是,他对母亲说:"儿子今天有地位有成就,锦衣玉食,我现在什么都不缺,却让我的姨母过得这样寒酸?"母亲把以往送东西的实情告诉了儿子。苻承祖听说后,立刻派人乘车去迎接姨母，谁知姨母坚决不答应。来的人强行将她抬到车上，杨氏则大哭道："你们这是要杀我啊。"由此，符家上下都称呼杨氏为"痴姨"。

太和十五年（491年），符承祖犯了贪污罪，理应被处死，但文明冯太后生前曾向他许以不死之诏，魏孝文帝怀着对祖母文明冯太后的一片孝心，免了符承祖的死罪，将他削职禁锢在家，一个多月后，符承祖死了。树倒猢狲散，有关部门追查符承祖的罪行时，将他的两个姨母捉拿至朝廷问罪，当看到杨氏衣着破旧粗劣，就特意赦免了她。杨氏的见识、智慧，即使是汉朝的吕媭❶也比不上。（事见《魏书·列女传》）

田绪宗的妻子张氏。清朝的田绪宗是顺治九年（公元1652年）的进士，官至浙江丽水知县，为官清正，颇有声誉。在任时他突然去世，他的妻子张氏强忍悲痛，在继任者还未到来前，她将丈夫经手的账目和往来文书一一核对并保存，等继任者就任，在知府的监察下，她将官府物品逐一移交，确认无一遗漏后，她才扶着丈夫的灵柩回归故里。

从此以后，她纺线织布，过起苦日子；闭门谢客，只为潜心教育三个儿子读书，儿子们也不负众望，"皆有文行"。十年后，大儿子田雯考取了进士；又五年后，二儿子田需也考取了进士；三儿子田霡虽然没有考中进士，但日后也成为全国闻名的布衣诗人。儿子们的出色源于母亲张氏的辛苦培养，更与张氏本人的文学素养分不开。《清史稿·列女传》称赞她："张通诗、春秋传，能文。"

---

❶

吕媭，西汉时刘邦的皇后吕雉的妹妹。

经历30多年守寡的艰辛，张氏迎来人生的幸福时刻，70岁时，儿子和亲戚朋友准备为她过大寿，张氏却告诫儿子们说："按照礼制，妇人无夫者称未亡人，凡是吉凶交际之事一概不参与，也不为主名……自从你们的父亲在官任上猝然而逝，我携扶小弱，扶灵柩千里归来，之后含辛茹苦30余年。我闭门自守，纺织自给，一直遵循着礼制。幸运的是，你们几个都有出息，得以自立，还能供养我的晚年。但是，我心中始终有隐痛。每到岁时腊月，儿女满前，牵衣嬉笑，我就不免心有所动，想到你们的父亲不能见到这番热闹情景，因此我有时坐着叹息，有时放下筷子忍不住就哭起来。今日一旦宾客盈门，来为我这个未亡人祝寿称庆，我这个未亡人还可以说得上欢庆吗？30年来吉凶交际之事，我都不参与，而今日你们更是强迫我为主名，这能称得上是合乎礼制的吗？使我陷于非礼的境地，这不是给我称庆，完全是增加我的悲伤。你们都在朝为官，应该明晓大体，用符合礼制的做法来考虑事情，才能安慰老人的心。"在她的一再坚持下，庆寿之事不了了之。张氏77岁时去世，留下一部著作《茹茶集》，而她的大儿子田雯，则官至户部侍郎。（事见《清史稿·列女传》）

符承祖的"痴姨"看似痴傻，实则精明，有远见。她知道外甥的权势来自皇权，皇权有变动，外甥的境遇可能会天差地别，后来果不其然。符承祖倒台后，依附于他的其他人跟着倒霉，唯"痴姨"没跟着他享福，也就不用跟着受罪了。北齐皇后李祖娥却没有如此远见和智慧，只看表面现象，宫人李昌仪跟她同宗，与她套近乎，她便把绝密文件也与之分享；昭阳殿上胡汉斗法，她为一己私利，未能保住杨愔等汉臣的性命，也就相当于把自己和儿子高俎置于鲜卑族勋贵的案板上。缺乏心机和智慧，在权力游戏中哪有胜利可言？

清朝田绪宗的妻子张氏，是位单亲母亲，她"含艰履戚，三十年馀。阖户辟绩，以礼自守"（《清史稿·列女传》）。亦自称未亡人，守寡30多年，在70大寿时对儿子们说的一番话，可谓道尽此中胸臆："然此中长有隐痛。每岁时朦腊，儿女满前，牵衣嬉笑，辄怦怦心动，念汝父之不及见。故或中坐叹息，或辍箸掩泪。今一旦宾客填门，羊酒塞路为未亡人称庆，未亡人尚何以庆乎？"（《清史稿·列女传》）。可知，这是一位甘于平淡、坚韧顽强、感情忠贞的母亲。这里的忠贞可指坚守某种约定，不一定非得是贞节，如美国汉学家所说，"（2000多年前）'贞'的核心就是坚决、顽强、始终如一地坚守道德准则，或者坚守根据这些准则而做的约定，或者用刘向的话说，是'以专一为贞'。"❶因此，不必苛求李祖娥必须为文宣帝守节，她被武成帝高湛所迫，委身于小叔子，或许是基于保护儿子高绍德的考虑，本无可厚非，但她缺乏足够的忍耐力和长远打算，被高绍德讥讽一句，面子上即受不了，于是做成"生女不举"的冲动行为，反而连累高绍德被杀。冲动是魔鬼，忍耐最高贵。这些列女形象光彩熠熠，可谓给李祖娥这样依附性极强、缺乏主见和自力更生能力的皇家女性树立一个良好的榜样。

历史学家钱穆说："人有三不朽，即立德、立功、立言。这三不朽的次序如何排定的呢？立功只是一时贡献，

《矢志不渝：明清时期的贞女现象》，[美]卢苇菁著，秦立彦译，江苏人民出版社，2011年3月版，第23页。

256

立言始是万世教训,更高过了立功。立德则只在一己。上面说过,只是反求诸己,自尽我心……立功须有外面条件,有机缘配合。立言更难……那亦有条件,不是人人可能……只有立德,是没有条件的,人人能之。所以中国古人把立德奉为第一位。"❶诚如斯言。于女子而言,封建帝制时代,立功、立言需要外部条件配合,成功的概率很小,唯有立德可行。于李祖娥而言,她立功未成,计划泄露,反而葬送儿子的江山和性命;立言谈不上;立德可行,她却反其道而行之。这是李祖娥个人的选择。

彼时,实力雄厚的北齐鲜卑族勋贵的选择是排汉,导致国家命运归宿是北齐被灭。国力相对较弱的北周,选择的是另一条道路:对少数民族进行汉化改革。于是,北周战胜了北齐。最终,历史做出了它的选择:少数民族融入汉族,杨坚建立的隋朝再次走向大一统。

❶
《中华文化十二讲》,钱穆著,贵州人民出版社2019年6月版,第38页。

结语

红尘滚滚，不是每个人都能看清自己的前进方向，尤其是女人，陈陈相因，很容易就走上依附丈夫、儿子以及其他男性的寄生之路。但女性生而为人，当有为自己而活的勇气。为自己而活，前途渺茫时，方能听清自己内心的声音。抛却世间外在的利益诱惑，虚荣心也好，他人的议论也好，权势也罢，温柔乡也罢，都抵不过自我内心的天性追求。

倾听心灵的召唤，活出身为女人的自我，如此，方为人生不后悔的一种选择。

即便天生柔弱，在做人生抉择时，女人也不应示弱。女人该知道，每一种选择都是可能的，每一种选择都是自己力所能及的，同样，每一种选择都有可能指向幸福和快乐。女人，为自己的幸福、快乐，应主动做出选择。

诚然，世间之事，没有绝对的对与错；世间的选择，也无绝对的对与错，从历史大趋势来说，顺应时势、借势而为的选择被证明是相对正确的，逆着时代潮流而行的，大多处处遭遇挫折；就个人而言，一时的痛快选择固然是稳妥的，但有可能对其一生命运造成无可挽回的损失，这便是个人眼界、能力、格局之所限。若要避免"一着不慎，满盘皆输"，唯有学习和历练，从哪里跌倒就从哪里爬起来，吃一堑长一智。磨难过后，方能不畏浮云遮望眼。

人生，无非是向左走、向右走，不管怎么走，找到适合自己的才是最有可能获得幸福的道路。

258

莫高窟254窟　北魏《药叉伎乐》

259

莫高窟345窟　北魏《天宫伎乐》

尾声

人生头等大事，唯一件：选择。所谓良臣择主而事，良禽择木而栖。

北魏末年，有一位鲜卑族女子，从小便聪慧且觉悟。周围的豪门大族都争相寻上门来，想要聘她做媳妇，都被这姑娘婉言谢绝了。有一天，这位女子无意中看见城楼上站岗的一位汉族男子，顿时惊喜道："他正是我应该嫁的人。"随即派身边的侍女前去告诉男子，还拿出自己所有的私房钱，资助这位贫穷男子来上门提亲。姑娘的父母不得已，只好答应了这门婚事。

姑娘与男子成婚后，共生育六男二女。神奇的是，她每怀孕一个孩子，都要做个奇特的梦。怀有大儿子时，她梦见一条断龙；怀有二儿子时，她梦见一条大龙，首尾连接天地，张口动目，势状惊人；怀有三儿子时，她梦见一条匍匐在地的龙；怀有四儿子时，她梦见一条在大海里沐浴的龙；怀有五儿子、六儿子时，她梦见有老鼠钻进衣服下面；怀有两个女儿时，她梦见有月亮扑入怀中。

更令人咋舌的是，后来的历史发展均如实地验证了她的梦境。她的前四个儿子或差点当上皇帝，或真正成为九五之尊，做了名副其实的神龙；她的后两个儿子，则被封王。她的两个女儿，分别成为北魏孝武帝的皇后和东魏孝静帝的皇后。一门出三个皇帝、两个皇后，实属历史罕见之事。

这个鲜卑族姑娘，就是北齐的神武明皇后娄昭君。她的人生传奇，源自她聪明有主见，选择了汉人高欢做丈夫。

北魏末年，有一位鲜卑族男子，他美容仪，善骑射。因为长相俊美，他得以和潘岳、卫玠、兰陵王等并列为中国古代十大美男；因为风姿绰约，偶然的一次，他帽子被风吹歪而不自知，城中少年竟以此为美，争相模仿他的歪戴帽，以至留下"侧帽风流"的典故；因为他善于骑射，公元534年，北魏孝武帝元脩不愿做权臣高欢的傀儡，仓促起身，被迫逃往长安之时，他为追随孝武帝，千里走单骑，一路狂追，终于赶到皇帝身边尽忠，孝武帝感动地表扬他说："世乱识忠良，岂虚言哉！"后来，他在长安的西魏朝廷屡立功勋，官至宰辅，和宇文泰、李虎等成为西魏八大柱国之一。

他的七个儿子均封公封侯，他的三个女儿则成为三个国家的皇后：长女是北周明帝宇文毓的皇后，谥号明敬皇后；第四个女儿是唐朝开国皇帝李渊的母亲，被追封为元贞皇后；第七个女儿是隋朝开国皇帝杨坚的皇后，谥号文献皇后。一门出三个皇后，史书称"自古以来，未之有也"。

这个鲜卑族男子，就是西魏、北周的著名将领独孤信。他的女儿们能与三个国家的皇帝联姻，源自他多年前选择了忠勇，奋不顾身地追随皇帝西迁到长安。

鱼，我所欲也；熊掌，亦我所欲也。舍鱼而取熊掌者也。

——本篇完——

命僕夫而就駕
吾將歸乎東路

263/317

冯小怜、潘玉奴、张丽华：

一顾倾人城，再顾倾人国

引子

中华文明5000年,主要的朝代大约有24个,其中历史最悠久的三个朝代是夏、商、周,据说都亡于女人之手。夏有妹喜,商有妲己,西周有褒姒。周朝分为西周和东周,东周又分为春秋和战国,东周表面上拥有大一统的天下,实则政权分裂久已,故《三字经》说:"周武王,始诛纣。八百载,最长久。周辙东,王纲坠。逞干戈,尚游说。始春秋,终战国。"实质上的大一统政权,唯西周而已。

泱泱中华5000年,周朝历史最悠久,却也最可惜,因为一个女人被灭亡(西周灭亡),被迫迁都(迁都洛阳,是为东周)。这个女人,就是褒姒。

公元前781年,西周的国王周幽王继位。这是一位性格暴戾、不理国事、沉溺于酒色的一国君主。在攻打褒国时,他俘获了一名绝色美女,姓姒,因她来自褒国,所以被称为褒姒。荒淫的周幽王一见美女就喜不自禁,谁想,褒姒却是一位冷若冰霜的冰美人,终日郁郁寡欢,眉头不展,这可急坏了好色的周幽王。《史记》称"褒姒不好笑,幽王欲其笑万方,故不笑",意即褒姒不爱笑,周幽王用了万种方法逗其笑,都不能博得褒姒一笑。

这时,一个专事诏媚、取悦君主的大臣给周幽王出主意,说可以带褒姒去看烽火台的狼烟四起,或许可以使褒姒欢颜一笑。黔驴技穷的周幽王一听,觉得这个办法不错,于是就带着褒姒来到京城(今天的西安)附近的骊山烽火台。他命人擂起大鼓,将烽火台的狼粪❶点燃。彼时,烽火台是王朝的重要军事设施,国家的多个重要军事据点均建有烽火台,每当有敌人入侵,烽火台的士兵看到后,赶紧点起火,并擂大鼓,以此提醒其他据点的同伴,让他们加强防备和支援。如是,烽火台就具备传递敌情和请求支援的意义。座座烽火台连起来,相当于整个国家的一道重要防护屏障。

如今,尽管没有敌人来侵犯,周幽

---

❶ 夜间燃起木柴,称为烽火;白天燃起狼粪,称为狼烟。

264

王为了博得美人一笑，还是启动了防护屏障的按钮。看到烽火台上狼烟滚滚，周国境内的诸侯急忙快马加鞭赶过来，准备保护他们尊敬的国王。可是，他们心急火燎地赶到后，却发现并没有强敌来犯，高高的烽火台上，唯有周幽王和他的美人在饮酒作乐，侍卫和宫女们都退向一旁等待。悻悻然的诸侯们只好带领士兵返回驻地。谁知，过了不久，他们又看到烽火台上烟尘大作。这次应该是真的了吧？他们这样想着，不敢怠慢，赶忙又一次整顿军队，朝狼烟腾空而上的地方奔去。到那里一看，他们又傻眼了，哪里有什么敌人，有的只是他们敬重的国王和美女褒姒。褒姒看到这些平日里稳重严肃的诸侯，个个汗流浃背，气喘吁吁，衣冠不整，狼狈不堪，甚是好玩，不觉间便哈哈大笑起来。

褒姒笑了，周幽王更乐了，他心里想：这个点燃烽火台的办法真是不错，果然能让心爱的美人开怀大笑，于是他吩咐手下：再点几次，让冰美人尽情欢笑。

褒姒笑了，诸侯们可气疯了，他们想：我们可是提心吊胆、披荆斩棘地奔赴过来的，若为了赶走强敌，在所不惜，

但只是为博得这个女人一笑，太不值得也太不应该了。于是，当烽火再次燃起，他们也就懒洋洋地不再理睬。《史记》称之为"幽王为烽燧大鼓，有寇至则举烽火。诸侯悉至，至而无寇，褒姒乃大笑。幽王说之，为数举烽火。其后不信，诸侯益亦不至"。

烽火戏诸侯，博得冰美人嫣然一笑，这是周幽王之前没有想到的，大喜过望的他，更没有想到的是，这一嬉戏，却也令他丢了命、亡了国。

公元前771年，周幽王废黜原来的王后申后和太子宜臼，立褒姒为王后，立褒姒生的儿子伯服为太子。这一违背礼法的行为，激怒了申后的父亲申侯。申侯是一个小国家的君主，他联合缯国、犬戎一起攻打周幽王。事态紧急，周幽王忙命士兵燃起烽火，向其他诸侯国请求支援，不料，其他诸侯国对之前三番五次被戏弄的经历耿耿于怀，他们以为这次仍是周幽王为博美女一笑的把戏，故而都没有发兵前来支援。于是，西周的京城被缯国、犬戎等攻破，孤立无援的周幽王和褒姒等人轻而易举地就被俘虏了。在骊山脚下，敌人将周幽王杀死，把褒姒带走（也有说褒姒

265

知道申侯不会轻饶她,遂自缢身亡),同时不忘记将西周的京城洗劫一空。

自公元前1046年周武王灭商朝,建立周朝,至此已有270多年历史的西周灭亡了。《诗经》感叹:"赫赫宗周,褒姒灭之。"自此,周天子失去了统治中国的最高权力,尽管第二年,公元前770年,废太子宜臼即位为周平王,将都城迁到洛阳,东周开始,但此后的周天子已沦落为强大的诸侯们的傀儡,仅仅是国家的象征。中国,也从此进入诸侯割据的春秋和战国时期。

"彼欲褒姒笑,焉知周人哭",美人笑了,老百姓国破家亡,哭了。却不知,这个能倾城倾国的美人,到底有多美?史书没记载。

还是公元前771年,在周幽王被杀、褒姒被掳走、西周灭亡之时,有一个小国家的君主曾千里迢迢赶来增援,他没能挽救西周覆亡的命运,但他协助周幽王的废太子宜臼平定了犬戎等发动的叛乱,还辅佐宜臼登上王位成为周平王。他就是卫国的卫武公。

15年后,卫武公去世,他的儿子卫庄公继位。卫庄公娶了一位叫庄姜的妻子,庄姜很美,到底有多美?《诗经·硕人》这样描述她:"硕人其颀,衣锦褧衣。齐侯之子,

卫侯之妻……手如柔荑,肤如凝脂。领如蝤蛴,齿如瓠犀,螓首蛾眉。巧笑倩兮,美目盼兮。"

这首诗开了后世描写美人的先河,被称为"千古颂美人者,无出其右,是为绝唱"(清人姚际恒语)。这是我国有记载的美人外貌的第一次传神的形象描写,想必早她一二十年的褒姒的美,亦是如此。若没有这倾城倾国的美貌,如何俘获后宫佳丽无数的君王的欢心?缺少君王的宠溺,又怎能将烽火戏诸侯的戏码一演再演,以致国亡、家破,人亦香消玉殒?

年年岁岁花相似,岁岁年年人不同。历史往往是这样,虽有前车之鉴,后人仍屡犯同样的错误。魏晋南北朝时期,如此因美貌而得宠,因嬉戏而亡国的案例屡见不鲜,就如北齐的亡国之君高纬和冯小怜;南齐的亡国之君萧宝卷和潘玉奴;南陈的亡国之君陈叔宝和张丽华。正所谓"天道循环,生生不息"。

晋 顾恺之《洛神赋》

一顾倾人城,再顾倾人国

冯小怜:湾头见小怜,请上琵琶弦

　　冯小怜是南北朝时期北齐后主高纬的嫔妃，被封为淑妃，史称冯淑妃。她出身卑微，是高纬的皇后穆黄花的婢女。虽然是婢女，但她不仅天生丽质，还聪明伶俐、能歌善舞，尤其是有一门看家本领：善弹琵琶。《北史·列传第二》称她"慧黠能弹琵琶，工歌舞"。

　　一个出身卑微的婢女、歌伎，值得史书如此大写特写？且别小看，正是这个曾经的婢女，在北齐后宫兴风作浪，乃至对北齐国运产生重大的转折性影响。

　　正是因为冯小怜出身卑微，皇后穆黄花才对她放松警惕，认为她不足以对自己的皇后之位构成威胁，反而能帮助自己笼络住皇帝这好色之徒。北齐后主高纬在位时，某天，看着伶俐的小婢女冯小怜，正为自己色衰爱弛而发愁的穆皇后心生一计。皇帝高纬出生于五月初五，这一天，他收到皇后赠送的一份大礼：天生丽质的婢女冯小怜。皇后将冯小怜当作生日礼物送给皇帝，号曰"续命"。这一当时看似简单的"续命"，却续出了穆皇后、皇帝高纬、冯小怜三个人日后复杂而多变的命运。冯小怜自此踏上不断成为男人手中礼物或战利品的颠簸路途；高纬则因过度宠溺冯小怜，一再贻误战机和国事，最终国亡身死；穆皇后在北齐灭亡后，沦落为敌国北周的俘虏，据传说，她和婆婆胡太后在异国他乡竟做起烟花柳巷的皮肉生意来。如是，这一"续命"的生日礼物，未免过于贵重，乃至沉重。

　　收到礼物的主人，却不这么想。彼时，他正意气风发。

　　北齐后主高纬，从小就长得很漂亮，他的父亲高湛，

冯淑妃名小怜，大穆后从婢也。穆后爱衰，以五月五日进之，号曰"续命"。慧黠能弹琵琶，工歌舞。后主惑之，坐则同席，出则并马，愿得生死一处。命淑妃处隆基堂，淑妃恶曹昭仪所常居也，悉令反换其地。（《北史·列传第二》）

即为霸占皇嫂李祖娥并杀死侄子高绍德的武成皇帝。高湛特别喜欢这个帅气的儿子，在高纬还是个孩子的时候，高湛就将皇位禅让给儿子，自己做起了太上皇。于是，公元565年，年仅10岁的高纬继承帝位，史称北齐后主。这位因为亡国而没有庙号的皇帝，史书对他的评价并不高，他留给历史的，不仅是屡杀忠臣（著名的美男子、一代战神、兰陵王高长恭就死在他手上），还性格软弱、吝啬自私且无主见，甚至他还将私生活上的淫乱不堪、荒唐胡闹风格带到军国大事上，以致赫赫有名的北齐王朝毁于一旦。

少年天子高纬在即位之初，并无多少作为，因为彼时他的父亲武成皇帝高湛还是太上皇帝，一切军国大事都由高湛做主，在威严的太上皇高湛的震慑下，北齐朝政还算风平浪静，但三年后（公元568年），太上皇高湛驾崩，高纬亲政，开始处理朝中事务。似乎是带着与生俱来的北齐皇室的暴虐杀气，他，开始向宗室和朝中大臣亮起屠刀。亲政三年后，公元571年，他杀害了太保❶高俨。高俨是他同父同母的弟弟。一年后，公元572年，他杀害了左丞相斛律光。斛律光不仅是跟随北齐历代皇帝出生入死的将领，还是高纬的第一个皇后斛律后的父亲。又一年后，公元573年，他杀死了太保高长恭。高长恭是北齐文襄皇帝高澄的儿子，是高纬的亲叔叔，他作战勇猛，容貌俊美，被称为北齐的军神，可惜，躲不过高纬的猜忌，一杯毒酒就了结了他光辉灿烂的一生。之后，高纬又陆续屠杀了对北齐有功却被他认为有潜在威胁的朝中大臣和宗室。大肆屠杀战将和功臣，对北齐的战斗力和人心凝聚力都造成极大伤害，以致酿成亡国之祸，无怪乎

❶ 古代官职，"三公"之一，负有监护和辅佐国君的责任。

史书如此评价："重以名将贻祸，忠臣显戮，始见浸弱之萌，俄观土崩之势，周武因机，遂混区夏，悲夫！"（《北齐书·帝纪第八》）

高纬在政治上毫无建树，私生活上却臭名昭著，作为南北朝时期著名的昏君，他将北齐后宫搞得乌烟瘴气。其骄奢淫逸的表现处处现奇葩。奇葩之一是，高纬大杀朝中真正的栋梁，反而宠信身边的小人，将他们一一封官奖赏。非但如此，他还觉得不过瘾，甚至将他所宠爱的狗啊、鹰啊、鸡啊等动物，也封官赏爵，史称高纬朝的北齐"开府千余，仪同无数""马及鹰犬，乃有仪同、郡君之号""斗鸡亦号开府"。开府仪同三司❶，谁想到在后主高纬这里，就变成家禽家畜都可以获得的赏赐，岂不是一种绝妙的讽刺？奇葩之二是，高纬不理朝政，整天和宠臣、美姬在一起鬼混，自弹琵琶，夜夜笙歌。他的后宫也多是能歌善舞之女人，"乐人曹僧奴进二女，大者忤旨，剥面皮；少者弹琵琶，为昭仪。以僧奴为日南王。僧奴死后，又贵其兄弟妙达等二人，同日皆为郡王。为昭仪别起隆基堂，极为绮丽""毛（毛夫人）能弹筝，本和士开荐入""帝所幸彭夫人，亦音妓进""二李夫人。一李是隶户女，以五弦进"（《北史·列传第二》）。可知，高纬对懂音乐、善弹乐器的女人情有独钟，他就是在这一片莺莺燕燕、吹拉弹唱中，浑浑噩噩地度过自己12年帝王生涯的。不独唯此，高纬还作了《无愁之曲》，自弹琵琶并演唱，时人称他为"无愁天子"。

在穆皇后居心叵测地将冯小怜当作生日礼物献给高纬

❶

是南北朝时期的一种高级职位，从一品，一般是朝廷对有功大臣的重要赏赐。

272

周师之取平阳，帝猎于三堆，晋州亟告急。帝将还，淑妃请更杀一围，帝从其言。识者以为后主名纬，杀围言非吉征。及帝至晋州，城已没矣。作地道攻之，城陷十余步，将士乘势欲入。帝敕且止，召淑妃共观之。淑妃妆点，不获时至。周人以木拒塞，城遂不下。旧俗相传，晋州城西石上有圣人迹，淑妃欲往观之。帝恐弩矢及桥，故抽攻城木造远桥，监作舍人以不速成受罚。帝与淑妃度桥，桥坏，至夜乃还。称妃有功勋，将立为左皇后，即令驰取袆翟等皇后服御。仍与之并骑观战，东偏少却，淑妃怖曰："军败矣！"帝遂以淑妃奔还。至洪洞戍，淑妃方以粉镜自玩，后声乱唱贼至，于是复走。（《北史·列传第二》）

后，高纬高兴得越发张狂起来。他对冯小怜万分宠溺，他俩不仅坐则同席、出则同马，而且山盟海誓，愿意生死一处。据说冯小怜身材凹凸有致，高纬爱惜不已，甚至在面对大臣时也将她抱在怀里或横在膝上。

就这样，在高纬的昏庸无道中，有着二十多年历史的北齐王朝摇摇欲坠，处于崩溃的边缘。一时间，亲者痛，仇者快。

最高兴的应该是北齐的死对头——北周。北周政权自北魏分裂后定都长安的西魏而来，北周的都城也在长安。长久以来，西魏和北周的国力都不如东魏和北齐，北周和北齐两方经常发生战争，如史书所说"自东西否隔，二国争强……力敌势均，疆场之事，一彼一此"（《周书·武帝纪下》）。但情势在北齐高纬时期发生变化，彼时，北周的皇帝是周武帝宇文邕。在高纬将北齐朝政搞得一塌糊涂之际，北周的宇文邕却在厉兵秣马，充实国力，准备消灭北齐。

公元575年，周武帝宇文邕看清北齐混乱的局面，决定出兵讨伐北齐。战争取得一些成果，因为周武帝得了疾病，只好退兵，但周武帝并不安心。第二年，公元576年，北周再次出兵伐齐，这次，由周武帝亲自率军攻打北齐的平阳。北齐建立后，建有两个都城，一个是邺城（今河北邯郸临漳县），一个是晋阳（今山西太原）。而平阳（今山西临汾）在晋阳的南边，北周军从陕西渡过黄河，要想攻打晋阳，就必须先攻打平阳。在北周军强大的攻势下，很快，平阳就成为北周的囊中之物。平阳是晋阳的门户，它已失陷，作为别都的晋阳就岌岌可危了。

当此国家危亡图存之际，身为一国之君的皇帝，本应抓住战机，鼓舞士气，守护住自己家天下的江山。可惜，此时的"无愁天子"高纬，正带着他的爱妃冯小怜在优哉游哉地打猎。当平阳沦陷、晋阳危急的战报传来，高纬和冯小怜竟将军国大事当作打猎一般的游戏，处理得随意而荒唐，以致最终身陷囹圄，客死他乡。

游戏之一是，"更请君王猎一围"。在北周大军占据平阳，准备进攻晋阳之时，高纬和冯小怜正在附近一个叫三堆的地方打猎。闻听平阳陷入敌人之手，高纬准备回去救援，可是冯小怜正玩性大起，不愿意回去。她装出可怜巴巴的样子说："皇上，我还想打猎，你就再陪我打一次吧！"高纬看见她楚楚可怜，便改变主意，吩咐手下：再围猎一次。于是，"无愁天子"和冯淑妃高高兴兴地跨马打猎去了，全然不顾前方将士的安危和重要城池的失陷。

游戏之二是，造桥观战。好容易等到冯淑妃和高纬打猎归来，高纬率兵到平阳（晋州）救援。彼时，平阳已失陷，高纬命士兵挖地道向城里发起攻击，工程进展很顺利，很快就有几处城墙被挖塌陷了。正在这时，高纬却命令将士们停止进攻，命人将冯小怜叫来一起观看挖地道的场景。无奈，将士们只好停工，可是，他们左等右等，怎么也看不到冯淑妃的倩影，原来，冯小怜正在梳妆打扮，不能马上前来观看。可就在北齐将士集体歇工的空当，城中的北周军队已迅速将城墙的缺口修补好了。北齐军士再想进攻，城墙已经攻不下来了。

眼看前功尽弃，到手的熟鸭子却飞了，北齐将士都遗憾连连、怨声载道，皇帝高纬却毫不在意，他在意的只是冯小怜。听说晋州城西的石头上有圣人留下的踪迹，冯小怜想去观看。高纬一口答应，他担心城上的弓箭射下来危害到冯淑妃的安全，就命令士兵把准备攻城的木头搬过来，

274

论曰:武成风度高爽,经算弘长,文武之官,俱尽其力,有帝王之量矣。但爱狎庸竖,委以朝权,帷薄之间,淫侈过度,灭亡之兆,其在斯乎?玄象告变,传位元子,名号虽殊,政犹己出,迹有虚饰,事非宪典,聪明临下,何易可诬。又河南、河间、乐陵等诸王,或以时嫌,或以猜忌,皆无罪而殒,非所谓知命任天道之义也。

后主以中庸之姿,怀易染之性,永言先训,教匪义方。始自襁褓,至于传位,隔以正人,闭其善道。(《北齐书·帝纪第八》)

造了一座桥,供皇帝和冯淑妃行走,谁知走到半路,桥塌了,众人忙活了一夜才返回营地。双方激战的紧要关头,攻城的木头被浪费掉了,拿什么来攻城呢?高纬和冯小怜可不管这些,他们还有别的游戏可玩。

游戏之三是,妃言惑众乱军心。听闻高纬在平阳督战攻城,北周周武帝特意从长安赶赴平阳,两军在平阳城外展开交战。此次双方的最高指挥都是皇帝,故而双方士气高涨,将士们均浴血奋战、奋勇杀敌。一时间,分不清谁胜谁负。不一会儿,北齐的军队稍稍后退一些,准备积蓄力量发起进攻,谁知这一幕竟跟随高纬观战的冯小怜看见了,不懂战术的她惊慌失措地大喊道:"不好了,齐军打败了,齐军打败了。"她这一喊惊动了高纬不要紧,本就懦弱的高纬在军士的掩护下慌忙逃到后方,更要紧的是,冯小怜的这一声娇喊,动摇了北齐的军心。将士们一看君主和淑妃都跑了,淑妃还高喊齐军败了,顿时人心惶惶,军心大乱。这时北周军队趁势掩杀过来,北齐军队不战即溃,死伤无数。正所谓,一声妃子叫,满城尸骨寒。

高纬和冯小怜气喘吁吁,一路向北逃亡,准备回到都城邺城。后面北周大军也乘胜一路追杀过来,就是在这样危机重重的逃亡路上,"无愁天子"高纬和淑妃冯小怜,仍不忘玩耍嬉戏的本性。在他们逃到洪洞戍地时,冯小怜娇弱地说自己跑了这么久,都没来得及整理衣服,于是高纬便让队伍停下来,让冯小怜涂脂抹粉。谁知正当她对镜自赏之时,猛听见后面杂乱的声音传过来,说是北周军队追上来了。高纬只好再次带着冯小怜一路狂奔,一直跑回都城邺城。

"陷却平阳为小怜,周师百万战长川。"侥幸逃回邺城的高纬和冯小怜，并没有从此安心地做无愁夫妇，与高纬的游戏军政迥然的是，北周周武帝胸怀大志，他的目标不是区区一个平阳，而是占领整个北齐的领土。于是，"小怜玉体横陈夜，已报周师入晋阳"，在高纬还沉溺于冯小怜曼妙多姿的温柔乡里时，北周已经攻破北齐陪都晋阳，下一个进攻目标，就是都城邺城。无奈何，高纬只好带着冯小怜等人继续踏上逃亡之路。

公元577年正月，在黄门侍郎颜之推[1]等人的建议下，高纬带着皇后、太子、冯小怜等，准备投靠南方的陈国，当他们走到青州（今山东潍坊）时，被北周大将尉迟纲追上并俘虏。之后，尉迟纲将他们押送到邺城。至此，北齐已实质性灭亡。一代雄主高欢，凭借妻子娄昭君的丰厚陪嫁起家，一辈子东奔西跑、南征北战，甚至将自己累死在前线的军营里，他辛辛苦苦打下来的北齐基业，竟在不到30年的时间里被子孙们败光，北齐最后竟然因为孙子高纬的一个宠妃的嬉戏玩乐而辉煌不再、江山永失。可谓兴也一妇人，亡也一妇人。

腐朽堕落的北齐政权灭亡，被扫进历史的垃圾堆，但亡国之君高纬和宠妃冯小怜的命运还在继续往前走。

高纬和冯小怜以及一众北齐皇室成员（其中就有曾经的北齐皇后李祖娥），被押送到北周的都城长安，周武帝将他们"献俘于太庙"，京邑观者，皆称呼周武帝万岁。同为一国之君，一个山呼万岁，一个俯首就擒，境遇判若云泥，但高纬似乎还嫌这个待遇不够丢人，他担心周武帝霸占冯小怜，就厚颜无耻地说："请皇上把冯小怜赐还给我吧。"

后主至长安，请周武帝乞淑妃，帝曰："朕视天下如脱屣，一老妪岂与公惜也！"仍以赐之。（《北史·列传第二》）

---

[1] 著名的《颜氏家训》的作者。

代奰王达（宇文达），字度斤
突。性果决，善骑射。武成
初，封代国公。建德初，进位
柱国。出为荆州刺史，有政
绩，武帝手敕褒美之。……雅
好节俭，食无兼膳，侍姬不过
数四，皆衣绨练。又未尝营
产，国无储积。左右尝以为
言。达曰："君子忧道不忧贫，
何烦于此。"三年，进为王。
从平齐。齐淑妃冯氏尤为齐后
主所幸，见获，帝以达不逐声
色，特以冯氏赐之。（《北
史·列传第四十六》）

闻听此言，周武帝轻蔑地一笑，朗声说道："我看这天下也不过像脱下的鞋子一般容易，怎么会跟你争一个老女人呢？"于是，将冯小怜还给高纬。这是冯小怜第二次被作为礼物送给高纬，上一次她是明眸善睐的生日礼物，这一次，却成为遭人唾弃的"一老妪"。

然而，高纬并没有高兴多久，仅仅半年后，他就被以谋反罪名杀害，死时24岁。

然而，冯小怜也并没有孤独多久，作为闻名遐迩的红颜祸水，不再年轻的她，第三次被当作礼物和战利品送人：周武帝将她赐予代王宇文达。

宇文达是周文帝宇文泰的儿子，周武帝宇文邕的同父异母弟弟。他性格果敢，善于骑射，是一个非常节俭自律的人。宇文达虽然战功赫赫，周武帝也赏赐给他众多金银财宝，但他生性谨慎，从不为个人谋划家产，以至于没有什么积蓄，左右的人常为此事劝解他，他却说："君子忧道不忧贫，何烦于此。"

正是因为宇文达不喜美色，不贪财物，其正直自律的君子本性打动了周武帝，在高纬被赐死之后，周武帝放心地将冯小怜赐给宇文达。不知是一代红颜冯小怜的魅力过于强大，还是身为鲜卑族的宇文达的儒学修为不足，总之，自从冯小怜来到代王府，就将代王府闹得天翻地覆、人仰马翻，一如高纬的北齐皇宫。

代王府的天翻地覆，首先在于主人宇文达判若两人的变化。自得到尤物冯小怜之后，宇文达就像换了一个人似的，日夜宠幸冯小怜，对她宠溺无比。冯小怜善于弹奏琵琶，他就为她举办宴会，与她同乐，即便是冯小怜怀念高纬，宇文达也毫不计较，只为博得美人欢心。

"琵琶弦上说相思。当时明月在，曾照彩云归。"当冯小怜又一次弹起心爱的琵琶，她脑海里浮现的便是英俊潇洒的北齐后主高纬的身影，可惜，这个为了她而不顾一切的君主，已亡国，已身故，人虽逝去，往昔同嬉戏同欢乐的情意却还在，多情的冯小怜不免伤心落泪，弹着弹着，只听见"砰"的一声，琵琶的弦断了，她幽咽地唱道："虽蒙今日宠，犹忆昔时怜。欲知心断绝，应看膝上弦。"

代王府的天翻地覆，还在于宇文达的后院起火了，始作俑者不是别人，正是他所宠爱的冯小怜。在冯小怜未来代王府之前，宇文达与结发妻子李氏恩恩爱爱，相敬如宾。自从宇文达专宠冯小怜之后，李氏便受尽丈夫的冷落。对此，李氏只有默默忍受，以泪洗面。但冯小怜似乎并不满足于得到主人的专宠，她几次三番给宇文达吹枕边风，说了李氏不少坏话，这使得宇文达越发嫌弃糟糠之妻李氏。善良柔弱的李氏不被丈夫理解，哭诉无门，悲恸欲绝，好几次她都要自寻短见，幸好被侍女及时发现，才救活过来。史称"达妃为淑妃所谮，几致于死"。

子系中山狼，得志便猖狂。然而，重新得志的冯小怜，并未能猖狂多久。公元580年，掌握北周大权的相国、外戚杨坚逼迫北周末代皇帝禅让，建立隋朝，定都长安，史称隋文帝。值此改朝换代之际，旧时北周的王公大臣便被杨坚一一消灭，包括周武帝的弟弟宇文达。

宇文达被处死之后，冯小怜恢复自由身，然而，她作为战利品和礼物的命运，仍未结束。隋文帝杨坚将她赐给了大臣李询。这是冯小怜第四次被送人，也是最后一次。因为，冯小怜遇到了此生最大的死对头，另一个老女人。

李询深沉有大略，善于书记，在周武帝时代，他就以屡立军功加位为大将军。隋文帝还是北周丞相时,尉迟迥作乱,李询因平叛有功,进位为上柱国。上柱国乃是无上的荣誉。等到隋朝建立后,李询一直备受重用,他死后,隋文帝为之痛哭许久。可以说,李询是一位德高望重的隋朝功臣,故而杨坚将绝色尤物冯小怜赐予他。

不同于上次在代王府的兴风作浪,冯小怜自进入李询的府邸,便沦落为最下等的奴婢,整日穿着破旧的衣服舂米,仿佛一夜之间她又回到北齐时遇见高纬前的婢女生活,让人不禁感叹天道好轮回。酿成这一悲惨下场的,并非她的年老色衰,也不是她的弹琵琶技艺生疏无法取悦于人,而是她的主人李询乃宇文达妻子李氏的哥哥。曾几何时,李氏在代王府被冯小怜折磨得奄奄一息,身为哥哥的李询可没忘记妹妹的惨状,故而冯小怜一进李府,便被发配做最苦最累的活计,也算是哥哥李询为妹妹复仇。

冯小怜毕竟是一代尤物,身为男性的李询或许还有些许怜香惜玉,只罚她干些粗活,尚且留她一条命。但李询的母亲可就没有那么客气了。当她得知眼前这个楚楚可怜的舂米的女人,正是害得自己女儿痛不欲生的罪魁祸首时,气得手都发抖了,她一刻都不想看见这个女人在眼前晃荡,更不想让这个祸害北齐后主高纬灭国、北周代王宇文达灭族的不祥之女再次祸害自己位高权重的儿子。因此,威势逼人的李老太太,迅速派人给冯小怜送去了三尺白绫,要她自尽了事。冯小怜无奈,遂自杀。

一代红颜,就此谢幕。唐朝诗人李贺感叹于冯小怜的奇特遭遇,曾专门为她写了一首诗将冯小怜归入祸国殃民之红颜祸水行列。

冯小怜

湾头见小怜,请上琵琶弦。

破得春风恨,今朝值几钱。

裙垂竹叶带,鬓湿杏花烟。

玉冷红丝重,齐宫妾驾鞍。

潘玉奴:齐宫合赠东昏宠,好步黄金菡萏花

公元420年，东晋灭亡，刘裕建立宋朝，史称南朝宋或刘宋。在北魏孝文帝的全面汉化改革进行得轰轰烈烈之时，南朝刘宋王朝却日渐没落，终于在走完一个甲子年（60年）后，于公元479年灭亡。同年，萧道成建立齐朝，史称南齐或萧齐。似乎逃不出历朝历代的兴衰规律，南齐前期的皇帝大都励精图治，后期的皇帝则腐化堕落。

若说冯小怜是北朝齐国的亡国红颜，潘玉奴则为南朝齐国的末路狂花。潘玉奴是南齐第六位皇帝东昏侯的贵妃，同冯小怜一样，潘玉奴出身低微。非但出身微贱，她的姓氏也是被皇帝赐予的。

潘玉奴本姓俞，本名叫俞尼子。她的父亲俞宝庆本是一个小商贩，在封建时代，出身高低的排名依次为士农工商，商人是最低等的。出身低微的俞尼子，因为长相出众，亭亭玉立的她被人选中，做了大司马王敬则家的歌伎。可惜好景不长，随着齐明帝萧鸾对大司马王敬则的猜忌越来越深，忍无可忍的王敬则只好举兵反叛，起初叛军声势浩大，谁知没过多久就失败了。

公元498年是个相当重要的年份，这一年，大司马王敬则起兵反叛，败亡后被杀，不久后，他的死对头齐明帝萧鸾驾崩。

正是在这一年，朝廷消灭王敬则反叛势力，作为王敬则的歌伎，俞尼子被充入皇帝后宫，她得遇今生知己东昏侯萧宝卷。萧宝卷对她宠爱有加，给她改名为"潘玉儿"。据说是因为在位时间长达三十年的宋文帝刘义隆有位潘妃，

280　（东昏侯）在宫尝夜捕鼠达旦，以为笑乐。明帝临崩，属后事，以隆昌为戒，曰："作事不可在人后！"故委任群小，诛诸宰臣，无不如意。（《南史·本纪第五》）

萧宝卷希望自己也能像宋文帝那样坐拥潘妃在皇帝位上坐得长长久久。又因俞尼子花容月貌，皮肤白皙得像玉一样有光泽，便给她赐名玉儿，也称玉奴。自此，南齐后宫，属于潘玉奴的时代开启了。

正是在这一年，齐明帝萧鸾驾崩，他的次子萧宝卷得以即位，成为南齐的第六位皇帝。由此，开启了他荒诞昏庸的皇帝生涯，虽然这一生涯只有短短的两三年时间。

同样作为亡国之君的知己红颜，北齐的冯小怜和南陈的张丽华，都得以在史书中留下单独的传记，唯独南齐的潘玉奴没有传记，她的事迹散见于其恩主东昏侯的传记中。

东昏侯萧宝卷，是齐明帝萧鸾的儿子，年少时便不喜欢读书。作为历史上著名的昏庸皇帝，他最大的爱好只有两个：一个是捕鼠玩乐，一个是宠爱潘贵妃。堂堂天子，可以为了捕捉老鼠而通宵达旦，处理自己的本职工作——朝政，却是敷衍了事，视若无睹。东昏侯从小便少言寡语，不愿意和朝中大臣接触，及登临帝位后，大臣们呈递上来的奏折，他经常是过了一个月甚至更长的时间才批阅完毕返还，有的奏折甚至不知所终。齐明帝萧鸾驾崩前，拉着儿子萧宝卷的手，谆谆告诫："做事一定要先下手为强，不可落在人后。"意即宁可教我负天下人，不可让天下人负我。此种阴暗行事的作风，萧宝卷将之深深铭记在心。在朝堂上，他继位不久就将父亲留给他的六位辅政大臣杀得一干二净，远贤臣，亲小人，不多久便将一个好端端的南齐搞得乌烟瘴气，以致全国各地反叛四起。

公元499年，萧宝卷即位一年后，始安王萧遥光起兵反叛，兵败被杀。

公元499年十一月，萧遥光起兵之后三个月，太尉陈显达起兵反叛，兵败被杀。

公元500年正月，豫州刺史[1]裴叔业反叛，二月，裴叔业病死。

公元500年三月，平西将军崔慧景起兵反叛，四月，崔慧景兵败被杀。在崔慧景进入京师骚乱时，萧宝卷紧急征召豫州刺史萧懿入京增援。萧懿因救驾有功入朝为官。

公元500年十月，曾帮助萧宝卷平定崔慧景叛乱的大功臣、尚书令萧懿，被萧宝卷下令杀害。

天理昭昭，报应不爽。萧宝卷诛杀忠臣萧懿的恶行，终于酿成严重的恶果，那就是激起萧懿的弟弟萧衍的激烈反抗。彼时，萧衍担任雍州刺史，正手握一方大权。哥哥萧懿死后两个月，萧衍在襄阳举兵起义，第二年，即公元501年三月，萧衍拥立萧宝卷的弟弟、南康王萧宝融在江陵即皇帝位，史称齐和帝，同时萧衍率领起义军攻打萧宝卷居住的建康城。仅仅9个月后，即公元501年十二月，萧衍的起义军就攻破了建康城，四面楚歌之际，被围困在宫殿里的萧宝卷被身边信任的宦官刺杀身亡，首级被送至萧衍手中。可怜一代少年天子，在位仅仅三年，就成为身首异处的刀下鬼，死时年仅19岁。

萧宝卷死后，在萧衍的示意下，宣德太后颁布诏书废黜他的帝号，将他降为东昏侯。唐朝诗人周昙曾有一首专门讽刺东昏侯的诗《六朝门·齐废帝东昏侯》，曰："定策谁扶捕鼠儿，不忧萧衍畏潘妃。长围既合刀临项，犹惜金钱对落晖。"

---

[1] 刺史，古代官职，为地方军事行政长官。

282

庄严寺有玉九子铃，外国寺佛
面有光相，禅灵寺塔诸宝珥，
皆剥取以施潘妃殿饰。（东昏
侯）性急暴，所作便欲速成，
造殿未施梁桷，便于地画之，
唯须宏丽，不知精密。酷不别
画，但取绚曜而已，故诸匠赖
此得不用情。又凿金为莲华以
帖地，令潘妃行其上，曰：
"此步步生莲华也。"涂壁皆以
麝香，锦幔珠帘，穷极绮丽。
萦役工匠，自夜达晓，犹不副
速，乃剔取诸寺佛刹殿藻井、
仙人、骑兽以充足之。武帝兴
光楼上施青漆，世人谓之"青
楼"，帝曰："武帝不巧，何不
纯用琉璃。"

潘氏服御，极选珍宝，主衣库
旧物，不复周用，贵市人间金
银宝物，价皆数倍。虎珀钏一
只，直百七十万。（《南史·
本纪第五》）

283

"不忧萧衍畏潘妃。"东昏侯就是这样一个将朝廷的安危和国防的安全置之不顾，宁愿和宠妃潘玉奴在后宫过着醋嬉淋漓日子的"捕鼠儿"皇帝。东昏侯与潘玉奴，荒淫误国的行径在他们共同生活的三年中的衣食住行、吃喝玩乐方面表现得淋漓尽致。

"金莲华上俞尼子，永寿神仙罗绣绮。"潘玉奴作为南齐皇宫中集"万千宠爱于一身"的贵妃，地位仅次于皇后，她的吃穿用度可谓豪冠后宫。所谓好马配好鞍，美人披华服，潘玉奴的衣服自然竭尽华丽之穷极。不仅宫中库房存储的旧物不再够用，需要用高出市价数倍的价钱收取民间的金银珍宝，而且她所佩戴的珠宝，皆价值连城。仅一只琥珀手镯，就价值170万钱。

在居住方面东昏侯为了讨潘玉奴的欢心，更是挥金如土，极尽穷侈极奢之能事。公元501年，南齐皇宫一场大火将宫殿烧毁不少，如此倒给东昏侯一个大兴土木的机会，他借此为潘贵妃修建了神仙、永寿、玉寿三殿。这些宫殿不仅建造得高大宏伟，装饰也极尽奢华，四周都用金箔来装饰，可谓名副其实的金碧辉煌。为了装饰潘贵妃的三座宫殿，宫中精巧贵重的装饰品不够用，东昏侯就命人到民间和佛寺去巧取豪夺，什么庄严寺的玉九子铃、外国寺的佛像上的金装、禅灵寺塔的诸多宝石，统统被搜刮来装饰潘贵妃的宫殿。

环顾这珠环翠绕的豪华宫殿，东昏侯觉得似乎缺少点什么，突然，他灵光一现，计上心来。他命人将金子打造成莲花的样子，把这些金莲花贴在潘贵妃的宫殿地面，然后，他让潘贵妃在金莲花上行走。顿时，只见潘贵妃袅袅婷婷，体态婀娜，每走一步，脚下仿佛就生出一朵美丽的莲花，仿若仙女行走在人间。东昏侯不觉间看呆了，情不自禁地说："此步步生莲花也。"步步金莲的典故，便诞生于此。真可谓"东昏当日宠容华，潘妃步步生莲花"。

潘妃肤白貌美，更兼有一双纤纤玉足，惹得东昏侯神魂颠倒。更奇葩的是，贵为九五之尊的皇帝和贵妃，两人竟然在宫中玩起了扮演民间小民小妇的游戏。其中一个游戏便是贵妃乘轿，皇帝跟班。东昏侯自小不喜读书，喜欢出风头，尤其钟爱热闹的游街活动。史书称其为"屏除"。每逢皇帝和贵妃出游，潘贵妃都乘坐可以躺着休息的大车，皇帝则扮作贵妃的跟班，骑马跟着后面，他不以为耻，反以为荣。非但如此，在出游前东昏侯还要求道路两侧不得有闲人停留，犯禁者格杀勿论。即便是屋子里有人，也得急忙避开为好。有一次，听闻皇帝出游，一处房屋内的孕妇来不及躲避，被东昏侯发现，他恶作剧似的命人将孕妇的肚子剖开，看胎儿是男是女。一时间，血流成河，母子双双毙命。东昏侯毫不在意，搂着潘贵妃，绝尘而去。出游期间，东昏侯的队伍不断掠夺沿途百姓的财产，以至于当时富裕的人家不得不狡兔三窟，在各地都备有房产，以防居无定所。史书称其"故贵人富室者，皆数处立宅，以为避围之舍"（《南史·齐本纪下第五》）。富者尚可如此，普通老百姓只有听天由命、老幼啼号了。皇帝和贵妃如此将百姓生命视如草芥，任意虐杀，日后他们得不到百姓的支持，兵败身亡也就不足为奇了。

潘贵妃本是商贩家庭出身，来到皇宫备受恩宠后，见东昏侯萧宝卷也跟她一样，是个贪玩、胡性乱闹之人，恃宠傲娇的潘贵妃便想出一个更绝的玩乐游戏，那就是在宫中模仿民间市集的买卖之事。萧宝卷一听，连称好玩，为

陈显达平，渐出游走，不欲令人见之，驱斥百姓，唯置空宅而已。是时率一月二十馀出，既往无定处，尉司常虑得罪，东行驱西，南行驱北，应旦出，夜便驱逐，吏司奔驱，叫呼盈路。打鼓蹋围，鼓声所闻，便应奔走，临时驱迫，衣不暇披，乃至徒跣走出，犯禁者应手格杀。百姓无复作业，终日路隅。从万春门由东宫以东至郊外，数十里，皆空家尽室。巷陌县幔为高障，置人防守，谓之"屏除"。……又尝至沈公城，有一妇人当产不去，帝入其家，问："何独在？"答曰："临产不得去。"因剖腹看男女。（《南史·本纪第五》）

284 潘妃放恣，威行远近。父宝庆
与诸小共逞奸毒，富人悉诬为
罪，田宅赀财，莫不启乞。
（《南史·本纪第五》）

满足潘贵妃的心愿，他特意命人在宫中阅武堂的芳乐苑开辟店肆，模拟民间市场的买卖格局，让宦官和宫女采办一些物品在里面售卖。为求游戏的逼真，让潘贵妃尽兴，萧宝卷让潘贵妃担任市令❶，他自己则为市吏录事❷，市场上每有争执发生，都得奏请潘贵妃来定夺。有时，萧宝卷事情处理得不妥当，也甘愿承受潘贵妃的责打，当然，用来鞭打皇帝的棍杖是中空的木杆，不是真正的实木棍棒。即便如此，也凸显出潘贵妃和萧宝卷昏庸和荒唐的做派，难怪当时的百姓不无讽刺地唱歌戏谑道："阅武堂，种杨柳，至尊屠肉，潘妃酤酒。"

俗话说，一人得道，鸡犬升天。潘玉奴倚娇作媚，不仅和东昏侯在宫中胡作非为，还纵容自己的父亲潘宝庆在宫外恃强凌弱。潘宝庆（本姓俞，女儿改姓潘后，他亦称潘宝庆）整日和诸多小人鬼混在一起，看到有钱人家的财产，便诬陷富人有罪，趁机霸占人家的田产财物，常常是罚没一个富商尚不够，还要连累富商的亲邻。有时害怕留下后患，还将富家的男丁全部杀死才可放心。一时间，闹得天怒人怨，工商凋敝。

亲小人，远贤臣；宠贵妃，恣意闹；朝政堕，百姓怨。终于，萧宝卷的皇帝生涯走到尽头。当一代雄主萧衍向都城建康吹起冲锋的号角之时，皇帝萧宝卷却在宫中为几根房梁的木头跟宦官斤斤计较。宦官茹法珍跪在他的面前，请求皇帝将钱财发放给守城的将士，以激励士气，谁知，萧宝卷却反问道："叛军打过来，只是单单取我一人性命

---

❶
市场管理员。

❷
市场管理员的助手。

吗？为什么只让我出钱呢?"身边人无奈，提出将宫中珍藏的数百根木头用作城防工具，不料倔强的萧宝卷竟不肯，他振振有词："我还要用这些木头建造宫殿呢。"起义军首领萧衍已兵临城下，城中做困兽斗的萧宝卷竟如此执迷不悟，无怪乎唐朝诗人周昙写诗讽刺他："长围既合刀临项，犹惜金钱对落晖。"

宁愿花费千金为潘贵妃铺就步步金莲，也不愿散尽钱财挽救朝廷；宁愿在宫中设立市集假冒市令做游戏，也不愿花费心思批阅朝臣奏章；宁愿纡尊降贵充当潘贵妃的侍卫跟班，也不愿温柔仁慈地对待沿街民众。这样的皇帝和贵妃，岂有不亡国身败的道理？难怪日本学者称萧宝卷为"恶童天子"。

19岁的少年天子、"恶童天子"萧宝卷，死在身边人的刀下；南齐王朝，却未曾彻底灭亡。萧宝卷死后，萧衍拥立的萧宝融顺理成章地成为南齐的第七个皇帝，他既是彻头彻尾的傀儡皇帝，也是南齐的末代皇帝。仅仅一年之后，萧衍就逼迫萧宝融禅让帝位，萧衍建立梁朝，南齐彻底灭亡。南齐，实则在东昏侯萧宝卷死后已名存实亡。南齐的统治只有23年，成为南北朝时期最短的一个朝代。

死去元知万事空。最大的靠山萧宝卷倒下去，却不知他的宠妃潘玉奴还有她的人生难题摆在眼前：美艳动人的她，被带到起义军首领萧衍的面前。如同三年前主人王敬则兵败被杀后，她被带到萧宝卷跟前。历史，总有一个时刻让人恍若一梦，梦醒后，发现自己又回到原点。

"汉兵已略地，四方楚歌声。大王意气尽，贱妾何聊生。"回到原点的潘玉奴并未等待多久，又一次，她凭借美艳动人的姿色被新主人看重。萧衍垂涎潘玉奴的美貌，欲

时东昏妃潘玉儿有国色，武帝将留之，以问茂。茂曰："亡齐者此物，留之恐贻外议。"帝乃出之。军主田安启求为妇，玉儿泣曰："昔者见遇时主，今岂下匹非类。死而后已，义不受辱。"及见缢，洁美如生。舆出，尉吏俱行非礼。（《南史·列传第四十五》）

将她纳为妃子。这时，他的手下王茂看出端倪，赶紧劝谏："使齐国灭亡的正是潘玉儿这个女人，您留下她，恐怕会让您遭遇外界的非议。"王茂是南北朝时期南梁的开国功臣，梁武帝萧衍对他是言听计从。萧衍也是个立志成大事的明白人，一听此言，立刻派人将潘玉儿带出去。他手下的军官田安趁机对萧衍提出：请将潘玉儿赐予我为妻。萧衍答应了他，谁知潘玉儿却不干。她跪在萧衍面前，泪流满面地说道："昔日我有幸承载君主的恩情，今日岂能再嫁给下人？死就死了，我绝不接受这样的侮辱。"说罢，泣不成声。萧衍见她哭得梨花带雨，态度如此坚决，只好赐她自尽。据说潘玉儿死后，面色仍如生时艳若桃花，惹得埋葬她的士兵甚至做出侮辱尸体的不雅举动。

后世文人墨客感慨于潘玉奴宁为玉碎不为瓦全的忠贞，纷纷写诗悼念。唐朝诗人孙元晏写道："曾步金莲宠绝伦，岂甘今日委埃尘。玉儿还有怀恩处，不肯将身嫁小臣。"宋人邓林写道："此身肯许兜鍪夫❶，猛为东昏判一死。到今羞杀卖降人，去作练儿❷梁姓臣。"就连大文豪苏轼也为她发出"玉奴终不负东昏"的感慨。

也信美人终作土，不堪幽梦太匆匆。潘玉奴，这个艳冠南齐后宫的商贩之女，做过歌伎，当过贵妃，也曾好步黄金菡萏花，也曾阅武堂前种杨柳，也曾玉儿雪腕亲酤酒，但她与东昏侯嬉戏误国的闹剧，连当时的宣德太后都看不下去，说他们"容状险丑""手断国命"，他们终究还是消

---

❶
兜鍪，是古代战士戴的头盔，这里用来指代士兵。

❷
练儿，是梁武帝萧衍的小名。

失在改朝换代的滔滔历史长河里，徒留传说在人间。正所谓"莲花不见杨柳空，苍烟白露杂悲风"。

张丽华：商女不知亡国恨，隔江犹唱后庭花

南齐灭亡后，萧衍建立梁朝，史称南梁，南梁持续了55年，最终于公元557年灭亡，同年，陈霸先建立陈朝，史称南陈。南陈在经历了陈霸先、陈蒨、陈伯宗、陈顼四任皇帝后，终于，轮到陈叔宝登上历史舞台。陈叔宝是南陈的最后一任皇帝，亦称陈后主。他与贵妃张丽华放歌纵酒、不理朝政以致亡国的往事一直是后世历代帝王的长鸣警钟。

张丽华本为兵家女，父兄以织席为业，出身并不高，因此年仅10岁的她就被送进陈叔宝的府邸，做了陈叔宝的龚姓侍妾的一名婢女。彼时，陈叔宝尚是太子。有一天，陈叔宝来到龚妾的房中，猛然看见一眉清目秀的婢女，美丽娇柔如初夏小荷，亭亭玉立，稚气欢脱，陈叔宝兴奋异常，立刻就临幸了她。随后婢女便怀有身孕，生下儿子陈深。陈叔宝即皇帝位后，封婢女为贵妃，后来还立婢女所生的儿子为太子。这个婢女，就是天生丽质的张丽华。

张丽华长得非常漂亮，否则不会在一众莺莺燕燕中一眼就被当时还为太子的陈叔宝看中。在后宫，张丽华集万千宠爱在一身，首推她惊人的美貌。史书说她"发长七尺，

288　而张贵妃发长七尺,鬓黑如漆,其光可鉴。特聪惠,有神采,进止闲暇,容色端丽。每瞻视眄睐,光采溢目,照映左右。常于阁上靓妆,临于轩槛,宫中遥望,飘若神仙。才辩强记,善候人主颜色。
（《陈书·列传第一》）

鬓黑如漆,其光可鉴"。古代的七尺相当于现在的一米七左右。可以想见,当贵妃张丽华款款而来,吸引众人的首先便是这一头瀑布般的黑长直发,丝滑,柔顺,再配上她的绝世容颜,真真是含辞未吐,气若幽兰。贵为天子的陈叔宝拜倒在她的石榴裙下,当不为奇事。张丽华吸引陈叔宝的不仅是其绝密武器——黑发瀑布,更有其飘若神仙的气质。每当她倚立在宫殿栏杆上,轻抚一头黑发,顾盼神飞,宫中的人远远看过去,仿若看到神仙降临一般。真可谓"倚东风,一笑嫣然,转盼万花羞落"。

君王喜凭绛仙立,殿脚争画双长眉。美女与权力结合,惹出无数事端;美女与才子结合,生出无限风流;若这才子拥有至尊权力,得遇绝色美女,顿使这人间"风乍起,吹皱一池春水"。拥有神仙玉骨的张丽华,得遇的陈叔宝,便是历史上著名的才子皇帝。

陈叔宝,是南陈第四任皇帝陈宣帝的嫡长子。虽然贵为皇子,他的成长经历却并不轻松,甚至可谓历经坎坷。公元553年十一月,陈叔宝在江陵（今湖北荆州）出生,虽然在四年后的公元557年陈霸先才建立陈国,但彼时陈霸先因为帮助南梁平叛侯景之乱有功,已成为一方霸主。当时的皇帝——梁元帝萧绎为了牵制陈霸先,就让陈霸先的子侄亲属等居住在皇帝眼皮子底下的首都江陵（公元552年,平定侯景叛乱后,萧绎在江陵即位为帝）,陈叔宝的父亲陈顼也在其中。公元554年,江陵被西魏的宇文泰侵占,父亲陈顼被西魏军俘虏至长安,刚刚一岁的陈叔宝则和母亲柳敬言、胞弟陈叔陵作为人质,被扣留在襄城（今河南邓州）。

公元557年,陈霸先建立陈朝,成为陈朝开国皇帝,陈项和陈叔宝等人仍在西魏过着人质生活。直到公元562年，陈朝的第二任皇帝陈文帝在位期间，才将陈项和陈叔宝等人接回陈朝，此时，陈叔宝已10岁。可以说，他的童年时光是在流浪、屈辱的异国他乡的人质生活中度过的。

自从南归后，陈项逐渐掌握了陈朝的朝政大权，公元568年，陈项废掉陈文帝之子陈伯宗的帝位，自立为帝，史称陈宣帝。陈叔宝被立为皇太子，此时，他已十五六岁。年轻的他喜爱文艺，正是在当太子的这段时间，他的身边聚集了一大批文人雅士，他们吟诗作曲、唱歌跳舞，成为日后继承皇帝位的陈叔宝宫中的一批御用文人。

公元582年，父亲陈宣帝病危，太子陈叔宝和胞弟陈叔陵都在陈宣帝床前伺候。陈宣帝刚驾崩，身为长子，本就文人气息强烈的陈叔宝，感念伤怀，在父亲灵前痛哭不已。令他万万没想到的是，他的弟弟陈叔陵，却趁机在身后拿起屠刀准备刺杀他。一直以来，陈叔陵都在和陈叔宝争夺皇位的继承权，他虽然在父亲面前表现得文质彬彬、好学有礼，背地里却干着一件令人不齿的职业——掘墓。是的，贵为堂堂皇子的陈叔陵喜欢从事盗墓事业，他认为东晋名相谢安的墓穴风水不错，就将谢安之墓挖开，扔掉遗骸，然后将他的生母彭氏的灵柩安葬在这里，期望好风水能使自己兴旺发达，甚至是登临帝位。可惜，直到父亲陈宣帝驾崩，陈叔陵都未能如愿被立为太子，他只是被封为始兴王。眼睁睁看着皇帝之位将落入陈叔宝之手，气急败坏的陈叔陵只能孤注一掷，决定在宫殿中刺杀哥哥。毫无防备的陈叔宝被砍伤脖子，幸亏母亲柳太后和乳母吴氏及时相救，他才幸免于难。陈叔陵刺杀行动失败，逃走后被大将萧摩诃杀死。夺位之争的另一主角陈叔宝，则带着脖子上

晋世王公贵人，多葬梅岭，及彭卒，叔陵启求于梅岭葬之，乃发故太傅谢安旧墓，弃去安柩，以葬其母。（《陈书·列传第三十》）

的伤痛,于公元582年正月即皇帝位于太极殿。

即位伊始,陈叔宝尚能勤政为民,但国力稍有起色,他便骄傲自满,逐渐丧失执政的热情,转而寄情于诗文、醇酒和美人。究其原因,或许是童年寄人篱下的漂泊生涯,使他从小没有树立正确的奋斗理念;或许是弟弟陈叔陵的刺杀使他对权力之争产生深深的厌恶;或许是骨子里的文艺气息促使他远离朝堂上的阳奉阴违、争权夺利,总之,执政后期,陈叔宝"唯寄情于文酒",整日与宠臣、文友、爱妃厮混在一起,以致朝廷小人当道,上下相蒙,众叛亲离,临机不寤。如此,离亡国也就不远了。果然,公元589年,陈朝被杨坚建立的隋朝灭掉,陈叔宝作为亡国之君,被押往隋朝都城长安。昔日围绕在他身边的文士、佞臣均被斩首,他最宠爱的贵妃张丽华,作为红颜祸水的典范,被斩首于青溪中桥,时年31岁。

说张丽华是亡陈的红颜祸水,委实不算冤枉。

张丽华非常聪明,否则不会在十几岁时获得陈叔宝的垂怜,14年后陈叔宝继位后立刻封她为贵妃,一直到八年后陈国覆亡的最后时刻,陈叔宝都对她宠爱有加,宫门被破后躲在井下逃命都没忘记带上张丽华。作为历史上著名的红颜祸水,张丽华能在南陈后宫维持恩宠长达20年,没有色衰爱弛,没有争风吃醋,没有幽怨哀怜,她"甚被宠遇",以至彼时的江东小朝廷,不知有陈叔宝,只知有张丽华,除了她惊为天人的美貌,更多的在于她"特聪慧"。

在陈后主不恤政事、荒于酒色之际,身为皇帝最受宠爱的妃子,在后宫张丽华的地位甚至超过皇后;在朝政上,皇帝借口身上伤势作祟,懒于理政,有大臣将奏折呈递上来,他都交给宦官蔡临儿、李善度奏请,同时他又将张丽华抱在膝上，几人共同决议。遇到两位宦官记不清楚的，聪慧的张丽华都能逐条陈述清楚，并无遗漏。皇帝陈叔宝不仅对她言听计从，而且放手让她处理一些朝政大事。如此，贵妃张丽华手中的权力达到巅峰。

集聪慧与美貌于一身的张贵妃，若能慎重善待手中的无上权力，或许能成为陈叔宝的贤内助，或可青史留美名。可惜，张丽华鼠目寸光，只立足于眼前的荣华富贵和纵欲享乐，将手中权力用来满足自己的一己私利，以致在历史上留下不堪的骂名。譬如，后宫中有不遵法度、有悖于事理者，经常跑到张贵妃面前求情，狡黠的张丽华，一方面派宦官蔡脱儿、李善度在皇上面前启奏，一方面又在皇帝面前从容说情，皇上对她的意见一概顺从，如此，张丽华便在后宫笼络了一批忠实的拍马屁者。又如，朝中大臣有不顺从张丽华团伙意见的，张丽华便在皇帝面前说尽他的坏话，借皇帝之手铲除异己。朝中正直的、不愿依附于张贵妃集团的大臣，人心惶惶，坐立难安。而张贵妃及其党羽，不仅将自己的宗族亲戚违规提拔任用，而且大肆收受贿赂，赏罚无常。公元588年六月，张贵妃甚至操纵群臣上书，废掉原来的太子陈胤，改立自己的亲生儿子陈深为太子。一时间，本就偏安一隅的南陈王朝纲纪堕落，国将不国。

张丽华不仅利用自己的聪慧在朝中干涉政事，在深宫后院，更是和陈叔宝过着醉生梦死、放歌纵酒的糜烂生活。于是，同南齐的潘玉奴、北齐的冯小怜一样，张丽华和陈叔宝也落入嬉戏亡国的窠臼。

陈朝建立之初，地盘就已大大缩小，国力不强；陈叔宝的父亲陈宣帝又一意孤行，屡次进行北伐，北伐没有成功，连年的征战却使陈朝的国力大大削弱。到陈后主继位

是时后主怠于政事，百司启奏，并因宦者蔡脱儿、李善度进请，后主置张贵妃于膝上共决之。李、蔡所不能记者，贵妃并为条疏，无所遗脱。由是益加宠异，冠绝后庭。而后宫之家，不遵法度，有挂于理者，但求哀于贵妃，贵妃则令李、蔡先启其事，而后从容为言。大臣有不从者，亦因而谮之，所言无不听。于是张、孔之势，薰灼四方，大臣执政，亦从风而靡。阉宦便佞之徒，内外交结，转相引进，贿赂公行，赏罚无常，纲纪瞀乱矣。（《陈书·列传第一》）

后,陈朝已处于没落时期,但昏庸的陈叔宝对这些熟视无睹,为讨贵妃张丽华的欢心,继位仅仅两年后,便大兴土木,为张丽华建造了临春、结绮、望仙三座阁楼。这些阁楼高数十丈,其窗户、门楣、栏杆等,皆用陈年檀香木做成,里面又装饰有金玉、珍珠翡翠等,其铺设、玩赏之物,"瑰丽皆近古未有"。三座豪华阁楼建成后,陈叔宝住在临春阁,张丽华住在结绮阁,孔、龚两位贵嫔住在望仙阁,这些阁楼之间还建有连接的走廊,方便他们互相往来。

除大兴土木外,为给后宫游乐增添雅趣,陈叔宝将自己当太子时笼络的一帮文人雅士召集在一起,他们和宫中的女学士一起共赋新诗,互相赠答。诗句中辞藻艳丽者,便被配上乐曲,交给歌伎演唱。辞藻华美、曲调委婉的歌曲包括《临春乐》等,其中歌词唱道:"璧月夜夜满,琼树朝朝新。"这些大多是歌颂张贵妃、孔贵嫔等人娇艳的容颜的。"水国春常在,台城夜未寒。丽华承宠渥,江令捧杯盘。宴罢明堂烂,诗成宝炬残。兵来吾有计,金井玉钩栏。"唐朝诗人罗隐在《台城》诗中写道。江令,即江总,本是陈叔宝时期的仆射尚书令,但此人不理政务,日日参加陈叔宝在后宫中举行的宴会,阿谀奉承,极尽狎客之本能。

身为艳词高手的陈叔宝尚不尽兴,为表示对张丽华的极度宠幸之情,专门为张丽华量身定做一首曲子叫《玉树后庭花》。陈朝灭亡后,后世将陈叔宝的这篇代表作《玉树后庭花》称作"亡国之音"。如北宋文学家王安石的《金陵怀古》词中就有"至今商女,时时犹唱,后庭遗曲";唐朝诗人杜牧的一句"商女不知亡国恨,隔江犹唱后庭花"更是传唱千古。

山外青山楼外楼,金陵歌舞几时休?当南陈的陈叔宝

玉树后庭花
丽宇芳林对高阁,
新装艳质本倾城。
映户凝娇乍不进,
出帷含态笑相迎。
妖姬脸似花含露,
玉树流光照后庭。
花开花落不长久,
落红满地归寂中。

在红飞翠舞中搂着张贵妃，和一群宵小通宵达旦地吟唱着《玉树后庭花》时，他并不知道，北方的一个强大帝国和皇帝已经对他磨刀霍霍了。陈叔宝于公元582年即皇帝位，彼时，于前一年，公元581年，雄踞北方的北周已经亡国，北周外戚杨坚建立隋朝。隋文帝杨坚早有扫平天下之志，消灭南朝的陈国只是早晚的问题。

终于，这一天到来了。公元588年十一月，隋文帝命晋王杨广（杨坚第二子）、秦王杨俊（杨坚第三子）、清河公杨素为行军元帅，总管韩擒虎、贺若弼等率五十一万大军分道直取江南，大举伐陈。陈朝佞臣当道，竟将隋军进犯的战报私自压下，不呈报给皇帝，以致陈军一再贻误战机。

公元589年正月，陈朝举行新年朝会时，大雾弥漫，入人鼻皆辛酸，仿若不祥之兆。陈叔宝在昏昏欲睡中度过新年的第一天。不久，他就接到隋军已经渡过长江，准备攻打建康城的消息。陈叔宝顿时从一世繁华的春梦中惊醒，吓得六神无主，唯有哭泣。他本想命令骠骑将军萧摩诃组织有效的抵抗，谁知"兵交而走，诸将支离，阵犹未合，骑卒溃散，驻之弗止，摩诃无所用力焉，为隋军所执"（《陈书·列传第二十五》），萧摩诃投降于隋军。不多久，建康城内文武百官便一哄而散，只有少数几个官员留下来陪伴皇帝。

风流天子陈叔宝自知陈朝大势已去，只好放弃反抗，他一边颤声说着"锋刃之下，未可与争，我自有计"，一边领着自己甚为宠幸的张丽华和孔贵嫔来到后宫的一处枯井前。原来，这位九五之尊所说的"我自有计"竟是跳入枯井中暂时避难。如此掩耳盗铃式的保全之计，让人不禁啼笑皆非。彼时，宫门外杀声震天，隋军总管韩擒虎只用五百人的精锐骑兵就攻破了建康城的朱雀门，直逼南陈后宫。韩擒虎来到皇后宫中，只见陈叔宝的皇后沈婺华，神情肃穆，居处如常；他又来到太子陈深的殿中，只见这个只有15岁的少年，关闭房门，端坐中间，静候敌军和历史安排给他的无奈命运。遍寻皇宫，唯独不见这重重深宫的主人——皇帝陈叔宝，以及艳冠后庭的尤物张丽华。

正当韩擒虎疑惑之际，忽听见一处后院传来士兵的呼叫声："井里有人。"韩擒虎忙跑过去，只见士兵正向一处枯井中探望。其中一个士兵说："下面有人吗？再不答应我就扔石头了。"闻听要落井下石，井下传来颤巍巍的求饶声："别扔石头。拉我们上去。"士兵们于是朝井里扔下绳子，徐徐往上拉，可是好几个士兵竟一时拖拽不住，待得费力拉出来后，才发现，原来一根绳子上竟攀附着三个人，分别是陈叔宝、张丽华和孔贵嫔。三人灰头土脸，神情凄惨。"门外韩擒虎，楼头张丽华。谁怜容足地，却羡井中蛙。"200多年后的唐朝诗人杜牧，不无嘲弄地如此写道。

好一个"门外韩擒虎，楼头张丽华"。南齐的萧宝卷不畏萧衍畏潘妃，南陈的陈叔宝看不见门外的韩擒虎势如破竹，眼中只有楼头的张丽华恍若神仙，其亡国之路何其相似。建康被攻破，陈叔宝束手就擒，和皇后及王公贵族一众人被押送到隋朝都城长安。在那里，被隋文帝称为"全无心肝"的陈叔宝继续过着他厚颜无耻的纵酒享乐生活，胸襟大度的隋文帝甚至还允许他以三品官员的身份上朝。投降隋朝后的陈叔宝全没有"无限江山，别时容易见时难"的亡国之痛，没心没肺地活到52岁时去世，他甚至比隋文帝杨坚还多活了几个月。

至于江南尤物张丽华，则没有那么幸运。据《隋书》

记载，当时负责平陈一切事宜的晋王杨广看到张丽华，顿时被这个美丽女俘的艳光所震慑，一心想将她纳为自己的妃子。谁知杨广的长史❶高颖却坚决不同意，他警告杨广说："周武王灭掉殷商后，很快就杀掉了妲己，是害怕这个红颜祸水殃及周朝的大业；如今陈朝因为张丽华而亡，王爷您不应娶她。"言毕，不由分说就命人将张丽华拉出去斩了。据说晋王杨广对此很不高兴，但香魂已逝，他亦无可奈何。

张丽华血溅青溪中桥，死时 31 岁。血污游魂救不得，如此下场，祸根在于她的美貌，更在于她的恣意妄为。20多年前，她以美貌获得君主的垂爱；国破家亡后，她仍因美貌和秽行而被杀。著名演义小说作家、历史学家蔡东藩对此评价说："张丽华为江南尤物，与邺下之冯小怜相似，小怜亡齐，丽华亡陈，乃知尤物之贻祸国家，无古今中外一也。"此话过于武断，有失公允，但冯小怜和张丽华的恣意妄为对朝政产生极坏影响，确为事实。

随着张丽华香消玉殒，陈叔宝被押送长安，南北朝时期南朝的最后一个朝代陈朝，在走过33年磕磕绊绊历程后，化为过眼云烟。若论隋军长史高颖为何怒斩张丽华，若论陈朝奔赴灭亡之路上，谁在煽风点火，谁在火上浇油，谁成为压倒陈朝将倾大厦的最后一根稻草，想必，青溪桥畔的贵妃张丽华，心里更清楚。

咏张丽华
宋 赵崇嶓
陈事分明属绮罗，
香尘吹尽井无波。
行军长史何劳怒，
次第论功妾更多。

---

❶古代官职，是幕僚性质的官员。

末世皇妃，为何是她们？

绝代佳人，遗世而独立

　　古语云：士为知己者死，女为悦己者容。世间女子，对美的向往和追求是孜孜一生的。大凡女子，皆希望自己拥有美丽的外貌，这不仅能提升信心，更能赢得男子的爱慕，甚或是同性的嫉妒。然，天道自然，除非刻意去整容，每个人的容貌乃天生，丑即丑，美即美，平庸即平庸。大多数女子，皆属平凡之姿色，既非奇丑无比，如嫫母、钟无艳、孟光和贾南风等；也非艳冠群芳，殊若仙子，如四大美女、冯小怜、潘玉奴、张丽华等。

　　天生丽质难自弃。毋庸置疑，冯小怜、潘玉奴、张丽华这些绝色美女，当数大自然优胜劣汰的幸运儿。身为芸芸众生中的佼佼者，她们的美貌确实让众多女子自惭形秽。若说容貌是女人来到人世间敲开一扇扇命运之门的工具，美貌就是美女们的武器，杀伤力巨大的武器。美貌，乃武器，女人最大的武器，尤其是在短时间内无法展示女性其他美好品质的时刻。冯小怜、潘玉奴、张丽华，这三位绝色尤物，就是手握这一利器，轻而易举就俘获了各国君主的垂爱，甚至是专宠。在为皇帝、太子挑选妃子对出身要求最挑剔的古代，出身不好的女子，甚至连报名的资格都没有。冯小怜是婢女出身，潘玉奴出身商贩之家，张丽华乃兵家女，父兄以织席为生，她们若无惊为天人的美貌，怎能得见天颜，一朝选在君王侧，乃至被封为贵妃，万千宠爱在一身？可见，美貌有时比出身更重要。

　　美貌的女人何其幸运，在丛林世界中拼杀，天生就比别的女人多了一件称手的武器。然，自古美人叹迟暮，不许人间见白头。美貌既为天生，必定随着年岁见长而走向衰老，所谓岁月神偷，韶华易逝，任谁也逃不出这自然规律。当眼球浑浊取代明眸善睐，白发苍苍取代云鬟青丝，拱肩缩背取代亭亭玉立，菊老荷枯取代桃羞李让，还会有男子愿意在人群中多看你一眼吗？何况高高在上，永远不缺美女献殷勤的君王？可知，美貌管得了一时，管不了一世。

聪明的美女不会仅拿一件武器去闯世界，何况她要面对的是世界上竞争对手最多、女性素质最高的后宫，以及世界上最花心的男人——拥有万千佳丽的帝王。除了美貌之外，她们还有自己的独门秘籍，那就是每个人都有自己独一无二的遗世独立之处。慧黠的冯小怜拥有无人能比的曼妙身材，唐朝诗人李商隐的诗句"小怜玉体横陈夜"虽是描写北齐后主高纬的荒淫生活，却也道出高纬为何能被冯小怜迷得如痴如醉，在国家危急时刻还能陪着她一再打猎。南齐的潘玉奴拥有一双纤纤玉足，凌波微步，罗袜生尘，所谓"好步黄金菡萏花"，南齐东昏侯为欣赏这性感的玉足，不惜在潘玉奴的宫殿中铺满黄金雕刻的莲花。张丽华的独门武器则更绝，她"发长七尺，鬓黑如漆，其光可鉴"，当她站在高高的阁楼，梳理这引以为傲的如瀑黑发，霞光辉映，光彩溢目，瞬间就将身旁的嫔妃与婢女比照得低微到尘埃里，如此神采，怎能不使得南陈的陈叔宝即刻拜倒在她的石榴裙下？如此方知，绝代佳人，都有自己高人一筹的独特之处，非一般美女可比拟。

俗话说：一招鲜，吃遍天。然则，对于生活在后宫、日日参演宫斗剧的女人来说，只有美貌和身体这一自然条件，显然是远远不够的。若想在万千女人中脱颖而出，独享恩宠，除了天生的美貌，还需有纯熟的技艺和聪明的大脑，毕竟再美丽的脸庞、再曼妙的身材，看得久了，也会产生审美疲劳。长得漂亮是老天爷赏饭吃，能否一辈子有好饭吃，才是考验美女智慧的难题。这方面，北齐、南齐、南陈的三位亡国红颜就树立了很好的榜样。

譬如冯小怜，史书记载她"慧黠能弹琵琶，工歌舞"，除此之外，再无对其能力的描写。会一门乐器，会唱歌跳舞，就是这样一个看似简单的爱好和技艺，竟能在北齐后宫惹得皇帝高纬甘愿与她同生共死，以致丧国也在所不惜；也使得北周的宇文达，从一个自律到极点的儒雅王爷，转而成为情欲的奴仆，以致发妻受虐也在所不惜。"玉貌羞花长窈窕，宫腰怯柳更轻盈"，可以想见，当顾盼流转的冯小怜或轻抚琵琶，或轻歌曼舞，在那些尊贵男人的心里该荡起多么美妙的涟漪。

又如潘玉奴，史书未能详细记载她的本领，但从她的经历和在宫中的作为可以推测，这个玉儿不简单。她本是大司马王敬则家中的一名歌伎，因王敬则起兵反叛兵败被杀，玉儿便被送进皇宫。在遇见今生的冤家东昏侯之前，潘玉奴是能歌善舞的，遇见东昏侯后，两人便惺惺相惜，相见恨晚。明艳不可方物的潘玉奴，肤白貌美，能歌善舞，还头脑清楚、善于算计，知道如何在后宫玩出新花样让皇帝开心，因为她本出身商贩之家，对买卖经营之类事务自然驾轻就熟。"纵态迷欢心不足，风流可惜当年"，或许，出身高贵的少年天子东昏侯恰恰喜欢潘玉奴的这种市井俗态的美，即便受她鞭打责罚也毫无怨言，甚至还很享受小民小妇的计较和凡俗。

再如张丽华，史书记载她的特点很鲜明，第一是发长七尺，飘若神仙；第二便是她"特聪慧""才辩强记，善候人主颜色"。聪明的张丽华有着异于常人的记忆力。陈后主即位初期，弟弟陈叔陵砍伤他，尚在养伤的陈后主便命张丽华陪伴在自己身边，同他一起批阅奏折。后来陈叔宝懒于理政，就让张丽华和两位宠信的宦官处理奏折，两位宦官忘记的，张丽华都能将之一一陈述清楚，无丝毫遗漏。其博闻强记的本领让陈叔宝叹为观止，他对张丽华便"益加宠异"。"重楼复阁参天起，不见佳人张丽华"，试想，若没有这超强记忆力和察言观色之本领，神仙玉骨的张丽华又怎能赢得自诩风流的文人皇帝陈叔宝的尊敬和爱宠，又怎能在长达20年的后宫生活中始终"冠绝后庭"？

娇艳的脸庞，婀娜的身姿，精巧的玉足，漆黑的长发，本是天成，所谓"清水出芙蓉，天然去雕饰"，这些都是大自然给予女性中佼佼者、幸运儿的天然馈赠。

琵琶声响，歌甜舞美、嬉笑怒骂，酣嬉淋漓；博闻强记，善解人意，乃是后天锤炼所致，所谓"要想人前显贵，学会背后受罪"，这些都是聪明的美女寻找到的保证自己一辈子有饭吃的妙门。她们明白，美貌加技艺，如同锦上添花，威力必然不同凡响。

这威力，施展在一国之君身上，必定地动山摇，因为加上了权力。

狐媚为何偏能惑主？

唐朝有位神童诗人，叫骆宾王；唐朝有位女皇帝，叫武则天。身为女人的武则天篡夺了李家的江山，做了皇帝，惹得正统文人，尤其是男性文人愤愤不平。神童诗人骆宾王在一篇讨伐武则天的檄文中指责道："入门见嫉，蛾眉不肯让人；掩袖工谗，狐媚偏能惑主。"是啊，后宫佳丽三千人，为何偏就她能惑主？仅仅是进谗言吗？未必。

美女得遇君王，君王沉溺于美人温柔乡，从此君王不早朝，乃常事，尤其是末代君主，更过分。人们大多会谴责红颜误国、君王昏庸，却不曾想到为何一个女人能迷惑一国之君到如此地步，继而使得国家滑向衰亡的深渊。俗话说一个巴掌拍不响，她能惑他，只因他看重的不仅是她的美，更是她的人，所谓美貌是皮，三观是里，正是两人三观一致，才能如此惺惺相惜。

冯小怜、潘玉奴、张丽华，美则美矣，但在人生关键时刻，都得遇情趣相投的君主，才能演绎一番"金风玉露一相逢，便胜却人间无数"。

北齐后主高纬本是一翩翩美少年，出生在尊贵的帝王家，能干强悍的父辈支撑着江山社稷，他不用为基业操心；养尊处优的生活使得他惯看风花雪月，不自觉间养成爱好吟诵、喜欢音乐的文艺气息。继位后的高纬，对音乐的爱好丝毫不减，对政事的处理照旧懒散。他曾经自己作词作曲，制作一首《无愁之曲》，将之谱入琵琶，与冯小怜一唱一和，不亦乐乎，因此获得"无愁天子"的称号。

高纬除了和冯小怜有共同的爱好——音乐之外，还喜欢游戏人生，甚至将军国大事也视作儿戏一般。公元577年，北周军队集聚北齐边境，发动侵略战争，敌人大军压境之际，北齐忠君爱国的将军心急如焚，他们请求皇帝慰劳士兵，举行誓师大会，并事先给皇帝准备好演讲稿，只需要皇帝将它背熟即可。谁知，高纬一出场，面对黑压压的士兵，一时间竟忘记自己是来做什么的，慷慨激昂的演讲词更是忘得一干二净，他没为自己的糊涂而难堪，反倒仰脖哈哈大笑起来，一直笑到离场方作罢。左右官员尴尬莫名，台下的士兵看到皇帝如此荒唐，深感为这样的主子和这样的国家卖命不值当。全体将士的斗志瞬间松懈，一溃千里便不足为奇了。美貌皇妃冯小怜为满足自己打猎的兴趣、游山玩水的乐趣、涂脂抹粉出尽风头的爱好，使得"无愁天子"高纬一再为她延误战机，以致误国的作风，与皇帝处理国事军事荒诞不经的行为，有得一拼，所谓王八看绿豆，越看越对眼，难怪两人情趣相投，即使做了亡国奴也不忘记厮守在一起。

斛律孝卿居中受委，带甲以处分，请帝亲劳，为帝撰辞，且曰宜慷慨流涕，感激人心。帝既出临众，将令之，不复记所受言，遂大笑，左右亦群咍，将士莫不解体。（《北齐书·帝纪第八》）

　　南齐的东昏侯萧宝卷，虽然出身帝王之家，受教育的环境并不差，但他从小便不爱读书，唯一的爱好竟是捕捉老鼠。齐明帝萧鸾自己建立一世伟业，对儿子的要求反而降低，对儿子的不学无术不仅不以为耻，还时常以厚黑学理论教导儿子：做人要狠，下手要早。如此松懈、阴暗的宫廷文化熏陶出的萧宝卷，年纪轻轻便成为名震天下的混世魔王：昼夜寻乐、草菅人命、玩习兵火、好大喜功。与之对应的，商贩出身、做过歌伎的潘玉奴，同样没有文化和追求，除了卖弄美色和作威作福，便是和萧宝卷在后宫过着胡天胡地的生活。庄严肃穆的南齐皇宫，市场喧嚣，商铺林立，宫女和宦官扮作商户和顾客，皇帝亲自操着屠刀卖肉，贵妃端起酒提子卖酒。"至尊屠肉，潘妃酤酒"，同样是不学无术，少年天子和卑微歌伎一见钟情；同样是缺乏高雅追求，十八九岁的皇帝喜爱捕鼠和耍杂技（"甚有筋力"），聪明伶俐的潘贵妃喜欢买卖算计；同样是骄奢淫逸，她有一双美足，他便凿金莲铺就；他喜欢嬉闹，她便想方设法与他共乐。兴趣爱好、脾气秉性、行事作风如此一致，萧宝卷和潘玉奴简直是天作之合，互为知音。故而，萧宝卷为她纵情享乐，不问政事，丢了江山亡了国；故而，潘玉奴在萧宝卷死后，不肯委身小臣，情愿结束自己风流无限的一生，所谓"长在眼，远销魂。玉奴那忍负东昏"。

　　喝酒误事，乃人之常为；喝酒误国，则天地之大事。南陈后主陈叔宝便是这样一个喝酒误国之人。陈朝被灭掉后，隋文帝杨坚讲述了陈叔宝的一件往事。他说，当日隋朝大将贺若弼攻打京口时，防守的陈军将紧急战报快马呈递给皇帝，彼时，陈叔宝正在喝酒，不予理睬。当隋军长史高颖攻破建康来到皇宫查看时，发现那封加急战报还静静地躺在陈叔宝的床下，甚至封皮都没被拆开。"这可真是愚蠢可笑到极点！"杨坚不无感慨地评论道。让杨坚惊讶的不仅是这些。建康城破之后，陈叔宝带着张丽华和孔贵嫔躲在宫中枯井里，后被隋军士兵捉拿，当杨坚听说陈国君主竟躲在枯井中时，大吃一惊，史书说"隋文帝闻之大惊"。让雄才大略的杨坚屡屡瞠目结舌的陈叔宝就是这样一个人：耽于酒色、沉溺诗文、不顾廉耻、全无心肝。

　　张丽华出身低微，家境贫寒，十岁之前就给人做婢女，及至十岁时被陈叔宝宠幸，才飞黄腾达，过上养尊处优的日子。对此，她自然很珍惜。婢女的生活使她养成善于揣摩人意的本领，对于恩主陈叔宝，张丽华竭尽所能地侍候，因她讨人喜欢，陈叔宝受伤后拒绝一切嫔妃及太后的探望，只将善解人意的张丽华留在身边。她天生记忆力超群，正好迎合了陈叔宝懒于思考、疏于理政的习惯，随后张丽华便名正言顺地帮陈后主处理政务，忙于诗文创作酬和的陈叔宝乐得清闲，对张丽华越发倚重和宠爱。作为绝代佳人，张丽华的美貌和聪慧激发了陈叔宝那敏感而多情的文人灵感，两人对美的追求和享受是一致的。作为懦弱无能的末代君主，陈叔宝的才情和懒政使得张丽华将自己的权力欲望之手从后宫延伸至朝政，两人的长处与短处互为弥补，配合默契。可惜，对于一国之君来说，这实属狼狈为奸，隋文帝杨坚总结陈叔宝亡国的原因，说："陈叔宝的亡国皆与酒有关，若将这作诗的功夫用在国事上，岂能有如此下场？"

唐朝政治家魏徵曾在自己编修的《隋书》中说："古人有言，亡国之主，多有才艺，考之梁、陈及隋，信非虚论。"于北齐的高纬、南齐的萧宝卷、南陈的陈叔宝而言，会点才艺本无错，错就错在他们将这点个人爱好无限放大，重才艺，轻国事，乃至于沉溺才艺耽于享乐而亡国。于冯小怜、潘玉奴、张丽华而言，既已明艳绝伦，又多才多艺，本属凤毛麟角之人才，既遇情趣相投的君主，更为幸事一件，偏偏她们均无远大追求和高尚修为，放纵自己，也带坏周围人与之共同沉沦。

"最是仓皇辞庙日，教坊犹奏别离歌，垂泪对宫娥。"江山已失，祖庙将辞，宫人已遣散，末代君主们也从高高在上的九五之尊沦为仰人鼻息的南冠楚囚。那些与末代君主情投意合、三观一致的所谓"狐媚子"，离开君主这参天大树的庇护，她们的命运又能如何呢？

后从至仁寿宫，常侍宴，及出，隋文帝目之曰："此败岂不由酒；将作诗功夫，何如思安时事。当贺若弼度京口，彼人密启告急，叔宝方饮酒，遂不省之。高颎至日，犹见启在床下，未开封。此亦是可笑，盖天亡也。昔符氏所征得国，皆荣贵其主。苟欲求名，不知违天命，与之官，乃违天也。"（《南史·本纪第十》）

304

花自飘零水自流

古时的女子，囿于教育、观念、环境、体力等诸多原因，大多依附性强。具有倾城倾国之貌的女子，也不例外。她们的命运大多不掌握在自己手中，而是系于男性，甚至是女性之手中。仗着美貌、聪明和才艺，她们大多可以吸引优秀的男性，譬如君王，"名花倾国两相欢，常得君王带笑看"；君王这个特殊位置上的伴侣，既放大了她们的美，亦纵容了她们的恶。由是，她们缺乏有效的约束，自我修为亦不够，重肉欲、虚荣，目光短浅，及时享乐，还恩宠不绝、荣华不断，由此带坏了后宫乃至前朝的风气。从这个角度而言，红颜祸水，其言不虚。

然则，明媚娇艳能几时，一朝漂泊难寻觅。国破家亡之后的贵妃们，不似君王尚有招牌和道具的利用价值，不似皇后尚可尊敬，等待她们的，既有猥琐垂涎的目光，还有高悬头顶的屠刀。这些人中，既有男性，也有女性；既有英雄，也有情敌。无论是谁，在他们眼里，落魄贵妃们都是待宰的羔羊。

若说美貌的贵妃们相伴的亡国之君都是风流才子，善才艺，荒政事，那些一举荡平腐朽没落王朝的正义之师的首领，便是胸怀大志的真英雄。这样的真英雄，或者在美色面前，坐怀不乱；或者暂时被美色所迷惑，经人劝谏后立即会改邪归正。美女们惯用的美貌武器，被他们自律的坚强意志所化解，毫无用处，反倒成为一把双刃剑，伤及自身，给美女带来灭顶之灾。

譬如冯小怜。她面对的真英雄是北周周武帝宇文邕，

清平调
名花倾国两相欢，
常得君王带笑看。
解释春风无限恨，
沉香亭北倚阑干。

以及隋朝的隋文帝杨坚。周武帝性深沉，有远见卓识。彼时，他看到北齐在高纬的统治下日渐腐败衰落，便有伐齐之意。当高纬在后宫眠花宿柳、吹拉弹唱、铺张浪费之际，周武帝在北周是身衣布袍，寝布被，无金宝之饰；当高纬被众多佳丽前呼后拥之时，周武帝的后宫嫔御，不过数十人。更绝的是，当高纬在誓师大会上因忘记演讲词而哈哈大笑时，周武帝也在检阅军队，他骑着御马，所到之处对每一位将领都能叫出名字，并给予亲切的慰问，将士们"感见知之恩，各思自厉"，于是北齐军队被打得落荒而逃。在战争中，周武帝身先士卒，见到没有穿鞋的士兵，就将自己的靴子脱下来赐给士兵，士兵因此感激涕零。这样有志于天下的真英雄，才会在面对齐国尤物冯小怜时，鄙夷地说一声："朕视天下如脱屣，一老妪岂与共惜也！"隋文帝杨坚有雄才大略和过人胆识，公元589年，他派军消灭南朝的陈国，结束了自西晋末年以来长达三百多年的南北分裂的局面，完成大一统伟业。中国，又一次成为一个完整统一的国家。历史学家吕思勉赞叹他："隋文帝何如主也？贤主也。"据史书记载，他与妻子独孤皇后感情很深，故而不容易受到冯小怜这个尤物的迷惑，在宇文达死后，杨坚转手就将冯小怜赐予另一有功大臣李询，自己不复沾手。冯小怜无往而不利的美貌武器，至此折戟沉沙。

又如潘玉奴。萧宝卷死后，她被带到萧衍面前。萧衍起初也被她的美貌所迷惑，但在大臣王茂提醒下，瞬间就端正自己的思想，以大事为重，不纠缠于儿女情长。随后将潘玉奴赐死。作为南朝梁的建立者，萧衍博学多通，好筹略，有文武才干，他享年86岁，在位时间长达48年，是魏晋南北朝时期在位时间最长、寿命最长的皇帝。之所以

平齐之役，见军士有跣行者，帝亲脱靴以赐之。每宴会将士，必自执杯劝酒，或手付赐物。至于征伐之处，躬在行阵。性又果决，能断大事，故能得士卒死力，以弱制强。破齐之后，遂欲穷兵极武。平突厥、定江南，一二年间，必使天下一统，此其志也。（《北史·本纪第十》）

如此，除了他过人的精力和励精图治使得梁朝国力蒸蒸日上之外，还在于他是一个极其严格自律的人。史书说他"性方正"，虽然居住在无人看见的小殿暗室，也是衣着整齐，即便三伏天热得汗流浃背，他也不曾衣冠不整，袒胸露乳。公元549年，梁朝爆发侯景之乱，梁武帝萧衍被侯景囚禁在皇宫，虽然身陷危局，他仍能斋戒不废，病得卧床不起不能进食，他仍"盥漱如初"。强大的自制力使得梁武帝在面对潘玉奴的诱惑时，能迅速摆正位置，看清大局。绝色当前尚能如此冷静，此乃真英雄。这比起一见潘玉奴就走不动路、甘愿被潘氏驱使的萧宝卷，不知要强大多少倍。所以，亡国的是东昏侯，建立不世伟业的是梁武帝。

再如张丽华。"昭君偏遇毛延寿，炀帝难留张丽华"，这里的炀帝，不是指陈炀帝陈叔宝（他死后，杨广给他上谥号曰"炀"，古代谥法，去礼远众称炀。陈叔宝也被称为陈炀帝），而是指隋炀帝杨广。杨广在历史上臭名昭著，隋朝就是在他手上倒下去的，他死后被唐朝的开国皇帝李渊上谥号曰"炀"，史称隋炀帝。但彼时，讨伐陈朝、攻入建康的杨广，刚刚20岁，正是风华正茂、建功立业之时。面对楚楚动人的张丽华，年轻的杨广同普通男性一样，把持不住，幸亏长史高颖在旁苦苦相劝，提醒他铭记历史：1500多年前，殷商就是被妲己毁灭的，祸根不能留。彼时的杨广正年轻气盛、意气风发，在美色和前途面前，他尚能选择前途，遂同意高颖处死张丽华。史书记载杨广"上好学，善属文，沉深严重，朝野属望"（《隋书·帝纪第三》），在平定陈国后，他斩奸佞，诛张丽华，封府库，资财无所取，"天下称贤"。相比于只会吟唱《玉树后庭花》等亡国之音的陈叔宝，彼时平定陈国、大败突厥的20岁的杨广，亦可称英雄。

常言道，英雄难过美人关。实则，难过美人关的英雄，皆为假英雄，如北周的宇文达、隋朝后期的杨广等；真正的英雄，应为大事当前不乱怀者，如周武帝宇文邕、隋文帝杨坚、梁武帝萧衍等。真英雄，往往是绝代佳人真正的敌人。

绝色美人们还有一个真正的敌人，那就是女人。木秀于林，风必摧之。太漂亮的女人，往往是所有女人羡慕嫉妒恨的对象。太漂亮的女人，往往自视甚高，不将别的女人，尤其是不如她的女人放在眼里，由此便无端生出诸多爱恨情仇来。别的女人或明或暗地贬损诋毁漂亮女人，大多没有什么效果，如陈叔宝的沈皇后，多次上书谏诤，让皇帝改邪归正，可惜这些诤言非但没有撼动贵妃张丽华的地位，反倒惹得陈叔宝一怒之下准备废黜沈皇后。可知，在风华绝代的贵妃面前，皇后之类的人物只能是表面上的假情敌，不堪一击。

美女们真正的情敌是她的婆婆，或者说是压她一头的掌权人物。这样的女人，因为是同性，对美女的美貌往往无感，甚至视为妖冶。这样的女人，因为掌握生杀予夺的权力，对美女具有真正的威慑力。譬如娉娉婷婷的冯小怜，将北齐的皇帝高纬整治得服服帖帖，将北周的王爷宇文达迷惑得团团转，待得面见李询的母亲后，立刻就蔫了，不仅被罚做苦役，最后还被赐死。潘玉奴和张丽华未能坚持到最后，假以时日，若她们被迫沦为敌国大臣的小妾，未免要走冯小怜的老路，落得个"花自飘零水自流"。

可知，终结美女命运的，有真英雄，也有老女人，或曰有权势的女人。

"舞榭歌台，风流总被、雨打风吹去。"辛弃疾的这句词可谓对亡国红颜命运的最好注释。

美人之泽，几世而斩？

《孟子·离娄章句下》说："君子之泽，五世而斩；小人之泽，五世而斩。"君子千锤百炼炼就的、小人处心积虑积攒来的恩泽，流传五世即断绝。纵观历史，那些依靠天然美貌和才艺上位的后妃，她们的恩泽又如何呢？

美貌无罪，依靠美貌得以一跃成为枝头凤凰的后妃们，出身微贱的女乐也罢，家世煊赫的名媛也罢，几千年来大多走着一条相似的人生路径：美而艳，艳而宠，宠而骄，骄而败，败而累及自身和家族的衰落。

"妾家兄弟知多少，恰要同时拜列侯。"西汉的卫子夫美而艳，艳在漂亮的外表，更艳在一副美妙的歌喉让她在一众歌女中脱颖而出，"讴者进，上望见，独说卫子夫"。卫子夫一路高歌跨入汉武帝深深的皇宫大院，备受宠爱，直至母凭子贵坐上皇后宝座。宠而骄，骄而败，凭借她的裙带关系走上历史前台的还有她的哥哥卫青和外甥霍去病，一门五人被封为侯爵，贵气冲天。然而，太子刘据兵败，卫子夫自杀，卫氏很快便族灭。

"北方有佳人，绝世而独立。"西汉的李夫人美而艳，艳在能歌善舞，更艳在冰雪聪明，知道怎样利用美貌永久

自卫氏兴，大将军青首封，其后支属五人为侯。凡二十四岁而五侯皆夺国。征和中，戾太子败，卫氏遂灭。（《汉书·列传第二十五》）

地俘获一个男人、一位帝王喜新厌旧的心，她因聪明睿智而收获宠爱，她的家族也深受裨益，她人已香消玉殒，汉武帝还将她的兄弟们封官晋爵，然而，李广利和李延年并未善终，更谈不上延续李家的荣华富贵，汉武帝还在位期间，"其后李延年弟季坐奸乱宫，广利降匈奴，家族灭矣"（《汉书·列传第六十七》）。李家也族灭了。

"飞燕单衫初舞罢，班姬双泪欲啼干。"西汉的赵飞燕美而艳，艳在轻盈缥缈的舞姿，更艳在双胞胎姐妹花的妩媚各领风骚。赵飞燕姐妹在后宫备受宠爱是毋庸置疑的，汉成帝专为她们建造的宫殿是后宫从未有过的。而汉成帝直至45岁撒手人寰时尚无一个子嗣存世，乃拜赵飞燕姐妹所赐，也是其姐妹俩恃宠而骄的结果。骄而败，败而身死族灭。以残忍手段迫害皇家子嗣的事情暴露后，赵家姐妹花相继自杀身亡，赵家的侯爷及其家属也被流放。

"朝朝琼树后庭花，步步金莲潘丽华，龙蟠虎踞山如画。"南齐东昏侯宠幸的潘玉儿乃女乐出身，"所幸潘妃本姓俞名尼子，王敬则伎也"；北齐后主宠幸的冯小怜乃婢女出身，"冯淑妃名小怜，大穆后从婢也"；陈国后主宠幸的张丽华，兵家女出身，"张贵妃，名丽华，兵家女也。父兄以织席为业"，三美女出身低贱，倾国倾城，史书未记载她们受宠而骄纵后对家族的提携，大约是家族已无后继人。况且，彼时正值各自王朝的末世，三大美女所依傍的君主将身死国灭，权杖顿失，美女们亦零落成泥碾作尘，改朝换代之际，龙蟠虎踞美如画的江山都将易主，贵妃的性命、家族的命运自不可保全矣。

北齐出身于倡家的薛嫔姐妹花，同样仰仗美貌进宫，受宠而生骄纵心，仅仅因要给父亲求得官职便被文宣帝高

孝武李夫人，本以倡进。初，夫人兄延年性知音，善歌舞，武帝爱之。每为新声变曲，闻者莫不感动。延年侍上起舞，歌曰："北方有佳人，绝世而独立，一顾倾人城，再顾倾人国。宁不知倾城与倾国，佳人难再得！"上叹息曰："善！世岂有此人乎？"平阳主因言延年有女弟，上乃召见之，实妙丽善舞。……及夫人卒，上以后礼葬焉。其后，上以夫人兄李广利为贰师将军，封海西侯，延年为协律都尉。（《汉书·列传第六十七》）

（赵飞燕）居昭阳舍，其中庭彤朱，而殿上髹漆，切皆铜沓黄金涂，白玉阶，壁带往往为黄金釭，函蓝田璧，明珠、翠羽饰之，自后宫未尝有焉。（《汉书·外戚传》）

洋用锯子杀死，连刚生完孩子、为皇家开枝散叶的功劳也不抵事。

　　歌一曲，舞一场，荣华富贵得到时轻而易举，失去更易如反掌，转眼便一切成空。由女乐至后妃的路走得何其荒唐而虚幻。

　　出身较为尊贵的"丽华们"，后宫恩宠之路走得不平坦，其家族的富贵与衰落亦不难预料。东汉的阴丽华皇后，几经周折终于站在天下女人仰慕的山巅，起初，阴氏家族仰仗着阴丽华的恩泽，在东汉朝廷形成铁桶般的权势，但仅仅80年后，这一家族的全族人员被放逐到日南郡，从此再没登上中国政治舞台。

　　北周的杨丽华是被父亲杨坚作为一枚夺权的棋子嫁入皇家的，"杨坚通过两次联姻，在关陇集团内部获得了特别突出的位置，第一次联姻是杨坚本人娶了独孤信的一个女儿，独孤信是八柱国之一……另一次联姻，是杨坚的女儿杨丽华，嫁给了周武帝的太子宇文赟，后来就成了周宣帝的皇后。通过两次联姻，杨坚实际上成为关陇集团内部一个举足轻重的关键人物。"❶杨丽华嫁给北周宣帝宇文赟，并不幸福；北周灭亡，她对隋朝的建立是有功的。她临终前最关心的还是自己和北周宣帝所生的独生女宇文娥英，恳请弟弟杨广将自己的汤邑回赐给女婿李敏。隋炀帝答应了姐姐的要求，但不幸的是，10年后，李敏惹怒了杨广，被诛，时年39岁。杨丽华的一生心血和唯一企盼付之东流。

　　后梁的元贞皇后张氏，曾令枭雄朱温发出"丽华之叹"，她贤明机智，宽厚待人，天祐元年（公元904年），张

---

❶《资治通鉴与家国兴衰》，张国刚著，中华书局，2016年8月版，第340页。

氏去世。3年后的公元907年，朱温篡夺唐朝皇位成功，建立梁朝。16年后，后梁灭亡。史书未记载张氏家族的富贵，若有，大约也随着后梁一起灰飞烟灭了。

袅袅婷婷走向皇宫后院的女乐皇妃们，风流妩媚，多才多艺，宠爱来得容易，失去更容易，大多在自己这一世已身败名裂，家族因她恩泽而享受的荣耀亦倏忽而逝。

历经坎坷、款款走向皇后尊位的"丽华们"，贤淑端庄，德才兼备，因她们而飞黄腾达的外戚们，恩宠亦只有一二世而已，其后便消失于众人视野与历史深处。

君子之泽，五世而斩；小人之泽，五世而斩；美人之泽，一二世即斩。家族百年基业长青，靠的是一代代人的孜孜以求、不断奋斗上进，试图依靠族中某一女子一人得道鸡犬升天，达到荣耀恒久远，大约是最不可信的。

明 仇英《贵妃晓妆》

结语

　　在香艳传奇的故事中开始，在恐惧叹惋的现实中结束，这大约是历史上美艳的女乐后妃们的宿命。实则，女乐们也没有选择，出身伎家或倡家，才貌是把双刃剑，向上可攀附皇权，向下即沦落风尘；向上是在权力的刀尖上讨生活，向下是风尘中千人踏万人踩。何去何从，在于机遇，也在于自我追求。

　　"北方有佳人，绝世而独立。一顾倾人城，再顾倾人国。宁不知倾城与倾国，佳人难再得。"当800年前西汉的宫廷乐师李延年吟唱起这首佳人曲，可曾想到，倾城与倾国的佳人，既不会前无古人，也不会后无来者。世间自有城邦、国家，便有对权力的追逐；自有享受无所限制权力的君王，便有对美色无休止的追求；自有犹如长江后浪推前浪的美女去做末代君主的玩伴儿，便生出这"多少泪珠何限恨，倚阑干"的亡国之叹。

　　这些佳人，大多出身低贱，没有诸多礼节束缚，故而放得开，反正不需要立什么贞节牌坊。她们追求的是轰轰烈烈地活一回，哪怕城倾，哪怕国覆，总归是和情投意合的人在一起，大闹一场。正如武侠大师金庸所说：人生无非是大闹一场，然后悄然离去。如此，她们便比普通女性活得真实、活得潇洒，她们活出了古时难得的女子的自我，虽然付出的代价高昂奢侈，惨不忍睹。

　　美貌的女子，何其幸运，又何其聪明，她们知道如何最大化地运用手握的上天赐予的最昂贵武器来征服世界。

有人说，男人征服世界，女人征服男人，所以女人也就征服了世界。殊不知古时女人根本就不曾征服过男人，无论何时，男人只是将她们看作一件玩物，轻如一件衣服。颜色好，就多宠幸几天；颜色差，就弃如敝屣。聪明的女人便利用上天赐予的完美肉体和后天习得的奇巧淫技，去迎合男人、控制男人，用美貌去摧毁这个蹂躏她们的世界。冯小怜、潘玉奴、张丽华们尽管未曾有此自觉自醒的意识，但她们实际上就这样做了。

只是，绝世而独立的佳人，不加节制地嬉戏，搭配君王无上的权力，威力堪称核炸弹，摧毁一切荒诞的同时，佳人们亦香消玉殒。

往事悠悠越千年，无限江山无限恨。历史一再用泪水和鲜血告诉我们，不加限制的美貌，能倾城，亦能倾国，如同它攀附的同样不加限制的权杖。

尾声

　　陈朝灭亡后约1000年，明朝戏曲家汤显祖在他的代表作《牡丹亭》中写有"沉鱼落雁鸟惊喧，羞花闭月花愁颤"之金句。沉鱼、落雁、闭月、羞花，伟大的作曲家将中国古代四大美女的美貌巧妙而形象地融会在一起了。

　　西施，本是春秋时期越国的浣纱女，长得如花似玉，后被越国国王勾践看中。勾践将她献给敌国吴国的君主夫差，他期望西施能施展美人计，让吴国夫差沉溺于美色，不理国事，这样越国就能趁机战胜吴国，雄霸南方。果然，西施不负众望，吴国灭亡，越国崛起。美人计成功后的西施下落不明，有人说，她被越王勾践沉塘喂鱼了。传说，当年西施在越国浣纱时，看见她的美貌，水中的鱼儿羞愧地躲在河底不出来，因此人们将西施的美称为"沉鱼"。

　　王昭君，本是西汉汉元帝时的官女，因为没有给画师毛延寿送礼，画师遂将她的画像丑化，艳若桃李的她因此得不到皇帝的宠幸。汉朝北方边境的匈奴王来求亲，皇帝便将王昭君许配给匈奴王。临行前，皇帝才发现王昭君惊人的美貌，但君无戏言，只好饮恨吞声。无奈的王昭君踏上北去的征程，前路茫茫。一路上但见大雁纷纷跌落于平沙之上，原来是王昭君的美貌惊得大雁忘记挥动翅膀了。"落雁"从此成为王昭君的雅称。

　　貂蝉，本是《三国演义》里的人物，她是东汉司徒王允府中的歌女，因长得娇艳惊人，被王允当作间谍，用来离间奸臣董卓和董卓义子吕布的关系。王允先是将貂蝉许配给好色的吕布，并约定日期送吕府完婚。后又把貂蝉送给董卓。两人同时为貂蝉所倾倒，貂蝉与吕布幽会，故意让董卓看到，于是董卓和吕布反目为仇，吕布杀死董卓。吕布后来被曹操缢死，貂蝉亦被杀。传说貂蝉在司徒府后花园拜祭月亮时，月亮嫉妒她秀色可餐的美貌，竟躲在云层里不出来，因此，人们常用"闭月"来形容貂蝉的美貌。

杨玉环，本是唐玄宗李隆基的儿媳妇，因她过于漂亮，李隆基便将她纳入后宫，和她日夜厮混在一起，"从此君王不早朝"。唐玄宗宠幸杨贵妃，听凭朝政由杨国忠等人把持，导致安史之乱爆发。叛军打进长安城，唐玄宗慌忙带着杨贵妃朝西逃去，走到一个叫马嵬坡的地方，将士们要求处死祸国殃民的杨贵妃方可前行。唐玄宗无奈，只好赐杨贵妃自尽。传说杨贵妃在御花园里赏花，她美艳绝伦的容貌使鲜花都自惭形秽，羞得低下头，不敢仰脸迎人。"羞花"自此成为杨玉环的代称。

若无这沉鱼、落雁、闭月、羞花之容貌，又怎能沾染这被沉塘、背井离乡、兵败被杀、被迫自尽的被动命运？

君莫舞，君不见，玉环飞燕皆尘土。

——本篇完——

图书在版编目(CIP)数据

她们:魏晋南北朝女子图鉴/淡霞著. --郑州:河南文
艺出版社,2023.4
ISBN 978-7-5559-1330-6

Ⅰ.①她… Ⅱ.①淡… Ⅲ.①女性-名人-生平事迹-中
国-魏晋南北朝时代 Ⅳ.①K828.5

中国版本图书馆 CIP 数据核字(2022)第 215362 号

策　　划	刘晨芳
责任编辑	冯田芳
书籍设计	书籍/设计/工坊　刘运来工作室　徐胜男
责任校对	殷现堂
责任印制	陈少强

出版发行	河南文艺出版社	印　张	21
社　　址	郑州市郑东新区祥盛街 27 号 C 座 5 楼	字　数	267 000
承印单位	河南瑞之光印刷股份有限公司	版　次	2023 年 4 月第 1 版
经销单位	新华书店	印　次	2023 年 4 月第 1 次印刷
纸张规格	700 毫米 × 1000 毫米　1/16	定　价	88.00 元

印厂地址　河南省武陟县产业集聚区东区(詹店镇)泰安路
邮政编码　454950　　电话　0371-63956290